# KIELER GEOGRAPHISCHE SCHRIFTEN

Begründet von Oskar Schmieder

Herausgegeben vom Geographischen Institut der Universität Kiel
durch J. Bähr, R. Duttmann, W. Hassenpflug, J. Newig,
J. Revilla Diaz, G. v. Rohr, H. Sterr

Schriftleitung: U. Jürgens

## Band 106

### SÖNKE WIDDERICH

Die sozialen Auswirkungen des
kubanischen Transformationsprozesses

KIEL 2002

IM SELBSTVERLAG DES GEOGRAPHISCHEN INSTITUTS
DER UNIVERSITÄT KIEL

ISSN 0723 - 9874

ISBN 3-923887-48-5

Die Deutsche Bibliothek – CIP - Einheitsaufnahme

**Widderich, Sönke:**
Die sozialen Auswirkungen des kubanischen Transformationsprozesses
Sönke Widderich. Geographisches Institut der Universität Kiel. – Kiel :
Geographisches Inst., 2002
  (Kieler geographische Schriften ; Bd. 106)
  Zugl.: Kiel, univ., Diss., 2002
  ISBN 3-923887-48-5


Gedruckt mit Unterstützung des Rektorats der Christian-Albrechts-Universität zu Kiel
und dem Ministerium für Bildung, Wissenschaft, Forschung und Kultur
des Landes Schleswig-Holstein


Titelbild: Plaza de la Revolución Havanna
Photo: S. Widderich

Alle Rechte vorbehalten

# Vorwort

Kuba ist in Mode. Ob Musik, Tanz oder – spätestens seit dem Erfolg des Films 'Erdbeer und Schokolade' – Kino, der Trend zur kubanischen Kultur scheint ungebrochen. Mehr und mehr Bands kommen aus der Karibik nach Europa und begeistern ein wachsendes Publikum mit traditionellem *Son* oder mit moderner *Salsa*. Andersherum suchen viele Europäer, unter denen die Deutschen mittlerweile das größte Kontingent stellen, als Touristen die Karibikinsel auf, um sich an den weißen Stränden zu sonnen, die weltberühmten Zigarren zu rauchen, sich Cocktails mixen oder mit sonstigen Klischees bedienen zu lassen. Sogar die Modewelt scheint Kuba entdeckt zu haben. Unzählige T-Shirts, Pullover und Jacken tragen den Namen der Insel, der zumeist in der etwas exotischer anmutenden Schreibweise mit 'C' auf die Textilen gedruckt wird. Und selbst das Konterfei des Revolutionshelden Ché GUEVARA, der, von jeglicher politischer Botschaft befreit, auf diese Weise zu einer Art Popstar mutiert, gibt es bei jedem x-beliebigen Bekleidungs-Filialisten inzwischen von der Stange zu kaufen.

Mit der 'Kubawelle' werden die immergleichen Bilder transportiert: alte amerikanische Autos, der marode Charme der zerbröselnden kubanischen Innenstädte, Rentnerbands, ein ebenfalls in die Jahre gekommener bärtiger Sozialist, der das Land seit nunmehr 43 Jahren und damit ganz offensichtlich zu lange regiert, aber immer noch einen Hauch von Revolutionsromantik zu versprühen vermag und eine Bevölkerung, die trotz aller Schwierigkeiten den Alltag mit ungebrochener Lebensfreude zu bewältigen scheint. Die klischeehaften Vorstellungen von Kuba verschmelzen und kulminieren in Wim WENDERS' zweifellos schönem Film *Buena Vista Social Club*, der hierzulande lange Zeit erfolgreich lief und der das Kuba-Bild nachhaltig geprägt haben dürfte. Doch "diese 'gewimwenderte', in poetische, bewegende und bewegte Bilder gegossene Seite Kubas" (ETTE 2001: 19f) zeigt eben nur das, was man hierzulande sehen will und was vermarktbar ist. Kuba stellt jedoch mehr dar, als das Spiegelbild der europäischen Sehnsucht nach Exotik, purer Lebensfreude oder nach der guten alten Zeit.

Wie aber sieht jenseits aller Klischees die Lebenswirklichkeit der Kubaner und Kubanerinnen aus? Dieser Frage nachzugehen war die Hauptmotivation für die Erstellung des vorliegenden Buches, das eine leicht übererarbeitete und ergänzte Fassung meiner Doktorarbeit ist. Angeregt wurde die Arbeit auch durch frühere Forschungsaktivitäten, in deren Rahmen ich mich mit der Altstadtsanierung Havannas auseinander gesetzt habe (vgl. WIDDERICH 1997) und durch die ich auf verschiedene Probleme aufmerksam geworden bin, mit denen die kubanische Bevölkerung täglich konfrontiert ist. Diese Probleme sowie die Vielschichtigkeit der sozialen Wirklichkeit auf der Insel möchte das Buch den interessierten Leserinnen und Lesern näher bringen. Zugleich soll der Versuch unternommen werden, den allzu häufig aus romantischen oder ideologischen Motiven verklärten Blick auf Kuba ein wenig zu schärfen.

Das zustande kommen der vorliegenden Arbeit wäre ohne die Unterstützung verschiedener Personen und Institutionen nicht möglich gewesen. Bedanken möchte ich mich zunächst bei der Volkswagen-Stiftung für die großzügige finanzielle Förderung des

Forschungsprojektes "Der kubanische Transformationsprozess: Neuorganisation des Angebotes und der Vermarktung von Gütern und Dienstleistungen in städtischen Räumen und deren Auswirkungen auf die Lebensverhältnisse der Bevölkerung", aus dem meine Doktorarbeit hervorgegangen ist. Danken möchte ich auch Professor Jürgen BÄHR, der dieses Projekt leitete, sowie Rainer WEHRHAHN, der ebenfalls im Forschungsprojekt mitgearbeitet und mir immer wieder mit seiner Erfahrung und seinem Wissen weitergeholfen hat. Caspar MERKLE danke ich für die engagierte und gute Arbeit, die er gleichermaßen in Kuba und in Deutschland geleistet hat, und für die nette Atmosphäre, die er im Team verbreiten konnte. Mein besonderer Dank gilt Hans-Jürgen BURCHARDT, der mich in der schwierigsten Phase des Projektes maßgeblich unterstützte und ohne den die Projektarbeiten in Kuba wohl nicht in derselben Weise durchführbar gewesen wären. Stellvertretend für die kubanischen Projektpartner möchte ich Julio DÍAZ VÁZQUEZ vom Forschungszentrum für internationale Wirtschaft (CIEI), Hiram MARQUETTI NODARSE vom Forschungszentrum für die kubanische Wirtschaft (CEEC) sowie dem Arbeitsteam, das mir bei der Erhebung empirischen Daten behilflich war, meinen herzlichen Dank für die angenehme und unkomplizierte Zusammenarbeit aussprechen. Ein großes Dankeschön geht an Maike WITT, die das mühselige Korrekturlesen auf sich genommen hat und so manches Mal sehr geduldig mit mir sein musste. Auch möchte ich meine kubanischen Freunden nicht unerwähnt lassen, allen voran Deycis CANA OLIVA und Arnaldo HUTCHINSON COOKE, ohne die ich mich wohl kaum in Kuba wohl gefühlt hätte und mit deren Hilfe ich einen tiefen Einblick in den kubanischen Alltag sowie in die kubanische Mentalität erhalten habe. Ihnen sei ebenso herzlich gedankt wie all denjenigen, die hier nicht persönlich genannt werden können, die aber auf die eine oder andere Weise zu dieser Arbeit beigetragen haben.

Zum Schluss noch zwei Hinweise:
Das Foto auf dem Einband zeigt eine politische Werbetafel in Havanna. Neben dem Bild Ché GUEVARAS steht der Text "Dein Vorbild lebt, deine Ideen bleiben bestehen", so dass die Aufnahme als Symbol für die Kontinuität innerhalb des Transformationsprozesses verstanden werden kann.
Alle Zitate, die in der Originalquelle spanisch waren, sind von mir ins Deutsche übersetzt worden.

Kiel im Dezember 2002                                                                                   Sönke Widderich

# Inhaltsverzeichnis

| | |
|---|---|
| Vorwort | III |
| Inhaltsverzeichnis | V |
| Verzeichnis der Tabellen | VII |
| Verzeichnis der Abbildungen | IX |
| Abkürzungsverzeichnis | X |
| Glossar ausgewählter spanischer Begriffe | XI |

1 Einführung: Ursachen und Verlauf des kubanischen
  Transformationsprozesses ... 1
  1.1 Die Krise ... 1
  1.2 Der 'Sommer der Reformen' und die wirtschaftliche Konsolidierung ... 3
  1.3 Die ideologische *reconquista* ... 6
  1.4 Kuba – ein Transformationsland? ... 9

2 Zielsetzung und Aufbau der Arbeit ... 13
  2.1 Zu den Besonderheiten der Kuba-Forschung ... 13
  2.2 Zentrale Fragestellung und Grundhypothesen ... 15
  2.3 Datengrundlage und Methodik ... 18
  2.4 Struktur der Arbeit ... 22

3 Entwicklungen im Arbeitssektor und Veränderung der Einkommensstruktur ... 23
  3.1 Der kubanische Arbeitsbegriff ... 23
  3.2 Die Auswirkungen der Krise auf den Arbeitssektor ... 24
    3.2.1 Die Situation vor der *período especial* ... 24
    3.2.2 Die Entwicklung von Beschäftigung und Arbeitslosigkeit in der *período especial* ... 25
    3.2.3 Strukturelle Veränderungen im Arbeitssektor ... 27
  3.3 *Trabajo por cuenta propia* ... 31
    3.3.1 Gesetzliche Neuregelung privatwirtschaftlicher Tätigkeit ... 31
    3.3.2 Anmerkungen zur statistischen Erfassung der Selbständigen ... 36
    3.3.3 Quantitative Entwicklung des privatwirtschaftlichen Sektors ... 37
    3.3.4 Die Struktur des privatwirtschaftlichen Sektors ... 39
    3.3.5 Praktische Probleme privatwirtschaftlich Tätiger ... 42
  3.4 Veränderungen in der Einkommensstruktur ... 46
    3.4.1 Das staatliche Lohnsystem und die Verdienstmöglichkeiten im nicht-staatlichen Bereich ... 46
    3.4.2 Zusammensetzung der Einkünfte auf Haushaltsebene ... 50

4 Versorgungslage und Konsummöglichkeiten für die Bevölkerung ... 53
  4.1 Produktion und Import von Grundnahrungsmitteln in Kuba ... 53
  4.2 Die Entwicklung des Kalorien- und Nährstoffangebots ... 61
  4.3 Angebotsformen für Güter des Grundbedarfs ... 64

|  |  |  |
|---|---|---|
| 4.3.1 | Die *libreta* | 64 |
| 4.3.2 | Voraussetzung für den Zugang zum Angebot der Dollarshops: *remesas* und andere Deviseneinkünfte | 72 |
| 4.3.3 | Dollarshops | 79 |
| 4.3.4 | *Mercados agropecuarios* | 87 |
| 4.3.5 | Der Schwarzmarkt | 100 |
| 4.3.6 | Andere Angebotsformen | 104 |
| 4.4 | Die Nachfragestruktur für Güter des Grundbedarfs auf Haushaltsebene | 107 |
| 5 | Der Wohnsektor | 119 |
| 5.1 | Wohnen als soziales Gut – eine Bilanz von drei Jahrzehnten sozialistischer Wohnungspolitik (1959-1989) | 119 |
| 5.2 | Der Wohnsektor in der *período especial* | 125 |
| 5.3 | Zwischen Stillstand und Wandel – Wohin entwickelt sich der Wohnsektor? | 130 |
| 6 | Die kubanische Gesellschaft im Wandel | 134 |
| 6.1 | Die Zunahme sozialer Ungleichheit und ihre Auswirkungen | 134 |
| 6.2 | Gewinner und Verlierer im Transformationsprozess | 146 |
| 6.3 | Wohin steuert Kuba? | 149 |
| 7 | Zusammenfassung | 151 |
| 8 | *Resumen* | 154 |
| 9 | *Summary* | 157 |
| 10 | Literatur | 160 |
| Anhang: Fragebogen | | 181 |

# Verzeichnis der Tabellen

| | | |
|---|---|---|
| Tab. 1: | Exporterlöse 1990-1999 (Mio. US-$) | 12 |
| Tab. 2: | Verteilung der Interviews auf die ausgewählten Stadtteile und Wohnformen | 20 |
| Tab. 3: | Kennziffern des kubanischen Arbeitssektors | 28 |
| Tab. 4: | Beschäftigte im staatlichen und nicht-staatlichen Sektor | 28 |
| Tab. 5: | Entwicklung des Joint-Venture-Sektors (1995-2000) | 30 |
| Tab. 6: | Gesetzlich festgelegte monatliche Mindestabgaben und Abgaben in Havanna für ausgewählte privatwirtschaftliche Tätigkeiten | 34 |
| Tab. 7: | Einnahmen aus Steuern und Abgaben des privatwirtschaftlichen Sektors | 39 |
| Tab. 8: | Am häufigsten ausgeübte selbständige Tätigkeiten im *cuenta-propia*-Bereich (einschließlich Personenbeförderung und Warentransport) | 40 |
| Tab. 9: | Struktur des *cuenta-propia*-Bereichs nach vorherigem Status der *cuentapropistas* | 42 |
| Tab. 10: | Pro-Kopf-Einkommen aus dem staatlichen Sektor in den befragten Haushalten (Peso/Monat) | 51 |
| Tab. 11: | Pro-Kopf-Einkünfte in ausgewählten befragten Haushalten (Peso/Monat) | 52 |
| Tab. 12: | Importwert und -anteil von Nahrungsmitteln (Mio. US-$) | 54 |
| Tab. 13: | Empfohlener und durchschnittlicher tatsächlicher täglicher Pro-Kopf-Verbrauch an Kalorien, Protein und Fett | 62 |
| Tab. 14: | Reduktion des Angebots an raffiniertem pflanzlichen Speiseöl (1989 = 100) | 62 |
| Tab. 15: | Zuteilungsmenge, Verteilungsturnus und Preise der *libreta*- Artikel in ausgewählten Munizipien Havannas (pro Kopf und pro Haushalt für 1998) | 68 |
| Tab. 16: | Sonderzuteilungen der *libreta* in ausgewählten Munizipien Havannas (pro Kopf 1998) | 69 |
| Tab. 17: | Bewertung der Qualität ausgewählter Artikel der *libreta* in der Haushaltsbefragung (in % der Befragten) | 70 |
| Tab. 18: | Bewertung der Menge ausgewählter Artikel der *libreta* in der Haushaltsbefragung (in % der Befragten) | 71 |
| Tab. 19: | Beispiel für die ungenaue Berechnung der Höhe der *remesas* | 73 |
| Tab. 20: | Anteil der Bevölkerung mit Zugang zu Devisen (nach kubanischen Angaben) | 75 |
| Tab. 21: | Struktur des Devisen-Einzelhandels nach Marktanteilen (1997) | 81 |
| Tab. 22: | Anteil kubanischer Produkte an den Umsätzen des Devisen-Einzelhandels | 83 |

| | | |
|---|---|---|
| Tab. 23: | In die Preis- und Angebotstudie einbezogene Einrichtungen des Devisen-Einzelhandels (März 1999 in Havanna) | 83 |
| Tab. 24: | Preise und Verfügbarkeit ausgewählter Produkte in zehn Einrichtungen des Devisen-Einzelhandels in Havanna (März 1999) | 85 |
| Tab. 25: | Anzahl der *mercados agropecuarios* in Kuba zu verschiedenen Zeitpunkten | 91 |
| Tab. 26: | Absatzvolumen von pflanzlichen Agrarprodukten auf den *mercados agropecuarios* nach Produzentengruppen (1.000 t und %) | 92 |
| Tab. 27: | Absatzvolumen von Fleisch auf den *mercados agropecuarios* nach Produzentengruppen (1.000 t und %) | 92 |
| Tab. 28: | Anteil Havannas an den Umsätzen auf den *mercados agropecuarios* | 93 |
| Tab. 29: | Vergleich des Preisniveaus besonders nachgefragter Produkte der *mercados agropecuarios* in Kuba und in Havanna nach unterschiedlichen Quellen | 95 |
| Tab. 30: | Vergleich der Preise für besonders nachgefragte Produkte auf fünf *mercados agropecuarios* in Havanna (März 1999) | 96 |
| Tab. 31: | Preisindex auf dem kubanischen Schwarzmarkt (1989 = 100) | 103 |
| Tab. 32: | Durchschnittliche monatliche Pro-Kopf-Ausgaben der befragten Haushalte in den Dollarshops (ohne Haushalte, in denen *cuentapropistas* leben) | 110 |
| Tab. 33: | Häufigkeit des Kaufs von Bekleidung oder Schuhen in Dollarshops | 111 |
| Tab. 34: | Einfluss der Legalisierung des Devisenbesitzes und der Eröffnung neuer Dollarshops auf die Ernährungslage in den befragten Haushalten | 112 |
| Tab. 35: | Durchschnittliche monatliche Pro-Kopf-Ausgaben der befragten Haushalte auf den *mercados agropecuarios* für pflanzliche Agrarprodukte (ohne Haushalte, in denen *cuentapropistas* leben) | 112 |
| Tab. 36: | Durchschnittliche monatliche Pro-Kopf-Ausgaben der befragten Haushalte auf den *mercados agropecuarios* für Fleisch (ohne Haushalte, in denen *cuentapropistas* leben) | 113 |
| Tab. 37: | Einfluss der Einrichtung von *mercados agropecuarios* auf die Ernährungslage in den befragten Haushalten | 114 |
| Tab. 38: | Durchschnittliche monatliche Pro-Kopf-Ausgaben der befragten Haushalte auf den *organopónicos* (ohne Haushalte, in denen *cuentapropistas* leben) | 116 |
| Tab. 39: | Durchschnittliche monatliche Pro-Kopf-Ausgaben der befragten Haushalte in den *pescaderías* (ohne Haushalte, in denen *cuentapropistas* leben) | 117 |
| Tab. 40: | Durchschnittliche monatliche Pro-Kopf-Ausgaben der befragten Haushalte außerhalb des Rationierungssystems für Grundbedarfsartikel (ohne Ausgaben auf dem Schwarzmarkt und ohne Haushalte, in denen *cuentapropistas* leben) | 118 |

| Tab. 41: | Zahl der durchschnittlich pro Jahr fertig gestellten Wohnungen in Kuba | 121 |
|---|---|---|
| Tab. 42: | Anteil des staatlichen, kooperativen und privaten Sektors am Wohnungsbau | 127 |
| Tab. 43: | Ausgewählte Indikatoren des kubanischen Gesundheitswesens im internationalen Vergleich (1999) | 140 |
| Tab. 44: | Entwicklung der kubanischen Sozialausgaben nach Sektoren (Mio. Peso) | 143 |

## Verzeichnis der Abbildungen

| Abb. 1: | Bruttoeinnahmen aus Exporten, Tourismus und *remesas* (Mio. US-$) | 12 |
|---|---|---|
| Abb. 2: | Zahl der registrierten *cuentapropistas* zum Jahresende | 38 |
| Abb. 3: | Zahl der Abmeldungen einer *cuenta-propia*-Tätigkeit | 38 |
| Abb. 4: | Zahl der Beschäftigten, die im Rahmen der *estimulación* Devisen erhalten | 48 |
| Abb. 5: | Versorgungslage Kubas mit Getreide (t) | 55 |
| Abb. 6: | Versorgungslage Kubas mit Wurzel- und Knollenfrüchten (t) | 56 |
| Abb. 7: | Jährliche Produktion von Frucht- und Kochbananen (t) | 56 |
| Abb. 8: | Versorgungslage Kubas mit Fleisch und Fleischprodukten (t) | 58 |
| Abb. 9: | Versorgungslage Kubas mit Milchpulver (t) | 59 |
| Abb. 10: | Versorgungslage Kubas mit Bohnen (t) | 60 |
| Abb. 11: | Entwicklung des Geldtransfers der Auslandskubaner (Mio. US-$) | 75 |
| Abb. 12: | Bruttodeviseneinnahmen nach Sektoren (1990 und 1999) | 76 |
| Abb. 13: | Umsatz des Devisen-Einzelhandels 1994 bis 1999 (Mio. US-$) | 82 |
| Abb. 14: | Umsätze und Absatzvolumen auf den *mercados agropecuarios* in Kuba | 97 |
| Abb. 15: | In den Dollarshops erworbene Produkte (nach Anteil der Befragten, die das jeweilige Produkt regelmäßig kaufen) | 110 |
| Abb. 16: | In den *pescaderías* erworbene Produkte (nach Zahl der Befragten, die das jeweilige Produkt regelmäßig kaufen) | 116 |
| Abb. 17: | Zahl der jährlich fertig gestellten Wohnungen (1990 bis 2000 und Durchschnitt der Jahre 1985-1989) | 126 |

# Abkürzungsverzeichnis

| | |
|---|---|
| BCC | *Banco Central de Cuba* (kubanische Zentralbank) |
| CADECA | *Casa de Cambio* S.A. (staatliche Wechselstube, die abweichend vom offiziellen Wechselkurs (1 Peso = 1 US-$) den Geldwechsel zu einem veränderlichen Parallelkurs anbietet) |
| CCS | *Cooperativas de Créditos y Servicios* (Landwirtschaftliche Kredit- und Dienstleistungsgenossenschaften, in denen der überwiegende Teil der privaten Kleinbauern organisiert ist) |
| CEA | *Centro de Estudios Americanos* (Forschungszentrum für (Latein-) Amerika, Havanna) |
| CEE | *Comité Estatal de Estadísticas* (Amt für Statistik, Havanna, Vorläufer des ONE) |
| CEEC | *Centro de Estudios de la Economía Cubana* (Forschungszentrum für die kubanische Wirtschaft, Havanna) |
| CEF | *Comité Estatal de Finanzas* (Staatskomitee für Finanzen, Vorläufer des MFP) |
| CEPAL | *Comisión Económica para America Latina* (englisch ECLAC: *Economic Comission for Latin America and the Caribbean*; Wirtschaftskommission der Vereinten Nationen für Lateinamerika) |
| CETSS | *Comité Estatal de Trabajo y Seguridad Social* (Staatskomitee für Arbeit und soziale Sicherheit, Vorläufer des MTSS) |
| CIEI | *Centro de Investigaciones de la Economía Internacional* (Forschungszentrum für internationale Wirtschaft, Havanna) |
| CIEM | *Centro de Investigaciones de la Economía Mundial* (Forschungszentrum für die Weltwirtschaft, Havanna) |
| CPA | *Cooperativa de Producción Agropecuaria* (Kooperative der landwirtschaftlichen Erzeugung) |
| CTC | *Central de Trabajadores de Cuba* (kubanische Einheitsgewerkschaft) |
| EJT | *Ejército Juvenil de Trabajo* (Rekruteneinheit der kubanischen Armee im Dienst der Landwirtschaft) |
| FMC | *Federación de Mujeres de Cuba* (kubanischer Frauenverband) |
| INIE | *Instituto Nacional de Investigaciones Económicas* (Nationales Institut für Wirtschaftsforschung, Havanna) |
| k.A. | keine Angaben |
| kcal | Kilokalorie (1.000 Kalorien; 1 kcal = 4,1868 Kilojoule) |
| lb | *libra* (kubanisches Pfund; setzt sich aus 16 *onzas* (oz) à 28,35g zusammen und entspricht damit 453,6g) |
| MEP | *Ministerio de Economía y Planificación* (Wirtschafts- und Planungsministerium) |

| | |
|---|---|
| MFP | *Ministerio de Finanzas y Precios* (Ministerium für Finanzen und Preise, ehemals CEF) |
| MINCIN | *Ministerio del Comercio Interior* (Ministerium für Binnenwirtschaft) |
| MININT | *Ministerio del Interior* (Innenministerium) |
| MITRANS | *Ministerio de Transporte* (Verkehrsministerium) |
| MTSS | *Ministerio de Trabajo y Seguridad Social* (Ministerium für Arbeit und Soziale Sicherheit, ehemals CETSS) |
| ONE | *Oficina Nacional de Estadística* (Amt für Statistik, ehemals CEE) |
| oz | *onza* (kubanische Gewichtseinheit; 1 oz entspricht 28,35g; 16 oz ergeben eine *libra*) |
| PCC | *Partido Comunista de Cuba* (Kommunistsche Partei Kubas) |
| PEA | Población Económica Activa (Ökonomisch Aktive Bevölkerung) |
| PNR | *Policía Nacional Revolucionaria* (Revolutionäre Nationalpolizei) |
| PNUD | *Programa de las Naciones Unidas para el Desarrollo* (englisch UNDP: *United Nations Development Program*; Entwicklungsprogramm der Vereinten Nationen) |
| RGW | Rat für gegenseitige Wirtschaftshilfe, in dem bis zu seiner Auflösung am 28. Juni 1991 die meisten osteuropäischen Staaten sowie die Mongolei, Vietnam und Kuba organisiert waren (englisch COMECON: *Council for Mutual Economic Assistance*) |
| S.A. | *Sociedad Anónima* (quasistaatliche Aktiengesellschaft) |
| Stck. | Stück |
| UBPC | *Unidad Básica de Produccción Cooperativa* (Basiseinheit der kooperativen landwirtschaftlichen Erzeugung) |
| UJC | Unión de Jóvenes Comunistas (kommunistischer Jugendverband Kubas) |
| UNDP | *United Nations Development Program* (spanisch PNUD: *Programa de las Naciones Unidas para el Desarrollo*; Entwicklungsprogramm der Vereinten Nationen) |

## Glossar ausgewählter spanischer Begriffe

| | |
|---|---|
| *balseros* | Bezeichnung für kubanische Flüchtlinge, die im Sommer 1994 und später versuchten, auf selbstgebauten Flößen (*balsas*) und in kleinen Booten die nur 100 Meilen weit entfernte Küste Floridas zu erreichen. |
| *bodega* | Verkaufsstelle des Rationierungssystems, in der Lebensmittel und andere Grundbedarfsartikel zu stark subventionierten Preisen verkauft werden |

| | |
|---|---|
| *boniato* | eine Süßkartoffelart |
| *centavo* | siehe *Peso* |
| *ciudadela* | Substandard-Wohneinheit, die zumeist nur aus einem einzigen, durch provisorische Trennwände oder Zwischendecken zusätzlich aufgeteilten Raum besteht |
| *cuentapropistas* | Selbständige im Rahmen der 'Arbeit auf eigene Rechnung' (*trabajo por cuenta propia*) |
| *estímulos* | Monetäre oder nicht-monetäre Prämien, die in Schlüsselbereichen der kubanischen Wirtschaft gezahlt werden |
| *jaba* | Plastiktüte mit Artikeln des Grundbedarfs, die als nicht-monetäre Prämie eingesetzt wird (siehe *estímulos*) |
| *libra* | kubanisches Pfund (453,6g) |
| *libreta* | Bezugsheft für den Kauf von stark subventionierten, rationierten Waren |
| *malanga* | stärkehaltige Knollenfrucht, die wie Kartoffeln zubereitet wird |
| *mercados campesinos* | Bauernmärkte, die von 1980 bis 1986 zugelassen waren |
| *mercado paralelo* | staatlicher Parallelmarkt, auf dem Lebensmittel und andere Konsumgüter zu höheren Preisen als im Rationierungssystem verkauft werden |
| *mercados agropecuarios* | 1994 zugelassene nichtstaatliche Agrarmärkte |
| *período especial* | Sonderperiode; 1990 von der kubanischen Regierung eingeführte Bezeichnung für die wirtschaftliche Dauerkrise |
| *permuta* | (Wohnungs-)tausch |
| *pescadería* | staatliches Fischgeschäft, das in das Rationierungssystem oder in den *mercado paralelo* eingebunden sein kann |
| *Peso* | kubanische Währung; ein *Peso* setzt sich aus hundert *centavos* zusammen |
| *Peso convertible* | konvertierbarer Peso, der bei jeder kubanischen Bank oder Wechselstube im Verhältnis 1:1 in US-$ umgetauscht werden kann |
| *plan alimentario* | Lebensmittelplan, der zu Beginn der *período especial* zwecks Erhöhung der Nahrungsmittelproduktion eingeführt, aber bereits im April 1992 als gescheitert angesehen und gestoppt wurde |
| *remesas* | Geldtransfer der Exilkubaner an die Inselkubaner |
| *trabajo por cuenta propia* | kubanische Bezeichnung für selbständige Erwerbstätigkeit ('Arbeit auf eigene Rechnung') |
| *yuca* | Maniok; eine stärkehaltige Wurzelfrucht, die wie Kartoffeln zubereitet wird |

# 1 Einführung: Ursachen und Verlauf des kubanischen Transformationsprozesses
## 1.1 Die Krise

Seit Beginn der 1990er Jahre befindet sich Kuba in einem Prozess des wirtschaftlichen und gesellschaftlichen Wandels. Dieser vollzieht sich keineswegs aus eigenem Antrieb heraus, sondern ist durch die schwerste Wirtschaftskrise seit dem Sieg der kubanischen Revolution verursacht worden.

Schon in den 1980er Jahren zeichneten sich erste Krisensymptome ab, als die kubanische Führung als Reaktion auf die *Perestroika* in der UdSSR die *rectificación* (Berichtigung ideologischer Fehler) einleitete, die der Umgestaltungspolitik GORBATSCHOWS diametral entgegen lief. In der Tradition des ökonomischen Denkens Ernesto 'Che' GUEVARAS sollte durch ideelle Leistungsanreize eine Effizienzsteigerung im Produktionsprozess erreicht werden. Die Wirtschaft wurde stärker zentralisiert und die nur wenige Jahre zuvor eingeführten Marktmechanismen wieder beseitigt (vgl. HENKEL 1996: 52 ff). Doch trotz aller ideologischer Mobilisierungsversuche sank die Produktivität der kubanischen Ökonomie. Die Wirtschaft stagnierte, obwohl die wirtschaftlichen Investitionen stetig anstiegen (vgl. CARRANZA 1996: 16f).

In den Jahren 1989 und 1990 verschärfte sich die Krise dann abrupt. Nachdem die sozialistischen Regierungen Osteuropas nach und nach abgetreten waren, konnten und wollten die ehemaligen 'Bruderstaaten' die im Rahmen des Rates für gegenseitige Wirtschaftshilfe (RGW) vereinbarten Lieferverpflichtungen gegenüber der Inselrepublik nicht mehr erfüllen. Die ausbleibenden Importe trafen Kuba schwer, da seinerzeit 98% der Brennstoffe, 86% der Rohstoffe, 80% der Maschinen und technischen Geräte und 63% der Nahrungsmittel aus den RGW-Staaten stammten (CARRANZA 1996: 18). Es kam zu ernsten Versorgungsengpässen, von denen sowohl die landwirtschaftliche und industrielle Produktion als auch der private Konsum betroffen waren.

Als Reaktion darauf verkündete die politische Führung im August 1990 die (bis heute bestehende) *período especial en tiempos de paz* (besondere Periode in Friedenszeiten) – "ein castristischer Euphemismus, um den Ausnahmezustand zu charakterisieren" (HABEL 1997: 37). Das Notstandsprogramm hatte zunächst zwei Ziele: Einerseits versuchte man, das Land in den Weltmarkt zu reintegrieren, indem die Sektoren Biotechnologie, Pharmazie und Tourismus stark ausgebaut wurden, andererseits sollte die heimische landwirtschaftliche Produktion erhöht werden. Der dazu ausgearbeitete ehrgeizige *plan alimentario* sah vor, hauptsächlich in den Ballungsgebieten Havanna und Santiago eine Selbstversorgung der Bevölkerung mit Knollenfrüchten und Gemüse zu erreichen sowie die Produktion von Milch und Schweinefleisch zu erhöhen (laut Plan um stolze 121%; vgl. MESA-LAGO 1996a: 69). Neben der Importsubstitution von Nahrungsmitteln sollten durch den *plan alimentario* auch die Erntemengen agrarischer Exportprodukte (vor allem Zucker und Zitrusfrüchte) gesteigert werden. Um die landwirtschaftlichen Maschinen zu ersetzen, die zum Großteil aufgrund von Treibstoff- und Ersatzteilmangel nicht einsatzbereit waren, wurden hunderttausende Kubaner und Kubanerinnen zu Erntearbeiten mobilisiert.

Doch der *plan alimentario* scheiterte. Die Mobilisierung von Städtern für landwirtschaftliche Tätigkeiten erwies sich als ineffizient, da diese über keinerlei Erfahrung bezüglich der Anbau- und Erntemethoden verfügten und die schwere körperliche Arbeit nicht gewohnt waren. Zudem war die Motivation der teilweise unfreiwilligen Arbeitsbrigadisten gering. Ohnehin konnten diese den massiven Ausfall von Produktionsmitteln wie Saatgut, Kunstdünger und Pflanzenschutzmitteln auf den riesigen, für maschinelle Bearbeitung geschaffenen Anbauflächen nicht kompensieren. In der Folge gingen die Erträge für fast alle landwirtschaftlichen Produkte zurück (MESA-LAGO 1996a: 69). Die Versorgungskrise verschärfte sich.

Devisen für den Kauf von Nahrungsmitteln auf dem Weltmarkt standen nur im begrenzten Maße zur Verfügung, denn 1991 kulminierte die Krise in einer Katastrophe für die kubanische Wirtschaft: in der Auflösung des RGW und, ein halbes Jahr darauf, in der Desintegration der Sowjetunion, so dass das Land "vor dem Scherbenhaufen seiner Wirtschaftsbeziehungen" stand (HENKEL 1996: 75). Noch wenige Jahre zuvor wäre diese weltpolitische Entwicklung undenkbar gewesen, denn, so Fidel CASTRO (1996: 59), "niemand stellte sich je vor, daß etwas, das so unerschütterlich und sicher wie die Sonne schien, eines Tages verschwinden würde, wie es beim Zerfall der Sowjetunion geschah." Kuba verlor mit einem Schlag nicht nur seine wichtigsten Handelspartner, sondern auch seine Kreditgeber[1] sowie die auf eine Milliarde US-Dollar pro Jahr geschätzten Netto-Transferleistungen aus der UdSSR (HENKEL 1996: 67). BURCHARDT (2000a: 2) beschreibt die kubanische Lage folgendermaßen:

> Der Insel wurde im Grunde über Nacht das ökonomische Fundament weggerissen. Der einstige Garant der kubanischen Entwicklung – die sowjetische Wirtschaftshilfe – entpuppte sich als später Januskopf und stürzte die Revolution in die bisher schwerste Krise ihrer Geschichte. Zurück blieb eine chronisch unproduktive Wirtschaft, die ohne Importe nicht überleben konnte und sich auf den Export einiger weniger Rohstoffe wie Zucker und Nickel spezialisiert hatte.

Die Folgen dieser Entwicklung waren fatal. Innerhalb von drei Jahren sank die Importkapazität Kubas um nahezu 75% auf (1992) nur noch 2,2 Mrd. US-$ (CARRANZA 1996: 21). Dies betraf vor allem die Einfuhr von Erdöl, den Lebensnerv der kubanischen Wirtschaft, die sich im selben Zeitraum halbierte (FERRÁN 2000: 178). Im folgenden Jahr standen 80% der Industrieanlagen still (BURCHARDT 2000a: 4). Das Gütertransportwe-

---

[1] Durch die Blockadepolitik der USA ist Kuba seit über 40 Jahren von jeglichen Krediten internationaler Organisationen wie Weltbank oder IWF abgeschnitten. Die meisten westlichen Staaten lehnten darüber hinaus bis vor kurzem eine Entwicklungszusammenarbeit mit dem sozialistischen Kuba ab, so dass die Insel nicht in den Genuss von Entwicklungshilfe kam. Es ist fraglich, ob die besonderen Handelsbedingungen innerhalb des RGW jemals diesen Nachteil vollständig kompensieren konnten.

sen und der öffentliche Personenverkehr brachen zusammen. Mehrstündige Stromsperren waren an der Tagesordnung. Das Bruttoinlandsprodukt sank von 1990 bis 1993 um 34,8%, wobei der wirtschaftliche Einbruch 1993 am deutlichsten war (BURCHARDT 1996: 91f). Vor diesem Hintergrund sah sich die politische Führung gezwungen, Maßnahmen zu ergreifen, die bis dahin im sozialistischen Kuba undenkbar gewesen wären.

## 1.2 Der 'Sommer der Reformen' und die wirtschaftliche Konsolidierung

Erste Reformbestrebungen wurden bereits 1992 durch die Änderung der Verfassung deutlich, die 60% der Artikel betraf (vgl. DILLA 1999: 633). Neben zaghaften Neuerungen in der politischen Sphäre[2] wurde vor allem der Außenhandel entflochten, um das Land wirtschaftlich öffnen und dem gravierenden Mangel an konvertierbaren Devisen entgegenwirken zu können, den Staatspräsident CASTRO (1996: 46) als "eines unserer ernstesten Probleme" erkannte.

War die Verfassungsreform innerhalb der kommunistischen Partei noch weitgehend unumstritten, kam es ein Jahr später zur ersten substanziellen Veränderung, die auch parteiintern zu heftigen Auseinandersetzungen führte: In einer Rede zum 40. Jahrestag des Angriffs auf die Moncada-Kaserne[3] kündigte Fidel CASTRO am 26. Juli 1993 die Legalisierung des Devisenbesitzes für kubanische Staatsangehörige an, der zuvor unter Strafe stand. Auch diese Maßnahme diente der Generierung von Devisen, da nur so die *remesas* (Geldtransfer der Exilkubaner an ihre auf der Insel verbliebenen Verwandten und Freunde) effizient abgeschöpft werden konnten.

Dieser Schritt, der dem Schlachten einer heiligen Kuh gleichkam, bedeutete eine Trendwende in der bisherigen Politik. Was viele schon als Bankrotterklärung des Sozialismus interpretierten, rechtfertigte CASTRO (1996: 58f) damals:

> Ich sagte Ihnen, daß wir bereit sind, alles zu tun, was nötig ist, um das Vaterland, die Revolution und die Errungenschaften des Sozialismus zu retten. Das bedeutet, daß wir nicht dogmatisch sein werden (...); wir wenden die notwendigen Maßnahmen an. (...) Einige dieser Maßnahmen sind uns zuwider, sie gefallen uns nicht. (...) es wird diejenigen geben, die Privilegien haben, (...) weil man ihnen Geld schickt. Am besten wäre, wenn alle und jeder dieses Geld erhalten würde. Aber das Volk wird einen beachtlichen Teil dieses Geldes für seine lebenswichtigen Bedürfnisse bekommen.

---

[2] Seit der Verfassungsreform können Parlamentsabgeordnete direkt vom Volk gewählt werden. Darüber hinaus ist durch die Schaffung von *consejos populares* (Volksräte), die in der Entscheidungshierarchie als viertes Glied unterhalb des Munizipalniveaus angesiedelt sind, eine Dezentralisierung der politischen Strukturen und der Verwaltung erreicht worden. Diese sich eher intern auswirkenden Reformen wurden von Maßnahmen flankiert, die nach außen hin eine Öffnung des Landes signalisieren sollten, wie beispielsweise der Verzicht der Proklamation des nicht-konfessionellen Charakters der Revolution.

[3] Am 26. Juli 1953 griff eine Gruppe von Widerständlern gegen das BATISTA-Regime unter der Führung Fidel CASTROS in Santiago de Cuba die Moncada-Kaserne an. Zwar scheiterte das Unternehmen und fast alle Beteiligten wurden getötet oder gefangengenommen, doch gilt seitdem der 26. Juli als Beginn der kubanischen Revolution, die mit der Flucht BATISTAS in der Silvesternacht 1958 schließlich siegte.

Die Bewahrung der 'Errungenschaften der Revolution', i.e. im Wesentlichen die Aufrechterhaltung der im internationalen Vergleich hohen Standards im Bildungs- und Gesundheitswesen, die Verteidigung der nationalen Unabhängigkeit gegenüber der Hegemonialmacht USA und die Beibehaltung egalitärer gesellschaftlicher Prinzipien, wurde und wird stereotyp bei zahllosen Gelegenheiten wiederholt, um eine Legitimitätskrise abzuwenden. Denn die meisten Reformen laufen der früher vertretenen ideologischen Linie sowie der Überzeugung eines nicht unbedeutenden Teils der Führungselite entgegen.

Doch trotz aller Bedenken musste der Reformkurs beibehalten werden, um wirtschaftlich und damit auch politisch überleben zu können. Außenwirtschaftlich gab es keine Alternative zur Integration Kubas in den Weltmarkt, die durch die zweimalige Verschärfung der US-Handelsblockade in den 1990er Jahren allerdings erheblich erschwert wurde. Binnenwirtschaftlich war es zunächst dringend erforderlich, den chronisch defizitären Staatshaushalt zu sanieren. Außerdem plante man, den nicht-staatlichen Wirtschaftssektor auszubauen, ohne jedoch die Kontrolle über ihn zu verlieren.

Im außenwirtschaftlichen Bereich wurde die Lage zu Beginn der 1990er Jahre immer prekärer. Das Handelsvolumen reduzierte sich zusehends, weil Kuba kaum noch Exportprodukte herstellte. Der Wert aller ausgeführten Güter, der 1990 noch 5,4 Mrd. US-$ betrug, ging bis 1993 um 79% auf knapp 1,2 Mrd. US-$ zurück (vgl. MARQUETTI 2000a). Um die Produktion von (Export-)Gütern wieder anzukurbeln, setzte man vor allem auf ausländische Investitionen. Darüber hinaus suchte man verstärkt Investoren für den raschen Ausbau der touristischen Infrastruktur, da für diesen Schlüsselsektor kein eigenes Kapital zur Verfügung stand.

Ein ganzes Bündel von Reformmaßnahmen sollte ein möglichst günstiges Investitionsklima schaffen. Zunächst führte man im April 1994 eine Verwaltungsreform durch, in der die alten Staatskomitees in Ministerien umgewandelt wurden. So entstand auch erstmals wieder ein Wirtschaftsministerium. Zudem wurden mit Italien, Russland, Spanien, Kolumbien, Großbritannien, China, Bolivien und der Ukraine bilaterale Investitionsschutzabkommen geschlossen.[4] Im September 1995 trat schließlich ein neues Investitionsgesetz in Kraft, das als eines der liberalsten Lateinamerikas gilt. Seither können Joint Ventures mit mehrheitlich ausländischer Kapitalbeteiligung gegründet sowie ausländische Direktinvestitionen getätigt werden. Andere Schritte flankierten diese Maßnahmen, wie beispielsweise die Verabschiedung neuer Zollbestimmungen, die Einrichtung von Freihandelszonen und die Reformierung des Bankenwesens, die eine Zentralbank und mehrere Geschäftsbanken schuf.

Auch binnenwirtschaftlich hatte sich die Situation zusehends verschärft. Das Haushaltsdefizit war in nur drei Jahren um das Zweieinhalbfache gestiegen und wuchs 1993 mit über fünf Milliarden Peso auf knapp 40% des Bruttoinlandproduktes an. Die im Umlauf befindliche Geldmenge vermehrte sich ständig. Sie betrug im Mai 1995 das 15-fache der

---

[4] Bis März 1999 bestanden mit 36 Staaten Investitionsschutzabkommen (vgl. DÍAZ 2000a: 152).

Lohnsumme – ein Betrag, dem kein Warenangebot mehr gegenüberstand (vgl. HOFFMANN 1996a: 103f). Die Regierung reagierte mit einem rigiden Sparprogramm. Subventionen für unrentable Betriebe wurden gekürzt oder vollständig gestrichen. Gleichzeitig erhöhte man die Verbraucher-Preise für nicht lebensnotwendige Waren und Dienstleistungen (z.B. für Elektrizität, Telefongebühren, alkoholische Getränke und Tabakwaren). Dadurch konnte das Haushaltsdefizit innerhalb nur eines Jahres um knapp 72% reduziert werden (HOFFMANN 1996a: 145), und auch der Geldüberhang wurde bis zum Herbst 1995 um ein Viertel reduziert (BURCHARDT 1996: 144).

Um dem Peso wieder Wert zu verleihen, reichten finanzpolitische Maßnahmen jedoch nicht aus. Es musste vor allem auch ein Angebot an Waren und Dienstleistungen geschaffen werden, das man für die kubanische Nationalwährung erwerben konnte. Da der staatliche Sektor dieses Angebot in der *período especial* weder produzieren noch importieren konnte, entschied man sich dazu, privatwirtschaftlichen Aktivitäten mehr Raum zu geben. Dazu wurde im September 1993 das Gesetz über die *trabajo por cuenta propia* (Arbeit auf eigene Rechnung) erlassen, das den privatwirtschaftlichen Sektor neu regelte und die Zahl der zugelassenen Tätigkeiten erweiterte. Obwohl die gesetzlichen Rahmenbedingungen die privatwirtschaftlichen Aktivitäten in engen Grenzen halten und zahlreiche Einschränkungen hinsichtlich der Materialbeschaffung, Produktion und Vermarktung bestehen, machten sich viele Kubaner und Kubanerinnen selbständig (vgl. Kap. 3.3).

Zeitgleich mit der Erweiterung der *trabajo por cuenta propia* wurde die Landwirtschaft reformiert. Nach dem Scheitern des *plan alimentario* musste ein anderer, effizienterer Weg gefunden werden, um die eingebrochene landwirtschaftliche Produktion wieder zu erhöhen. Man entschloss sich, einen Großteil der Staatsfarmen in selbständige Kooperativen, die *Unidades Básicas de Producción Cooperativa* (UBPC), umzuwandeln. Bis Ende 1997 reduzierte sich der Anteil der staatlichen Betriebe an der landwirtschaftlichen Nutzfläche von ehemals 75% auf nur noch 33%, während die UBPC 41% bewirtschafteten (vgl. ONE 2000: 193).

Ein Jahr nach den agrarstrukturellen Veränderungen öffneten die ersten nicht-staatlichen Agrarmärkte (*mercados agropecuarios*), auf denen Staatsbetriebe, Kooperativen und Kleinbauern ihre über das Plansoll hinaus produzierten Güter zu freien Preisen vermarkten dürfen. Diese Reformmaßnahme ist ebenfalls nicht unumstritten gewesen. Denn schon in den 1980er Jahren gab es Bauernmärkte (*mercados campesinos*), die aber im Zuge der *rectificación* wieder geschlossen wurden, weil die Parteiführung die 'Bereicherung' der Zwischenhändler nicht akzeptierte. Doch vor dem Hintergrund der *balsero*-Krise[5] mussten der Bevölkerung gewisse Zugeständnisse gemacht werden. Allerdings un-

---

[5] Mit Beginn der *período especial* stieg die Zahl der auswanderungswilligen Kubaner und Kubanerinnen sprunghaft an. Die meisten versuchten auf selbstgebauten Flößen (*balsas*) und in kleinen Booten die nur 100 Meilen entfernte Küste Floridas zu erreichen. Kubanische Staatsangehörige werden in den USA automatisch als politische Flüchtlinge eingestuft und im Gegensatz zu den übrigen lateinamerikanischen Migranten schnell eingebürgert. Als immer mehr Flüchtlinge Kuba verließen und sich der allgemeine Unmut über die wirtschaftliche Lage am 5. August 1994 in der ersten und einzigen Demonstration, die

terliegen die *mercados agropecuarios* und die kurze Zeit darauf ins Leben gerufenen, nach dem gleichen Prinzip funktionierenden Handwerker- und Kunsthandwerksmärkte zahlreichen gesetzlichen Beschränkungen (vgl. Kap. 4.3.4).

Insgesamt hat der mit der Legalisierung des Devisenbesitzes eingeschlagene Reformkurs aus ökonomischer Sicht zum Erfolg geführt. Dies betrifft vor allem den außenwirtschaftlichen Sektor. Bis Ende 1995 wurden 212 Joint Ventures mit einem Gesamtvolumen von 2,1 Mrd. US-$ abgeschlossen (vgl. DÍAZ 2000a: 145).[6] Viele dieser Investitionen flossen in den Tourismussektor, so dass die Bettenzahl für den internationalen Fremdenverkehr von 1990 bis 1995 verdoppelt werden konnte (vgl. WEHRHAHN & WIDDERICH 2000). Die Bruttoeinnahmen aus dem Tourismus stiegen im gleichen Zeitraum um das dreifache an. 1994 verzeichnete das Bruttoinlandsprodukt erstmals wieder einen leichten Anstieg (+0,7%). Im darauf folgenden Jahr wuchs es um 2,5% und 1996 sogar um stolze 7,8% (vgl. BURCHARDT 1999a, 20). Viele glaubten schon, die Krise überwunden zu haben.

Doch trotz des Erfolges der wirtschaftlichen Öffnung gab und gibt es innerhalb der kubanischen Führung Widerstände gegen die Reformbestrebungen, die sich nicht zuletzt in der starken Kontrolle all dessen zeigen, was sich im nichtstaatlichen Bereich abspielt. BURCHARDT (1998: 50) resümiert:

> Der sukzessive Verlauf des Umbruchs zeigt (...) , daß die meisten Reformen das Ergebnis taktischer Überlegungen waren, die im Spannungsfeld zwischen Strukturkonservatismus und Anpassungszwängen entwickelt wurden.

Nachdem der Zwang zur Anpassung durch die wirtschaftliche Konsolidierung nachgelassen hatte, konnten sich diejenigen Kräfte wieder stärker durchsetzten, die den Reformen skeptisch gegenüber standen.

## 1.3 Die ideologische *reconquista*

Die ideologische *reconquista* (Rückeroberung) ließ nach den ersten wirtschaftlichen Erfolgsmeldungen nicht lange auf sich warten. Sie wurde durch einen Bericht eingeleitet, den Verteidigungsminister Raúl CASTRO am 23. März 1996 vor dem Politbüro verlas und in dem er die negativen Implikationen der Reformpolitik bemängelte. Er kritisierte die Vermittlung der Werte kapitalistischer Konsumgesellschaften, die mit der gestiegenen Zahl von Joint Ventures und der zunehmenden Touristenzahl im Land einherginge. Auch der Transfer von *remesas* leiste dieser Entwicklung Vorschub und schaffe "ein Element der Ungleichheit bezüglich der übrigen Bevölkerung", die eben keine Dollars geschickt

---

sich gegen die Regierung richtete, Luft machte, entschloss sich die kubanische Seite, die Grenzen zu öffnen. In den folgenden Wochen begaben sich über 30.000 Kubaner auf die lebensgefährliche Überfahrt. Die meisten wurden von der US-Küstenwache aufgegriffen und in der auf kubanischem Territorium gelegenen Militärbasis Guantanamo interniert, um später nach Kuba zurückgeschickt zu werden.

[6] Bis Ende 2000 stieg die Zahl der Joint Ventures auf 394, das Investitionsvolumen verdoppelte sich auf insgesamt 5 Mrd. US-$ (vgl. MEP (o.J. a)).

bekommt. Im privatwirtschaftlichen Bereich sei eine "Schicht Neureicher" entstanden, die sich aus *cuentapropistas*, Kleinbauern und Zwischenhändlern zusammensetzt. Er warf den "auf die eine oder andere Weise ohne die vorschriftsmäßige Legalisierung" arbeitenden Selbständigen nicht nur die Übertretung von Regeln und Gesetzten vor, sondern diffamierte sie gleichzeitig als soziale Parias: "Die Psychologie des privaten Produzenten und des Arbeiters auf eigene Rechnung (...) tendiert zum Individualismus und ist nicht Quelle sozialistischen Bewußtseins" (R. CASTRO 1997: 523f). Die im Fernsehen übertragene Rede CASTROS war Auslöser einer öffentlichen Kampagne gegen Selbständige, in der sich vor allem das Parteiorgan *Granma* hervortat, die einzige überregional erscheinende Tageszeitung Kubas.

CASTROS Bericht an das Politbüro kritisierte zwar die Auswirkungen der Wirtschaftsreformen, stellte diese jedoch nicht in Frage, da sie notwendig und ohne Alternative gewesen wären. Stattdessen kündigte er eine verstärkte ideologische Arbeit an. Diese sollte insbesondere in Forschungszentren ansetzen, da hier konterrevolutionäre Aktivitäten auszumachen seien. Diesbezüglich nannte er namentlich das international renommierte Zentrum für Amerikastudien (*Centro de Estudios Americanos*, CEA), in dem man "klassische Prinzipien aufgegeben" habe und "der Versuchung erlegen ist, zu reisen und Artikel und Bücher nach dem Geschmack derjenigen zu veröffentlichen, die dafür bezahlen" (R. CASTRO 1997: 533f). Dadurch hätten sich verschiedene Genossen zur fünften Kolonne der Vereinigten Staaten gemacht. Die Folgen dieser Anschuldigungen blieben nicht aus. Der Leiter und die führenden Wissenschaftler des CEA wurden strafversetzt. Andere universitäre Einrichtungen und Forschungszentren wurden ideologisch eingeordnet, progressive Forschung gedeckt.

In den folgenden Jahren stockte man den Personalstand der 'Revolutionären Nationalpolizei' (*Policia Nacional Revolucionaria*, PNR) auf, um dem von Raul CASTRO (1997: 525) diagnostizierten "Anwachsen des Lumpenproletariats und der Kriminalität" begegnen zu können. Bis Januar 1999 wurden 100.000 neue Polizisten eingestellt, die zumeist als *brigadas especializadas* (Sondereinheiten) in den konflikträchtigsten Gebieten eingesetzt waren. So war zeitweise in den innerstädtischen Vierteln Havannas an fast jeder Kreuzung ein Polizist stationiert. Vor allem junge, männliche, schwarze Kubaner waren ständigen (Personalausweis-)Kontrollen ausgesetzt. Wer sich nicht ausweisen konnte, musste zumindest eine Nacht auf der Wache verbringen. In der Hauptstadt, wo 80% aller Straftaten verübt werden (vgl. CASTRO 1999), rüstete man die Polizei zudem mit modernen Funksprechgeräten, neuen PKW und kleinen Gefängnisbussen aus. Das Image der kubanischen Polizei bei der Bevölkerung Havannas verbesserte sich nicht gerade durch diese Maßnahmen. Zwar begrüßten einige den Rückgang der Kriminalität durch die starke Polizeipräsenz, viele empfanden aber die ständige Kontrolle als unerträglich. Allgemein wurden die neuen Polizisten der *brigadas especializadas* als *orientales*[7] diffamiert.

---

[7] Aus den östlichen Provinzen nach Havanna gezogene Personen werden von den *habaneros* (Einwohner Havannas) abfällig *orientales* (Ostler) genannt. Traditionell ist der *oriente* immer das Armenhaus Kubas gewesen, in dem die Menschen auch weniger gebildet waren als in Westkuba. Zwar sind nach

Daran konnte auch eine mehrmals wöchentlich im kubanischen Fernsehen ausgestrahlte Seifenoper über die PNR nichts ändern.

Nachdem die Polizei erheblich aufgerüstet worden war, wurde im Februar 1999 das Strafrecht verschärft. Seit der Verschärfung, die sich auf ganz unterschiedliche Bereiche bezieht (u.a. Kinderprostitution, Geldwäsche, illegale Migration), können auch für geringe Vergehen drakonische Strafen verhängt werden. Das illegale Schlachten einer Kuh wird beispielsweise mit Freiheitsentzug zwischen vier und zehn Jahren bestraft. Wenn dieselbe Person, die das Rind schlachtet, das Fleisch auch noch transportiert und verkauft, kann sich die Haftstrafe auf 18 Jahre erhöhen. Wer wissentlich illegal geschlachtetes Rindfleisch kauft, muss mit einem Freiheitsentzug von bis zu einem Jahr und einer Geldstrafe von bis zu 300 Tagessätzen rechnen (vgl. *Ley No. 87*: Art. 240). Somit richtet sich dieser Artikel nicht nur gegen die Schwarzhändler, sondern auch gegen diejenigen, die darauf angewiesen sind, sich auf dem Schwarzmarkt zu versorgen.

Zeitgleich mit der Verschärfung des Strafrechts trat ein weiteres Gesetz in Kraft, das *Ley No. 88* 'Gesetz zum Schutz der nationalen Unabhängigkeit und der Wirtschaft Kubas'. Inhaltlich richtet es sich gegen die Verschärfung der US-amerikanischen Blockade durch das Helms-Burton-Gesetz. Das Helms-Burton-Gesetz ermöglicht es eingebürgerten Exilkubanern und anderen US-Bürgern, ausländische Firmen vor einem Gericht der Vereinigten Staaten zu verklagen, sofern diese Firmen Eigentum der Kläger benutzen, welches in Kuba nach 1959 enteignet worden war. Das Helms-Burton-Gesetz wirkt somit investitionshemmend, da ausländische Investoren kaum überblicken können, welche Liegenschaften und Immobilien vor 40 Jahren enteignet worden sind.

Das *Ley No. 88* soll erreichen, dass das Helms-Burton-Gesetz möglichst nicht zur Anwendung kommt, indem es die Weitergabe von Informationen unter Strafe stellt, aufgrund derer Investoren vor einem US-Gericht verklagt werden könnten. Auch wenn eine solche Maßnahme grundsätzlich verständlich scheint, ist die praktische Anwendung des *Ley No. 88* überaus problematisch. Dies gilt beispielsweise für den Artikel 5.1 (zitiert nach *Granma Internacional Digital*):

> [Die Suche nach] klassifizierter Information, die benutzt werden kann zur Anwendung des Helms-Burton-Gesetzes, zur Blockade und zum wirtschaftlichen Krieg gegen unser Volk, darauf abzielend, die öffentliche Ordnung zu zerstören, das Land zu destabilisieren und den sozialistischen Staat und die Unabhängigkeit Kubas zu liquidieren, (...)

wird mit Freiheitsentzug bis zu acht Jahren geahndet. Aus der unpräzisen Formulierung wird klar, dass der Artikel gegen alles und jeden verwendet werden kann. In der Praxis trifft das Gesetz nicht so sehr feindliche Agenten, sondern vor allem Wissenschaftler. Dies wird umso deutlicher, wenn man bedenkt, dass es in Kuba wenig öffentlich zugäng-

---

dem Sieg der Revolution regionale Disparitäten erheblich abgebaut worden, doch die Vorurteile halten sich hartnäckig.

liches Datenmaterial gibt und selbst grundlegende Informationen klassifiziert sind (vgl. Kap. 2.3). Die Publikation von Artikeln oder Büchern wird somit zum 'russischen Roulette', insbesondere wenn sie in Kooperation mit ausländischen Institutionen geschieht. Die schon 1996 durch die Rede Raul CASTROS eingeschüchterte Wissenschaft erhielt durch das Gesetz quasi einen Maulkorb.

Insgesamt hat sich seit 1996 das politische Klima auf der Insel verschärft. Dem 'Sommer der Reformen' folgte eine Phase der verstärkten Kontrolle und Reglementierung. Reformen wurden seither nur noch vereinzelt und fast ausschließlich im außenwirtschaftlichen Bereich durchgeführt.

## 1.4 Kuba – ein Transformationsland?

Vor dem Hintergrund des beschriebenen jüngeren Entwicklungsweges Kubas, den BURCHARDT (2000a: 1) als "halbierte Transformation" bewertet, stellt sich die Frage, ob auf der Insel tatsächlich ein Transformationsprozess im Gange ist, oder ob der 'Sommer der Reformen' nur eine kurze Etappe war, in der aufgrund des akuten wirtschaftlichen Drucks singuläre Anpassungsmaßnahmen ergriffen worden sind. Um dieser Frage nachgehen zu können, muss zunächst geklärt werden, was man unter dem Begriff 'Transformation' versteht.

Die Transformationsforschung ist praktisch mit dem Fall der Berliner Mauer geboren worden, wenngleich sich auch schon frühere Veröffentlichungen mit dieser Thematik befasst haben (vgl. PROPP 1964). Der politische Umbruch in Osteuropa vollzog sich seinerzeit mit einer solchen Geschwindigkeit, dass er die meisten (Sozial-)Wissenschaftler überraschte. VON BEYME (1994: 35) spricht in diesem Zusammenhang von einem "schwarzen Freitag" der Sozialwissenschaften, die in methodischer und theoretischer Hinsicht vollkommen unvorbereitet waren. Um die in den ehemaligen Ostblockstaaten ablaufenden Prozesse erklären und zugleich Rezepte und Maßnahmen zur Lenkung dieser Prozesse anbieten zu können, bediente man sich anfangs altbekannter Theorien und Konzepte. Auf modernisierungstheoretischer Basis wurde der von den RGW-Ländern einzuschlagende Weg oftmals als eine Art 'nachholender Entwicklung' verstanden, wobei die Marktwirtschaften westlichen Typs Modell standen. Als Ziel wurde allgemein ein Systemwechsel "vom Plan zum Markt" formuliert (so der Titel des Weltentwicklungsberichtes der Weltbank (1996); vgl. auch BOHNET & OHLY 1991; SCHÜLLER 1991).

In einem kurzen "Honeymoon der Transformation" (KALTHOFF & ROSENBAUM 2000: 6) gab man sich der Illusion hin, einen schnellen Übergang von einer sozioökonomischen Ordnung in eine andere erreichen zu können, zumal viele dachten, mit dem Ende der bipolaren Weltlage sei nun auch das 'Ende der Geschichte' erreicht. Die Transformationsforschung widmete sich in den ersten Jahren ausführlich der Frage, in welcher Reihenfolge und Geschwindigkeit die einzelnen Transformationsschritte durchzuführen seien. Zum Hauptstreitpunkt wurde, ob sich die Transformation in einem einzigen großen Schritt (*big bang* bzw. Schocktherapie) oder in vielen kleinen Schritten (Gradualismus) vollziehen soll (vgl. APOLTE & CASSEL 1991; SACHS 1990).

Mittlerweile ist der Transformationsprozess vor allem in den Ländern Osteuropas weit fortgeschritten und die Diskussion 'Schocktherapie oder Gradualismus' ist verebbt. Allgemein hat sich ein differenzierteres Bild durchgesetzt. Transformation wird als ein tief greifender Prozess erkannt, der "nicht in ein paar Jahren abzuwickeln ist" (KALTHOFF & ROSENBAUM 2000: 6). Auch weiß man inzwischen, dass die Institutionalisierung von tragenden Elementen westlicher Systeme in den Transformationsstaaten nicht automatisch zu einem raschen Erfolg im Sinne der Etablierung einer modernen Marktwirtschaft führt, sondern vielmehr in einem kontinuierlichen (Lern-)Prozess mündet, in dem sich die verschiedenen Länder auf ganz unterschiedliche Weise entwickeln. Der Ausgang des jeweiligen Entwicklungsweges ist dabei offen. Insofern wird heute auch die simple Übertragung von traditionellen politischen, ökonomischen oder entwicklungstheoretischen Modellen auf die Transformationsländer in zahlreichen Veröffentlichungen kritisch bewertet (vgl. BÜRKNER 2000; FÖRSTER 2000; STADELBAUER 2000).

Eine einheitliche Transformationstheorie, die Anfang der 1990er Jahre noch gefordert wurde, konnte sich aufgrund der fundamentalen Unterschiede im Transformationsverlauf in den betroffenen Staaten nicht herausbilden. FÖRSTER (2000: 56) stellt den praktischen Nutzen einer solchen Theorie generell in Frage, weil diese "auf einem Abstraktionsniveau angesiedelt werden [müsste], das letztlich keine sinnvollen Erklärungen mehr zulassen würde". Dass es in der letzten Dekade zu keiner Theoriebildung gekommen ist, verwundert schon deshalb nicht, weil nicht einmal ein einheitlicher, analytisch fruchtbarer Transformationsbegriff definiert werden konnte. In diesem Zusammenhang bemängelt FASSMANN (2000: 13) die "Sprachverwirrung", die durch die teilweise synonyme Benutzung der Begriffe Transformation, Transition und Systemwechsel besteht. Auch die Abgrenzung der Begriffe Reform und Transformation fällt schwer, da es "zwischen beiden Begriffen ohnehin vielfältige Übergangsformen" gibt (BÄHR et al. 1997: 625).

In der jüngeren Fachliteratur wird "der inzwischen inflationär gebrauchte Begriff der Transformation" (KRECKEL & POLLACK 1996: 212) als Ausdruck für ganz unterschiedliche Phänomene verwendet. Im osteuropäischen Zusammenhang umfasst der Begriff drei Ebenen: den wirtschaftlichen Übergang von einer Zentralverwaltungswirtschaft zu einer Marktwirtschaft, den politischen Übergang von einem autoritären Regime zu einer partizipatorischen Demokratie und den sozialen Übergang, in dem sozialistische Gesellschaftsideale durch gesellschaftliche Differenzierung ersetzt werden (vgl. STADELBAUER 2000: 61). Betrachtet man China oder Vietnam, die zweifellos auch zu den Transformationsländern gezählt werden (vgl. HERRMANN-PILLATH 1995; REVILLA 1995), so fehlt zumindest die politische Dimension der Transformation, da hier die alten politischen Systeme noch weitestgehend intakt sind. NUHN & NEIBERGER (2000) wenden den Transformationsbegriff sogar invers auf den nach dem zweiten Weltkrieg eingeleiteten Wandel in der DDR an und beschreiben damit eine Transformation *zum* Sozialismus.

Die bisherigen Ausführungen implizieren, dass Transformation einen wie auch immer gearteten Übergang vom Sozialismus zum Kapitalismus (oder umgekehrt) meint. Ein vollkommen anderer Transformationsbegriff wird aber für lateinamerikanische Länder wie Chile, Uruguay oder Argentinien benutzt (vgl. THIERY 2000; TÖPPER & MÜLLER-PLANTENBERG 1994), in denen lange Zeit rechtsgerichtete Militärdiktaturen herrschten. Hier geht der Begriff auf den *Nuevo Cepalismo* und das 1990 von der CEPAL ausgearbeitete Konzept der *transformación productiva con equidad* (produktiver Wandel mit Gleichheit) zurück. Auch die Veränderungen im südlichen Afrika und vor allem die Umgestaltungen im Zuge der Aufhebung der Apartheid werden unter dem Begriff Transformation subsumiert, ohne dass allerdings immer genau definiert wird, was darunter zu verstehen ist (vgl. BÄHR & JÜRGENS 2000, OSMANOVIC 1999).

Im spezifisch kubanischen Kontext wird in der Fachliteratur ebenfalls der Begriff Transformation[8] benutzt (vgl. HENKEL 1996; BÄHR & WIDDERICH 2000). Ob der Transformationsprozess das Land auf den Weg in die Marktwirtschaft führt, wie MARCH-POQUET (2000: 109) konstatiert, ist umstritten. Ob es ferner zu einem vollständigen Systemwechsel im Sinne der Ablösung des Sozialismus durch eine Demokratie westlichen Typs kommen wird, ist fraglich.[9] Zumindest gibt es auf kubanischer Regierungsebene erhebliche Widerstände gegen die Einführung pluralistischer Elemente. Doch obgleich das politische System in der letzten Dekade unangetastet blieb und die kubanische Führung immer wieder den sozialistischen Charakter des Landes betont,[10] haben die Reformen "eine fundamentale Änderung der wirtschaftlichen Spielregeln auf der Insel" hervorgerufen (HOFFMANN 1996b: 7), welche die Basis für eine tief greifende Umgestaltung des Wirtschaftssystems sind und dadurch auch erhebliche soziale Folgen nach sich ziehen – wie die vorliegende Arbeit noch zeigen wird.

Ungeachtet der noch genauer zu analysierenden sozialen Veränderungen auf der Insel wird das Ausmaß des Wandels und damit die Tiefe des Transformationsprozesses schon deutlich, wenn man die Entwicklung einiger ökonomischer Kennziffern betrachtet. Traditionell basierte die kubanische Wirtschaft auf der Erzeugung und Ausfuhr von Zucker. Noch 1990 entfielen 80% aller Exporteinnahmen auf Zucker und dessen Derivate (vgl. Tab. 1). Doch in der *período especial* war die Produktionsleistung der 1980er Jahre von durchschnittlich 7,5 Mio. Tonnen Rohzucker pro Jahr nicht mehr zu erreichen. Die Ern-

---

[8] In der angloamerikanischen Literatur wird in diesem Zusammenhang der Begriff *transition* verwandt. So trägt beispielsweise der jährlich von der *Association for the Study of the Cuban Economy* (ASCE) veranstaltete Kongress den Titel *Cuba in Transition* (vgl. ASCE 1991-2000; vgl. auch PÉREZ-LÓPEZ 1997; MARCH-POQUET 2000). Im Spanischen wird zumeist der Begriff *transformación*, seltener auch *transición* verwandt (vgl. CEPAL 1997; DEL ROSARIO 1997, HOFFMANN 1995).

[9] So rechnet BURCHARDT (2002) in Anknüpfung an traditionelle kubanische Politikmuster mittelfristig eher mit einem Erstarken des Neopopulismus.

[10] Erst vor kurzem stellte Staatschef CASTRO (2001a) fest: "Heute sind wir nicht gekommen, um dem 40. Jahrestag der Proklamation des sozialistischen Charakters der Revolution zu gedenken, wir sind gekommen um ihn zu bestätigen"; daraufhin ließ er die "Arbeiter und Bauern" wie schon einmal vor 40 Jahren "schwören, diese Revolution bis zum letzten Blutstropfen zu verteidigen".

ten der 1990er Jahre erbrachten im jährlichen Durchschnitt nur noch 4,5 Mio. Tonnen, ein Rückgang von 40%.[11] Dementsprechend sank der Anteil des Zuckers an den Exporteinnahmen und erreichte 1999 einen historischen Tiefstand von 32%. Die Exporterlöse von Nickel, Tabak und Fischerzeugnissen, die bedeutendsten Exportprodukte nach dem Zucker, sind in der betrachteten Dekade zwar einigermaßen stabil geblieben oder sogar gesteigert worden, konnten jedoch den Rückgang beim Zucker nicht kompensieren.

Tab. 1: Exporterlöse 1990-1999 (Mio. US-$)

| Jahr | Zucker und Derivate | Nickel | Tabak | Fischereierzeugnisse | andere Exportprodukte | gesamt |
|------|---------------------|--------|-------|----------------------|------------------------|--------|
| 1990 | 4.337,5 | 388,3 | 114,4 | 101,9 | 472,8 | 5.414,9 |
| 1991 | 2.287,5 | 230,6 | 113,8 | 127,6 | 220,0 | 2.979,5 |
| 1992 | 1.240,2 | 214,2 | 93,3  | 105,1 | 126,6 | 1.779,4 |
| 1993 | 758,1   | 142,4 | 71,3  | 69,1  | 115,5 | 1.156,7 |
| 1994 | 759,5   | 196,0 | 71,3  | 100,1 | 203,9 | 1.330,8 |
| 1995 | 714,3   | 323,7 | 102,1 | 122,8 | 228,7 | 1.491,6 |
| 1996 | 976,3   | 416,8 | 108,9 | 126,1 | 237,4 | 1.865,5 |
| 1997 | 853,3   | 415,4 | 161,2 | 127,9 | 261,3 | 1.819,1 |
| 1998 | 599,3   | 341,8 | 191,9 | 104,2 | 275,0 | 1.512,2 |
| 1999 | 462,5   | 394,4 | 202,6 | 97,0  | 299,6 | 1.456,1 |

Quelle: CEE 1991; ONE 1998; ONE 2000

Abb. 1: Bruttoeinnahmen aus Exporten, Tourismus und *remesas* (Mio. US-$)

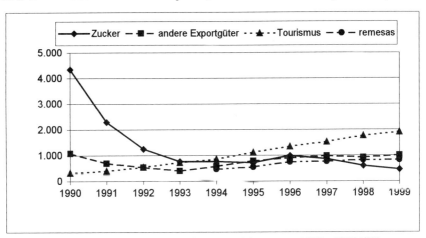

Quelle: Eigener Entwurf nach Daten von CEE 1991; MARQUETTI 2000b; ONE 1998; ONE 2000

---

[11] Berechnungen des Autors nach verschiedenen Quellen (vgl. CEE (o.J.): 243; CEE 1991: 148; ONE 1998: 174; ONE 2000: 177; *Granma*, 23.12.00).

Der Einbruch der Exporterlöse wurde durch zwei Faktoren aufgefangen: durch den massiven Ausbau des Tourismus, der dazu führte, dass sich in den 1990er Jahren die Besucherzahl nahezu verfünffacht hat (vgl. ONE 2000: 244; ONE 1998: 253), und durch den zunehmenden Geldtransfer der Exilkubaner. Abbildung 1 zeigt, wie sich die drei zentralen Stützpfeiler der kubanischen Ökonomie (Zucker, Tourismus und *remesas*) in der letzten Dekade entwickelten. Schon 1994 haben die Brutto-Einnahmen aus dem Tourismus diejenigen aus dem Zuckerexport überstiegen. Seit 1998 kommen sogar mehr Devisen durch *remesas* ins Land als durch den Zucker. Der Tourismus ist seitdem hinsichtlich der Bruttoeinnahmen bedeutender als alle Exporte zusammen.

Der Bedeutungsverlust der klassischen Exportprodukte und die wachsende Bedeutung von Tourismus und *remesas* schlugen sich binnenwirtschaftlich in der fortschreitenden Dollarisierung des Landes nieder. Immer mehr Bereiche des Wirtschaftsprozesses werden vom Dollar durchdrungen, sei es in Bezug auf geschäftliche Vereinbarungen zwischen staatlichen Firmen oder Institutionen oder hinsichtlich des Endverbrauches. Das Ergebnis dieses Prozesses ist die Transformation einer sozialistischen, in den RGW eingebundenen Zentralverwaltungswirtschaft zu einer dualen Ökonomie, deren eines Segment im planwirtschaftlichen Bereich verharrt, und deren anderes Segment auf den Weltmarkt ausgerichtet ist.

## 2  Zielsetzung und Aufbau der Arbeit
### 2.1  Zu den Besonderheiten der Kuba-Forschung

In den letzten Jahren ist eine wahre Flut von Publikationen zum kubanischen Transformationsprozess erschienen. Dabei fällt im Gegensatz zu anderen Untersuchungsräumen eine Besonderheit auf: die starke Polarisierung hinsichtlich der Bewertung dieses Prozesses, die sich nicht nur in den Massenmedien widerspiegelt, sondern auch die meisten wissenschaftlichen Veröffentlichungen durchzieht. Einige Autoren, denen die Reformpolitik nicht weit genug geht, werten die Reformmaßnahmen lediglich als Ausdruck des Machterhalts eines kommunistischen Regimes, das als anachronistischer Dinosaurier keinen Platz mehr auf der Welt hat. Andere sehen dagegen in der kubanische Regierung das letzte Bollwerk gegen Imperialismus und Neoliberalismus. Zwischentöne finden sich bei einer derartigen Schwarzweißmalerei nur gelegentlich.

Der Kontrast zwischen den beiden Positionen wird besonders deutlich, wenn man Aufsätze US-amerikanischer und kubanischer Wissenschaftler betrachtet. In den Vereinigten Staaten hat die Kuba-Forschung eine lange Tradition. Allerdings ist – wie dem Autor bei einem Forschungsaufenthalt in den USA von verschiedenen Experten bestätigt wurde – die exilkubanische, anticastristisch eingestellte Lobby derart stark, dass eine unabhängige und weitgehend wertneutrale Forschung nur schwer möglich ist. Im Gegenteil sind nicht wenige Veröffentlichungen derart tendenziös, dass an ihrem wissenschaftlichen Charakter gezweifelt werden kann.[12]

Ebenso ist die in Kuba veröffentlichte Literatur häufig zweckgefärbt. Für kubanische Autoren ist es ungleich schwerer, überhaupt zu veröffentlichen, da die Zahl der im Lande erscheinenden Publikationen in der *período especial* gering ist. Durch die öffentliche Maßregelung von Wissenschaftlern und die faktisch bestehende (Selbst-)Zensur werden kritische Beiträge nicht publiziert bzw. gar nicht erst geschrieben. Auch Veröffentlichungen kubanischer Autoren im Ausland dürfen nicht aus dem Rahmen fallen, da der kubanische Staat mit dem *Ley No. 88* (vgl. Kap. 1.3) ein gewichtiges Sanktionsinstrument geschaffen hat. Andererseits können Kubaner an Datenmaterial und Informationsquellen gelangen, die Ausländern verschlossen bleiben. Und gerade in regierungsnahen Schriften werden immer wieder wichtige Daten abgedruckt, die sonst nirgends zu finden sind.

Trotz des enormen Einflusses der exilkubanischen Lobby respektive der kubanischen Führung auf die Forschung gibt es natürlich auch in den USA und in Kuba namhafte und seriöse Forscher. In anderen Ländern ist die Polarisierung generell weniger stark ausgeprägt, wenngleich sich in der Literatur zumeist unschwer Sympathien für die eine oder für die andere Position erkennen lassen.

Inhaltlich analysiert ein Großteil der Publikationen die wirtschaftlichen Effekte des Transformationsprozesses. Die Frage nach den sozialen Konsequenzen wurde im kubanischen Kontext bisher kaum gestellt oder nur sehr allgemein behandelt. Erst in jüngerer Zeit haben sich insbesondere kubanische Wissenschaftler mit den sozialen Folgewirkungen der Transformation beschäftigt (vgl. FERRIOL 1998a; PÉREZ I. 1998; FERRIOL et al. 1999; TOGORES 2000). Doch auch wenn in Kuba derartige Auswirkungen des Wandels nicht länger negiert oder totgeschwiegen werden, wie es in den ersten Jahren der *período especial* der Fall gewesen ist, weisen die Untersuchungen ein Defizit auf. Zwar wird offen über soziale Risikogruppen innerhalb der kubanischen Bevölkerung gesprochen, aber die daraus resultierende Frage nach sozialen Disparitäten oder gar nach einem sich gegenwärtig vollziehenden sozialen Wandel wird nicht gestellt. Denn schließlich gehört das Prinzip der sozialen Gleichheit zu den Errungenschaften der Revolution, zu deren Ver-

---

[12] So behauptet beispielsweise BETANCOURT (2000), dass die Höhe der von der CEPAL (1997) angegebenen *remesas* übertrieben sei. Mit fragwürdigen Methoden und unter Ausblendung aller Geldüberweisungen, die nicht aus den USA stammen, errechnet er einen wesentlich geringeren Betrag. Er schließt daraus, dass die Differenz aus den von der CEPAL sowie von den kubanischen Behörden angegebenen Zahlen und seinen eigenen Berechnungen nicht aus Geldüberweisungen, sondern aus staatlichem Drogenhandel und Geldwäsche stammt, ohne dies jedoch im geringsten zu belegen. Andere US-amerikanische Publikationen beschäftigen sich nicht mit den gegenwärtigen Problemen, mit denen Kuba konfrontiert ist, sondern mit der "*after Castro*" Ära (WEINTRAUB 2000: 337) und stehen damit in der Tradition des Helms-Burton-Gesetzes, das bestimmt, dass weder Fidel CASTRO noch Raúl CASTRO einer neuen, von den USA akzeptierten Regierung angehören dürfen. Häufig wird auch der rechtliche status quo ignoriert. Stattdessen greift man auf die republikanische Verfassung von 1940 zurück (vgl. CONSUEGRA-BARQUÍN 1995), die seit mehr als vier Dekaden außer Kraft ist, oder konstruiert ohne Beteiligung der kubanischen Bevölkerung gleich ein neues "*constitutional framework for a free Cuba*" (CUZÁN 2000: 399).

teidigung nach offizieller Lesart der Reformprozess eingeleitet worden ist. Insofern bleibt die soziale Komponente des Transformationsprozesses ein 'weißer Fleck' der Kuba-Forschung.

## 2.2 Zentrale Fragestellung und Grundhypothesen

Die vorliegende Arbeit zielt darauf ab, diesen 'weißen Fleck' auszufüllen und die sozialen Auswirkungen des Transformationsprozesses zu analysieren. Dazu soll zunächst ein Bereich untersucht werden, in dem sich die soziale Entwicklung auf der Insel unmittelbar ausdrückt: die Lebensverhältnisse der kubanischen Bevölkerung.

Der Begriff 'Lebensverhältnisse' wird in der Literatur "im allgemeinen sehr offen gebraucht" (GLAZER 1996: 1). Eine allgemein gültige Definition hat sich nicht durchsetzen können, so dass vielfache Überschneidungen mit Begriffen wie 'Lebensstandard' oder 'Lebensqualität' bestehen. Die methodische Erfassung von Lebensverhältnissen ist äußerst schwierig, denn auch hier gibt es kein einheitliches Instrumentarium. Inhaltlich können sich die Lebensverhältnisse sowohl auf die objektiven Lebensbedingungen der Bevölkerung als auch auf das subjektive Wohlbefinden des Einzelnen beziehen. Zur Untersuchung der Lebensverhältnisse werden aber nur selten subjektive Kriterien herangezogen, sondern üblicherweise verschiedene wirtschaftliche, soziale oder demographische Indikatoren ausgewertet (vgl. beispielsweise SPÉDER et al. (1997: 356 ff) für die ostmitteleuropäischen Transformationsstaaten). In vielen Fällen bildet man auch aggregierte Indizes wie den *Human Development Index* (HDI), die in besonderem Maße die internationale Vergleichbarkeit gewährleisten sollen.

Abgesehen von grundsätzlicher Kritik an solchen Indizes[13] sind diese für Aussagen über die kubanischen Lebensverhältnisse nur bedingt geeignet. Der Grund dafür liegt in der beträchtlichen Verzerrung des Ergebnisses durch alle Wirtschaftsdaten, die in der kubanischen Statistik in nationaler Währung angegeben sind. Da der kubanische Peso nicht frei konvertierbar ist, lassen sich die meisten ökonomischen Kennwerte nur sehr schwer in andere Währungen umrechnen. So wird beispielsweise das im Jahr 1993 pro Kopf erwirtschaftete Bruttoinlandsprodukt (zu laufenden Preisen) in der offiziellen Statistik mit 1.384 Peso angegeben (vgl. ONE 2000: 98). In die Berechnungen des HDI für dasselbe Jahr fließt das Bruttoinlandsprodukt pro Kopf jedoch auf der Basis von Kaufkraftparitätsschätzungen mit 3.000 US-$ ein (vgl. CIEM & PNUD 1997: 98). Angesichts der Tatsache, dass sich die Wirtschaftskrise 1993 auf ihrem Höhepunkt und damit die Kaufkraft des Peso auf ihrem Tiefpunkt befand und vor dem Hintergrund eines offiziellen

---

[13] Eine ausführliche Diskussion der Vor- und Nachteile solcher Indizes findet sich bei NUSCHELER (1997: o.S.). Er kritisiert die "Index-Manie" des UNDP, das neben dem HDI noch zahlreiche andere aggregierte Indizes der menschlichen Entwicklung wie den HPI (*Human Poverty Index*) oder den GDI (*Gender-related Development Index*) geschaffen hat. NUSCHELER gibt zu bedenken, dass viele Indizes "methodisch nicht ausgereift sind, statistisch auf wackeligen Beinen stehen und teilweise auf völlig veralteten Daten aufbauen", schließt sich aber nicht einer grundsätzlichen Kritik an, nach der das Human-

Wechselkurses von eins zu eins und eines Schwarzmarktkurses von 1:78 (vgl. CEPAL 2001a: 44) im besagten Jahr erscheint der Wert von 3.000 Dollar pro Kopf viel zu hoch zu sein. Die Aussagekraft des HDI über die tatsächlichen Lebensverhältnisse in Kuba wird dadurch erheblich eingeschränkt.

Im kubanischen Kontext muss methodisch also anders vorgegangen werden, um die Entwicklung der Lebensverhältnisse analysieren zu können. Grundsätzlich kann dabei von der Annahme ausgegangen werden, dass sich in der letzten Dekade aufgrund der prekären ökonomischen Entwicklung die Lebensverhältnisse allgemein verschlechtert haben. Nach kubanischen Schätzungen wird die Wirtschaft des Landes günstigsten Falles im Jahre 2004 wieder das Niveau von 1989 erreichen, unter ungünstigen Rahmenbedingungen sogar erst 2010 (vgl. FERRÁN 2000: 205 f). Der Bevölkerung stehen also noch weitere Jahre der *período especial* bevor. Angesichts dessen scheint es sinnvoll, sich bei der Analyse der kubanischen Lebensverhältnisse vor allem auf diejenigen Bereiche zu konzentrieren, welche die grundlegenden Bedürfnisse der Bevölkerung widerspiegeln. Was aber sind die Grundbedürfnisse der kubanischen Bevölkerung?

In der Grundbedürfnisdebatte[14] sind zahlreiche Versuche unternommen worden, zu definieren, was der Mensch braucht, ohne jedoch zu einem einheitlichen Ergebnis zu kommen. Fast immer werden Ernährung, der Zugang zu frischem Trinkwasser, Unterkunft und Bekleidung zu den Grundbedürfnissen des Menschen gezählt. Als Voraussetzung für die physische Reproduktion bilden sie die *basic needs* oder *first floor needs* (vgl. NUSCHELER 1982: 335f). Doch mit der physischen Reproduktion, d.h. mit dem bloßen Überleben, sind die Grundbedürfnisse des Menschen noch keineswegs befriedigt. Hinzu treten noch verschiedene *second floor needs* (*basic human needs*), die allerdings sehr viel schwieriger zu ermitteln sind. Besonders häufig werden Gesundheit, Bildung und Arbeit, gelegentlich auch qualitative Bedürfnisse wie die individuelle Freiheit als *second floor needs* benannt, wobei die Bewertung dessen, was unverzichtbar ist, in der Literatur sehr unterschiedlich sein kann.[15] Letztlich ist die Spannbreite des Grundbedürfnis-Begriffes Ausdruck dafür, dass "Menschen an verschiedenen Orten zu verschiedenen Zeiten in verschiedenen Kulturen sehr Verschiedenes" brauchen (EPPLER 2000: 35). Es gibt also keinen international gültigen Grundbedürfniskatalog, der auf jedes beliebige Land angewandt werden könnte. Vielmehr stehen Grundbedürfnisse immer in einem spezifischen historischen, kulturellen und regionalen Kontext.

---

Development-Konzept "ein aus Versatzstücken zusammengestoppeltes Portpouri, garniert mit schönen Schaubildern" ist.

[14] Die Debatte um die menschlichen Grundbedürfnisse ist im entwicklungspolitischen Bereich hauptsächlich in den 1970er Jahren geführt worden. Mittlerweile sind die Grundbedürfnisse zugunsten von neoliberalen Ansätzen ein wenig aus der Mode gekommen, was sie allerdings nicht weniger aktuell macht. Grundbedürfnisse haben alle Menschen, das Ziel ihrer Befriedigung rechtfertigt sich selbst. Und nach wie vor kann "Im Lebenszusammenhang der armen Länder des Südens (...) nicht die Rede davon sein, daß Grundbedürfnisse befriedigt sind" (SCHWEFEL 1997: 335).

[15] Eine besonders umfassende Definition des Begriffes findet sich bei EPPLER (2000), der beispielsweise auch das Feiern und Musizieren zu den menschlichen Grundbedürfnissen zählt.

Will man ermitteln, was die Menschen eines bestimmten Landes zu einem bestimmten Zeitpunkt am nötigsten brauchen, so bildet die pragmatische Auflistung verschiedener *first* und *second floor needs* einen nützlichen Ausgangspunkt für die Analyse. Auf dieser Basis muss jedoch ein zweiter Schritt erfolgen, um den spezifischen lokalen Bedingungen gerecht werden zu können. SCHWEFEL (1997: 335f) plädiert in diesem Zusammenhang dafür, dabei "zunächst einmal getrost dem gesunden Menschenverstand zu folgen" und benennt eine griffige Methode, die *basic (human) needs* zu ermitteln: "Hört man geduldig zu und nimmt man die Sichtweise der Betroffenen ernst, dann erfährt man schnell und sicher, was Grundbedürfnisse sind."

Der Autor hatte bei verschiedenen Forschungsaufenthalten reichlich Gelegenheit, mit Kubanerinnen und Kubanern zu sprechen bzw. diesen zuzuhören. Dabei fiel immer wieder das Wort *resolver*, das sich nur sehr unzureichend im Deutschen mit 'lösen' übersetzen lässt. *Resolver* ist in den 1990er Jahren auf der Insel zu einem Schlüsselbegriff geworden. Für die kubanische Bevölkerung geht es darum, unter den veränderten Bedingungen der *período especial* den Alltag zu bewältigen und die zahlreichen Probleme zu lösen, mit denen sie täglich konfrontiert wird. Nicht wenige dieser Probleme betreffen die Befriedigung von Grundbedürfnissen.

Da die vorliegende Arbeit nicht alle Aspekte der Grundbedürfnisse behandeln kann, sollen sich die Untersuchungen auf diejenigen Bereiche konzentrieren, die derzeit für die Bevölkerung die drängendsten Probleme aufwerfen und in denen der Wandel der Lebensverhältnisse deshalb besonders deutlich zum Ausdruck kommt. Diesbezüglich ist vor allem der Bereich der Grundversorgung mit Nahrung, Kleidung und anderen Grundbedarfsartikeln zu nennen. Hinsichtlich der Grundversorgung stellt sich zunächst die Frage, wie sich die Verfügbarkeit von Nahrungsmitteln und anderen Produkten in der Wirtschaftskrise entwickelt hat. In einem zweiten Schritt soll – ausgehend von der Annahme, dass das staatliche Bezugscheinsystem die Deckung des Grundbedarfs nicht gewährleistet – untersucht werden, welche neuen Angebotsformen entstanden sind und welche Bedeutung alte und neue Angebotsformen für die Grundversorgung der einzelnen Haushalte haben.

Der Bereich der Grundversorgung ist eng verknüpft mit dem Komplex 'Arbeit und Einkommen', denn generell ist ein ausreichendes Einkommen die Voraussetzung für die Sicherung der Grundversorgung. Dieser Bereich besitzt im Transformationsprozess ebenfalls eine besondere Relevanz für die Bevölkerung. Vor dem Hintergrund der Umgestaltung und Schließung einer großen Zahl unrentabler Staatsbetriebe kann von der Hypothese ausgegangen werden, dass das Arbeitskräfteangebot zunehmend ins Missverhältnis zu den Beschäftigungsmöglichkeiten des Staates gerät und dadurch der privatwirtschaftliche sowie der informelle Sektor an Gewicht gewinnen. In diesem Zusammenhang soll der Frage nachgegangen werden, auf welche Weise sich die Wirtschaftskrise im Arbeitssektor niederschlägt und welche strukturellen Veränderungen sich daraus ergeben. Die neu geschaffenen privatwirtschaftlichen Tätigkeiten stehen dabei im Mittelpunkt des Erkenntnisinteresses. Hier ist zu ermitteln, wie privatwirtschaftliche Tätigkeit organisiert ist, in welchem Verhältnis sie zum informellen Sektor steht und wie sich die Beschäftigung im nichtstaatlichen Bereich zahlenmäßig entwickelt hat. Darüber hinaus sollen der staatliche und der nichtstaatliche Sektor hinsichtlich der jeweils zu erzielenden Einkunftsmöglichkeiten miteinander verglichen werden, um schließlich zu ermitteln, welchen Einfluss die verschiedenen Einkommensquellen auf die Struktur der Haushaltseinkünfte haben.

Ein drittes Problemfeld, das gemäß einer Schlagzeile der Parteizeitung *Granma* (8.5.98) fast allen Kubanern "Kopfschmerzen" bereitet und das aufgrund der Dimension dieser Schwierigkeiten nicht unberücksichtigt bleiben darf, ist der Bereich 'Wohnen'. Da im Gegensatz zu den Bereichen 'Grundversorgung' und 'Arbeit und Einkommen' im Umfeld des Wohnsektors in jüngerer Zeit kaum Reformen verwirklicht worden sind, kann davon ausgegangen werden, dass sich der Wandel im Bereich 'Wohnen' weniger deutlich abzeichnet als in anderen Sektoren. Auf der Basis einer Analyse des status quo ante soll untersucht werden, welche Krisensymptome sich im Zuge der *período especial* im Wohnsektor abzeichnen und mit welchen Maßnahmen staatliche und private Akteure den alten und neuen Problemen in diesem Bereich begegnen. In einem zweiten Schritt soll dann der Versuch unternommen werden, zu ermitteln, welche über die reinen Krisensymptome hinausgehenden, indirekten Auswirkungen des Transformationsprozesses sich im Wohnsektor abzeichnen.

Durch die Analyse der drei zentralen Lebensbereiche 'Grundversorgung', 'Arbeit und Einkommen' und 'Wohnen' können die unmittelbaren sozialen Auswirkungen des Transformationsprozesses erfasst werden. Die vorliegende Arbeit zielt aber auch darauf ab, die mittelbaren Konsequenzen dieses Prozesses zu hinterfragen, d.h. zu untersuchen, welche gesamtgesellschaftlichen Entwicklungen mit der Veränderung der Lebensverhältnisse einhergehen. Hierbei wird von der Hypothese ausgegangen, dass sich die Lebensverhältnisse in der *período especial* zwar im Landesdurchschnitt verschlechtert, dass sie sich aber für bestimmte Gruppen, die von den Reformen profitieren, verbessert haben. In diesem Zusammenhang soll untersucht werden, welche Bevölkerungsgruppen im Transformationsprozess zu den Gewinnern und welche zu den Verlieren zählen und wie sich die Zunahme sozialer Ungleichheit (zum Begriff vgl. Kap. 6.1) in der ehemals sehr homogenen kubanischen Gesellschaft auswirkt.

## 2.3  Datengrundlage und Methodik

In Kuba ist es generell schwierig, an verwertbares Zahlen- und Datenmaterial zu gelangen. Gerade in politisch brisanten Bereichen werden statistische Daten gehütet wie Staatsgeheimnisse. Und politisch brisant ist in der *período especial* fast alles, was in die Bereiche 'Wirtschaft' und 'Soziales' fällt. Als die Krise sich Anfang der 1990er Jahre rapide verschärfte, stellte man sogar die Veröffentlichung des Statistischen Jahrbuchs ein. Erst 1995 wurden im Zuge der wirtschaftlichen Konsolidierung wieder zusammenhängende Wirtschaftsdaten herausgegeben, und seit 1998 erscheint auch das Statistische Jahrbuch erneut in regelmäßigem Rhythmus. Doch im Allgemeinen ist die kubanische Informationspolitik nach wie vor sehr zurückhaltend. Ausnahmen bilden lediglich solche Gebiete, in denen Erfolge zu verzeichnen sind und die entsprechend positiv dargestellt werden können, wie beispielsweise die Gesundheitsversorgung, die Bildungspolitik oder die gewonnenen Medaillen bei internationalen Sportwettkämpfen. In den Bereichen Grundversorgung', 'Arbeit und Einkommen' und 'Wohnen' ist die Datenlage hingegen dürftig.

Um dennoch an Daten zu gelangen, sind unterschiedliche Methoden angewandt worden. Von zentraler Bedeutung war zunächst die teilnehmende Beobachtung. Mehrmonatige Aufenthalte des Autors in 'kubanischen Verhältnissen' ermöglichten es, Einblicke in die Lebenswirklichkeit der Bevölkerung zu erlangen und fundamentale Zusammenhänge zu erfassen. Durch zahlreiche Gespräche mit Kubanern und Kubanerinnen, die sich häufig um die Bewältigung alltäglicher Probleme drehten, konnten die Denkweise sowie die (sozialen) Verhaltensmuster besser verstanden und die Problemstellung konkretisiert werden. Die Recherche von Fachliteratur und Primärquellen (z.B. Gesetzestexte) sowie Expertengespräche mit verschiedenen Fachleuten ergänzten diese grundlegenden Informationen und klärten Spezialfragen.

Für die Erfassung der Lebensverhältnisse sind mit der Hilfe von kubanischen Mitarbeitern im Frühsommer 1998 Daten auf der Haushaltsebene erhoben worden. Mittels eines standardisierten Fragebogens (vgl. Anhang) wurden in 140 Haushalten, in denen insgesamt 521 Personen lebten, Interviews geführt. Die Befragung zielte darauf ab zu ermitteln, wo und wie sich die Familien versorgen, aus welchen Quellen sie ihr Einkommen beziehen, wofür sie es ausgeben und wie sie wohnen. Um eine gewisse Repräsentativität der Daten aus der Haushaltsbefragung zu erreichen, wurden Haushalte in drei verschieden strukturierten Stadtteilen Havannas ausgewählt, die jeweils typisch für bestimmte Gebäude- und Wohnformen sind:

- Der erste Stadtteil liegt zentral und ist durch seine Altbausubstanz geprägt. Hier wurden Haushalte in vier Mehrfamilienhäusern, die zwischen 1927 und 1954 errichtet worden sind, und in einer aus dem 19. Jahrhundert stammenden *ciudadela*[16] befragt.
- Der zweite Stadtteil liegt peripher und ist vor allem durch Einfamilienhäuser sowie einige Mehrfamilienhäuser geprägt. Der Großteil des Baubestandes stammt aus vorrevolutionärer Zeit, einige Gebäude sind kolonialen Ursprungs.

---

[16] *Ciudadelas* sind Substandard-Behausungen, die ursprünglich nur über Gemeinschaftsbäder verfügten und oftmals auch nur über Gemeinschaftsküchen. Sie sind entweder aus unterteilten ehemaligen Oberschichthäusern entstanden oder von Anfang an als Unterschichtquartiere geplant worden. Die Wohnungen bestehen oft aus nur einem einzigen Raum, der mittels Zwischendecken (*barbacoas*) oder provisorischen Trennwänden weiter unterteilt ist. Häufig werden von den Bewohnern unter Missachtung der Bauvorschriften innerhalb der Wohnungen kleine Kochnischen und private Badezimmer eingerichtet, wodurch die schlechte Bausubstanz zusätzlich belastet wird. In Kuba sind *ciudadelas* auch als *cuarterías, casas de vecindad* oder *solares* bekannt (vgl. WIDDERICH 1997: 15).

Im zweiten Stadtteil sind Interviews in 31 Einfamilienhäusern sowie in einer *ciudadela* aus dem 19. Jahrhundert geführt worden.
- Der dritte Stadtteil schließlich liegt ebenfalls peripher. Er ist in den 1970er Jahren auf der grünen Wiese geplant und mit Plattenbauten besetzt worden. Befragungen wurden in zwei in den Jahren 1972 und 1986 errichteten Gebäuden durchgeführt.

Im Einzelnen verteilen sich die Interviews folgendermaßen auf die Stadtteile bzw. Wohnformen:

Tab. 2: Verteilung der Interviews auf die ausgewählten Stadtteile und Wohnformen

| Stadtteil<br>Wohnform | gesamt | 1. Stadtteil (zentral) | 2. Stadtteil (peripher) | 3. Stadtteil (peripher) |
|---|---|---|---|---|
| Einfamilienhäuser | 31 | nicht vorhanden | 31 | nicht vorhanden |
| Mehrfamilienhäuser (Plattenbau) | 40 | nicht vorhanden | kaum vorhanden | 40 |
| Mehrfamilienhäuser (Altbau) | 34 | 34 | kaum vorhanden | nicht vorhanden |
| Mehrfamilienhäuser (*ciudadela*) | 35 | 17 | 18 | nicht vorhanden |
| gesamt | 140 | 51 | 49 | 40 |

Um hinsichtlich der Grundversorgung nicht nur die Nachfrageseite zu betrachten, sondern auch die Angebotsseite, sind im Frühjahr 1999 auf drei *mercados agropecuarios* der Hauptstadt gelenkte Gespräche mit jeweils fünf Verkäufern oder Produzenten geführt worden. Einbezogen wurden sowohl Kleinbauern als auch Vertreter unterschiedlicher landwirtschaftlicher Kooperativen. Die Gespräche zielten darauf ab, die genauen Umstände und Schwierigkeiten bei der freien Vermarktung landwirtschaftlicher Produkte aus Sicht der Anbieter kennen zu lernen. Für die Gespräche wurden folgende Märkte ausgewählt:

- Im innerstädtischen Stadtviertel *Vedado* der Markt *19 y B*, der ein besonders vielfältiges Angebot und ein relativ hohes Preisniveau aufweist;
- in der dicht besiedelten Altstadt der Markt *Egido*, der ebenfalls über eine breite Angebotspalette verfügt und dessen Preisniveau geringfügig unter dem des Marktes *19 y B* liegt;
- der *Mercado de Bahía*, der etwa 10 Kilometer von der Altstadt entfernt im Stadtteil *Antonio Guiteras* liegt, wo viele Bewohner Kleingärten bewirtschaften. Der *Bahía*-Markt ist weniger groß und weniger vielfältig als die beiden anderen.

Von dem ursprünglichen Plan, auch in Devisenshops Gespräche zu führen, musste Abstand genommen werden, da die Kooperationsbereitschaft der Verantwortlichen in den quasistaatlichen Ladenketten gering war. Es wurde jedoch im März 1999 eine Studie über die Produktpalette und die Preise durchgeführt, um zu ermitteln, ob die Zugehörigkeit der einzelnen Geschäfte zu verschiedenen Ketten und der jeweilige Standort der Geschäfte das Angebot und die Preise beeinflussen. Insgesamt sind zehn Dollarshops untersucht worden, wobei alle in Kuba existierenden Einzelhandelsketten einbezogen wurden. Um die verschiedenen Angebotsformen miteinander vergleichen zu können, wurden auch *mercados agropecuarios, organopónicos* (Anbau- und Verkaufsstellen von landwirtschaftlichen Kooperativen im urbanen Raum), staatliche Fischgeschäfte (*pescaderías*) und das staatliche Bezugscheinsystem der *libreta* in die Angebots- und Preisstudie einbezogen. Für die *libreta* ist außerdem eine Analyse der Quantität und Qualität der zugeteilten Güter vorgenommen worden.

Im Bereich 'Arbeit und Einkommen' standen die neuen Selbständigen im Mittelpunkt des Interesses. Mit 16 ausgewählten Akteuren sind in Havanna im März 1999 Leitfadengespräche geführt worden. Inhaltlich zielten diese darauf ab, die Motivation für den Schritt in die Selbständigkeit zu erfahren, die Lebensbedingungen und das Haushaltseinkommen aus selbständiger und nicht-selbständiger Arbeit zu ermitteln sowie die grundlegenden Probleme im Umfeld der Selbständigkeit herauszufinden. Bei der Auswahl der Gesprächspartner sind sowohl Tätigkeiten berücksichtigt worden, die in der Regel besonders gute Verdienste abwerfen, als auch solche, wo die Verdienstmöglichkeiten beschränkt sind. Außerdem sollten einerseits besonders häufig und andererseits weniger häufig ausgeübte Aktivitäten berücksichtigt werden. Auch der Standort, an dem die Selbständigen arbeiteten, war ein Auswahlkriterium (zentrale Standorte, periphere Standorte und mobile Aktivitäten). Im Einzelnen sind Gespräche mit jeweils zwei Personen aus den Bereichen Nahrungsmittelverkauf, Marktverkauf, Taxifahren, Zimmervermietung und Gastronomie sowie mit einer Friseurin, einem Schlüsselmacher, Schneider, Tischler und mit einem Feuerzeugauffüller geführt worden.

Für die Bearbeitung des Bereiches 'Wohnen' war es möglich, auf umfangreiche Erfahrungen und Vorkenntnisse aus einem früheren Forschungsvorhaben zurückzugreifen (vgl. WIDDERICH 1997). Durch die Haushaltsbefragung sowie durch zahlreiche ungelenkte Gespräche und Beobachtungen konnten diese Kenntnisse erweitert werden. Darüber hinaus gaben Gespräche mit Experten aus Planungsinstitutionen sowie aus gemischten und kubanischen Immobilienunternehmen Aufschluss über die aktuelle Entwicklungen in diesem Sektor.

Hinsichtlich der Aussagekraft der durch die Leitfadengespräche, durch die gelenkten Gespräche und durch die Haushaltsbefragung gewonnenen Daten und Informationen bestehen zwei einschränkende Faktoren. Zum einen ist die Verwirklichung von umfangreichen Befragungen mit repräsentativer Stichprobe zurzeit in Kuba nicht möglich, da die kubanischen Behörden solchen Erhebungen grundsätzlich misstrauisch gegenüberstehen. Damit die zuständigen Stellen nicht intervenieren, dürfen Erhebungen kein Aufsehen erregen. Bei der empirischen Arbeit stand also das Kriterium der Durchführbarkeit stets vor dem Kriterium der Repräsentativität. Doch auch wenn die Daten aus statistischer Sicht nicht repräsentativ sind, sollte durch die oben beschriebene Vorgehensweise eine eingeschränkte Repräsentativität erreicht werden. Zudem ist es unabhängig von der Repräsentativität unverzichtbar, die jeweiligen sozialen Akteure in die Untersuchung mit einzubeziehen. Eine Analyse der Lebensverhältnisse erscheint kaum sinnvoll, wenn man die Sichtweise der betroffenen Bevölkerung nicht kennt.

Ein anderes Problem besteht darin, dass nur in Havanna eigenständig Daten erhoben werden konnten. Von dem Vorhaben, auch Provinzhauptstädte und Kleinstädte in die Untersuchung mit einzubeziehen, musste Abstand genommen werden. Im Forschungsprozess hat sich gezeigt, dass man an jedem Standort über sehr viel Zeit und über ein gutes Netzwerk an Kontakten und Beziehungen verfügen müsste, um derartige Untersuchungen umzusetzen.

Eine Einbeziehung anderer Städte wäre wünschenswert gewesen, weil trotz einer Regionalpolitik, die eine Angleichung der Lebensverhältnisse zwischen Stadt und Land erreicht hat (vgl. BÄHR & MERTINS 1989), nach wie vor Unterschiede zwischen städtischen und ländlichen Räumen und insbesondere zwischen der Hauptstadt und dem *interior* (dem 'Inneren', d.h. alle Provinzen außer *Ciudad de La Habana*) bestehen. Diese Unterschiede manifestieren sich beispielsweise darin, dass der Anteil der Bevölkerung mit Zugang zu Devisen in Havanna größer ist als im *interior*. Andererseits gibt es im *interior* einen erheblich besseren Zugang zu heimischen Lebensmitteln, sei es durch Subsistenzwirtschaft oder durch den Schwarzmarkt.

Doch trotz aller Unterschiede ist die grundsätzliche Problemlage in der Provinz und in der Hauptstadt die gleiche: Die Bevölkerung muss unter den besonderen Bedingungen der *período especial* ihren Alltag bewältigen. Dabei sind die transformationsbedingten Veränderungen besonders deutlich in Havanna zu beobachten. Denn nach dem *Top-Down-Modell* verfestigen sie sich zuerst in der Hauptstadt, dem Innovationszentrum eines Landes, und breiten sich danach über die städtische Hierarchieebene aus. Insofern kann davon ausgegangen werden, dass sich die Situation in der Provinz allmählich angleichen wird.

## 2.4 Struktur der Arbeit

Die Arbeit gliedert sich in sechs Hauptkapitel. Zunächst zeichnet eine inhaltliche Einführung den Entwicklungsweg Kubas in den 1990er Jahren nach. Die Analyse der wichtigsten Reformschritte soll dabei ein Grundverständnis über den Verlauf und die Besonderheiten des kubanischen Transformationsprozesses vermitteln. Aus diesem Zusammenhang kann dann im zweiten Kapitel die zentrale Fragestellung abgeleitet sowie die angewandte Methodik dargelegt werden. Die Bereiche 'Arbeit und Einkommen', 'Grundversorgung' und 'Wohnen' werden jeweils in einem eigenen Hauptkapitel (Kap. 3 bis 5) behandelt. Ausgehend von der Situation vor der *período especial* werden die Veränderungen in den drei Sektoren analysiert und das empirischen Material ausgewertet. Dabei steht insbesondere hinsichtlich der Versorgungslage der einzelne Haushalt im Zentrum der Betrachtung. Im sechsten Kapitel soll dann die Frage nach den gesellschaftlichen Konsequenzen des Transformationsprozesses behandelt werden. Die in den Kapiteln 3 bis 5 herausgearbeiteten Erkenntnisse fließen hier ebenso ein wie Sekundärquellen. Die Kapitel 7 bis 9 geben schließlich eine knappe Zusammenfassung der Ergebnisse in deutscher, spanischer und englischer Sprache.

## 3 Entwicklungen im Arbeitssektor und Veränderung der Einkommensstruktur
### 3.1 Der kubanische Arbeitsbegriff

In Kuba ist Arbeiten ein verfassungsmäßig verbrieftes Grundrecht (vgl. *Constitución de la Republica de Cuba*). Das Thema 'Arbeit' wird in verschiedenen Kapiteln der Verfassung aufgegriffen. Schon in der Präambel ist der Kampf gegen die Arbeitslosigkeit erwähnt. In Kapitel I ('Politische, soziale und wirtschaftliche Grundsätze des Staates') wird verfügt, dass der Staat jedem arbeitsfähigen Mann und jeder arbeitsfähigen Frau eine angemessene Arbeit garantiert (Art. 9b, Abs. 1). Kapitel IV ('Gleichheit') sichert allen Bürgern unabhängig von ihrer Hautfarbe, ihrem Geschlecht, ihrem Glauben oder ihrer Herkunft die gleichen Bildungs- und Berufschancen zu und unterstreicht das Prinzip von gleichem Lohn für gleiche Arbeit (Art. 43, Abs. 1; 3; 4). Kapitel VII ('Rechte, Pflichten und grundsätzliche Garantien') definiert das Verhältnis, das die Kubaner und Kubanerinnen zur Arbeit haben sollen:

> "Die Arbeit in der sozialistischen Gesellschaft ist für jeden Bürger ein Recht, eine Pflicht und ein Motiv der Ehre. (...) Die unentgeltliche freiwillige [Mehr-]Arbeit wird (...) als bildende Kraft für das kommunistische Bewusstsein unseres Volkes anerkannt " (Art. 45).

Derselbe Artikel unterstreicht das durch das sozialistische Wirtschaftssystem garantierte Verfassungsziel der krisenfreien ökonomischen und sozialen Entwicklung und der Eliminierung von Saisonarbeit und Arbeitslosigkeit.

Die Form und Häufigkeit der Erwähnung des Begriffs 'Arbeit' in der Verfassung verdeutlicht den Stellenwert, den dieser Sektor im sozialistischen Kuba einnimmt. Arbeiten ist mehr als nur ein ökonomischer Zwang zur materiellen Reproduktion des Einzelnen, es ist der entscheidende Produktionsfaktor zum Aufbau des Sozialismus. Seine gesellschaftliche Bedeutung zeigt sich nicht zuletzt im Konzept der freiwilligen Mehrarbeit, das in den 1960er Jahren von 'Che' GUEVARA eingeführt wurde. Damals beteiligte sich der Minister vorbildhaft an Ernteeinsätzen oder an der Fabrikarbeit. Auch heute noch wird von allen kubanischen Bürgern und Bürgerinnen die unentgeltliche und 'freiwillige' Arbeit zu gemeinnützigen Zwecken erwartet.[17] Insgesamt ist das Thema 'Arbeit' in Kuba ein äußerst

---

[17] Die freiwillige Mehrarbeit (*trabajo voluntario*) ist mittlerweile zu einem Ritual erstarrt, dass sich beispielsweise auf das jährliche gemeinsame Müllsammeln beschränkt. Die Sinnlosigkeit solcher Aktionen

sensibler Bereich, an den nicht nur wirtschaftliche, sondern auch hohe moralische Erwartungen geknüpft sind und in dem sich in besonderer Weise Erfolge und Misserfolge der kubanischen Politik widerspiegeln.

### 3.2 Die Auswirkungen der Krise auf den Arbeitssektor
#### 3.2.1 Die Situation vor der *período especial*

Betrachtet man die Situation im Arbeitssektor vor der *período especial*, so stellt sich heraus, dass die Realität den moralischen Ansprüchen sowie den gesetzlichen Bestimmungen nur teilweise Rechnung trägt. Immerhin sind im Vergleich zu den vorrevolutionären Verhältnissen – aber auch im Vergleich zu der Situation in anderen lateinamerikanischen Ländern – verschiedene Fortschritte gemacht worden. Dies betrifft insbesondere die Chancengleichheit hinsichtlich des Zugangs zu Bildung, Ausbildung und Beruf, die in Kuba weitgehend gegeben ist. Disparitäten und Ungerechtigkeiten in der Bezahlung der Arbeitskräfte sind auf der Insel ebenso unbekannt wie Lohndumping. Und auch die Saisonarbeit, die in früheren Tagen dazu führte, dass zigtausend Arbeitskräfte nur wenige Monate im Jahr ein gesichertes Auskommen hatten und in der restlichen Zeit ums Überleben kämpfen mussten, existiert nicht mehr.

Allerdings gab es schon vor 1990 erhebliche Probleme im Arbeitssektor. So ist die Arbeitslosigkeit niemals ganz überwunden worden. Zwar ist man dem Ziel der Vollbeschäftigung mit einer Arbeitslosenquote von 1,3% im Jahre 1970 schon sehr nahe gekommen (vgl. TOGORES 2000: 132), doch stieg bis Mitte der 1980er Jahre die Zahl der registrierten Arbeitslosen wieder auf 7% der 'ökonomisch aktiven Bevölkerung'[18] an (vgl. FERRIOL 1997: 361).

Ein besonderes Problem stellte zudem die allgemein geringe Arbeitseffizienz dar, die durch planwirtschaftliche Fehler und schlechte Arbeitsmoral verursacht wurde. So gingen

---

konnte der Autor in Havannas Stadtteil *Antonio Guiteras* beobachten. Nachdem das Viertel von den Bewohnern mühevoll von dem herumliegenden Müll gesäubert worden ist, begannen dieselben Leute wieder Abfall in die Gegend zu werfen, so dass die Situation kurze Zeit später unverändert war. Der in der Verfassung erwähnte Effekt der Bewusstseinsbildung bleibt häufig genug auch bei anderen Einsätzen im Rahmen der *trabajo voluntario* (z.B. bei der Renovierung von Schulen oder öffentlichen Gebäuden) auf der Strecke, da in der Regel die 'Freiwilligkeit' mehr auf sozialem Druck als auf dem freien Willen der Beteiligten beruht.

[18] Im Statistischen Jahrbuch Kubas und in anderen öffentlich zugänglichen Statistiken werden keine Angaben über die Arbeitslosenquote gemacht. Ebenso wenig wird die 'ökonomisch aktive Bevölkerung' (*Población Económica Activa; PEA*) angegeben. Beide Begriffe werden allerdings sowohl von kubanischen Autoren als auch in offiziellen Regierungsverlautbarungen verwandt. Da eine kubanische Definition fehlt, muss auf andere Quellen der Region zurückgegriffen werden (vgl. INE (o.J.): 37; INE 1995: 121ff). Demnach beschreibt – anders als in der amtlichen Statistik hierzulande (vgl. Statistisches Bundesamt 1999: 120) – die Arbeitslosenquote den Anteil der registrierten Arbeitslosen an der ökonomisch aktiven Bevölkerung [Arbeitslosenquote = Zahl der registrierten Arbeitslosen x 100 : *PEA*]. Dabei setzt sich die ökonomisch aktive Bevölkerung aus den registrierten Beschäftigten und den registrierten Arbeitslosen zusammen. Der informelle Sektor fließt nach dieser Definition nicht in Arbeitslosenquote und *PEA* ein.

nach kubanischen Schätzungen in der Fünfjahresperiode 1986-90 durch Abwesenheit vom Arbeitsplatz sowie durch Arbeitsunterbrechungen pro Beschäftigtem und Jahr durchschnittlich 35 Arbeitstage verloren (vgl. FERRIOL 1996: 8). Die mangelnde Arbeitsdisziplin in diesem Zeitraum lässt sich einerseits durch die vermehrt auftretende Unterbeschäftigung in vielen staatlichen Betrieben erklären. Andererseits wurden im Prozess der *rectificación* materielle Arbeitsanreize gestrichen und durch ideelle ersetzt. Doch ideologische Aufrufe wie 'effizient sein heißt siegen' scheinen ihre Wirkung bei den Adressaten verfehlt zu haben.

1989 – also im letzten Jahr vor der Verkündung der *período especial* – waren über 94% aller Beschäftigten im staatlichen Sektor angestellt. Nur wenige Kubaner arbeiteten als Kleinbauern, in landwirtschaftlichen Kooperativen oder im städtischen Privatsektor. Der Staat lenkte in einem stark zentralisierten und bürokratisierten Prozess die gesamte Wirtschaft. Krisensymptome waren deutlich sichtbar: Das Wirtschaftswachstum stagnierte und die offene Arbeitslosigkeit lag trotz der verfassungsrechtlichen Arbeitsplatzgarantie bei 7,9% der *PEA*, ein Wert, der etwa 330.000 registrierten Arbeitslosen entsprach (vgl. Tab. 3).

### 3.2.2 Die Entwicklung von Beschäftigung und Arbeitslosigkeit in der *período especial*

Die politischen und wirtschaftlichen Rahmenbedingungen der *período especial* verschärften die ohnehin angespannte Situation im Arbeitssektor erheblich. Zwischen 1989 und 1991 mussten 100.000 Personen in den kubanischen Arbeitsmarkt integriert werden, die zuvor im sozialistischen Ausland studiert oder als Experten gearbeitet hatten und im Zuge der dortigen politischen Veränderungen zur Rückkehr gezwungen waren. Das Gleiche galt für den Großteil der 500.000 zurückkehrenden Soldaten, die vor allem im Angolakrieg eingesetzt waren (vgl. MESA-LAGO 1996b: 70). Außerdem strömten aufgrund der natürlichen demographischen Entwicklung zwischen 1989 und 1993 mehrere hunderttausend Personen auf den Arbeitsmarkt.[19]

Auch in wirtschaftlich besseren Zeiten hätte das Angebot an neuen Arbeitsplätzen wohl kaum mit dem rasch steigenden Arbeitskräfteangebot Schritt halten können. In der *período especial* war die Integration der Rückkehrer und derjenigen, die zum ersten Mal eine Arbeit suchten, schier unmöglich. Denn das Wachstum des Arbeitskräftepotenzials fiel mit einer Kontraktion des Arbeitsmarktes zusammen. Da aufgrund des Mangels an Rohstoffen, Energie und Ersatzteilen viele Betriebe nicht produzieren konnten, mussten diverse Industrieanlagen teilweise oder vollständig stillgelegt werden. Von dieser "Semi-Paralysierung des Industrieparks" (TOGORES 1996a: 232), dessen Kapazität zeitweise nur noch zu 20% genutzt werden konnte, waren zahlreiche Beschäftigte betroffen. Die Zahl

---

[19] In diesem Zeitraum nahm die Zahl der Personen im erwerbsfähigen Alter im jährlichen Durchschnitt um 91.500 Personen zu (vgl. Tab. 3). Als Personen im erwerbsfähigen Alter gelten in Kuba Männer von 17-59 Jahren und Frauen von 17-54 Jahren (vgl. ONE 2000: 56).

der Unterbeschäftigten umfasste 1993 mit einer Million Personen mehr als ein Viertel aller Erwerbstätigen (vgl. FERRIOL 1996: 13).

Als sich die kubanische Wirtschaft 1995 etwas erholt hatte, gab die Regierung erstmals konkrete Zahlen bekannt. Demnach sollen im Zuge der Wirtschaftskonsolidierung 500.000 bis 800.000 Arbeitsplätze abgebaut werden (vgl. MESA-LAGO 1996b: 93; ZABALA 1999: 361). Doch bisher schreckten die Verantwortlichen vor einem derartigen Schritt zurück, der bis zu einem Fünftel aller registrierten Beschäftigten beträfe. Nach Angaben des Ministeriums für Arbeit und soziale Sicherheit (*Ministerio de Trabajo y Seguridad Social*; MTSS) wurden zwischen 1990 und 1997 insgesamt 150.000 Arbeitsplätze gestrichen[20], wobei der Großteil der freigesetzten Arbeitskräfte auf andere Stellen umverteilt worden ist (vgl. EPS 2/98). Ende 1997 waren noch 8.800 Personen 'verfügbar' – der offizielle Terminus für Beschäftigte, deren Arbeitsplatz weggefallen ist und die nicht umverteilt werden konnten (vgl. RM 3/98).

Angesichts der massiven Probleme vollzogen sich die bisherigen Anpassungsmaßnahmen im Arbeitssektor mehr oder minder sozialverträglich. Auf Massenentlassungen ist verzichtet worden. Und diejenigen, die ihren Arbeitsplatz dennoch verloren haben, sind gemäß dem politischen Prinzip, "dass kein Mitglied der Gesellschaft schutzlos gelassen wird" (FERRIOL 1998a: 3), sozial abgesichert. So haben umverteilte Arbeitnehmer Anspruch auf 80% des vorherigen Gehaltes, sofern ihr neuer Arbeitsplatz schlechter bezahlt ist als der alte. Arbeitslose erhalten im ersten Monat nach ihrer Entlassung die vollen Bezüge, danach für die Dauer von bis zu drei Jahren 60% ihres letzten Gehaltes (vgl. FERRIOL 1996: 13).

Doch der Grundsatz der Sozialverträglichkeit kaschiert die Probleme nur, ohne sie zu lösen. Ein Blick auf die Statistik lässt die Situation auf dem kubanischen Arbeitsmarkt zunächst undramatisch erscheinen. Die Arbeitslosenquote sank in den ersten Jahren der *período especial* und ist, nach einem Anstieg Mitte der 1990er Jahre, seit 1996 stark rückläufig (vgl. Tab. 3). Diese Entwicklung ist vor allem dadurch zu erklären, dass überschüssige Arbeitskräfte eben nicht entlassen, sondern zumeist umverteilt worden sind. Allerdings scheinen die Umverteilten häufig auch an den neuen Arbeitsplätzen überflüssig zu sein. Nach kubanischen Schätzungen gibt es, ohne den Handelssektor mit einzubeziehen, gegenwärtig etwa 800.000 Unterbeschäftigte, die Hälfte davon in der Industrie (vgl. TOGORES 2000, 134). Die CEPAL hat eine Methode entwickelt, mittels der die Unterbeschäftigung in die Arbeitslosenstatistik mit einfließt und errechnet für 1996 eine reale Arbeitslosenquote von 34,1% – ein erheblicher Unterschied gegenüber der offiziellen Quote von 7,6%. Demnach müssten eine Million Arbeitsplätze geschaffen werden, um die Arbeitslosigkeit zu beseitigen (vgl. CEPAL 1997: 149).

---

[20] Bis Ende 1994 lag der Arbeitsplatzabbau bei 93.000 Stellen (vgl. HOFFMANN 1996a: 117), bis 1995 bei 120.000 Stellen (vgl. EPS 7/98). FERRIOL (1996: 21) hingegen schreibt von mehreren hunderttausend "umverteilten" Arbeitskräften.

Ein weiterer Grund für die vergleichsweise niedrige offene Arbeitslosigkeit liegt in der Tatsache begründet, dass trotz der gestiegenen Zahl der Personen im erwerbsfähigen Alter die ökonomisch aktive Bevölkerung in der letzten Dekade nicht etwa ebenfalls gestiegen ist, sondern rückläufig war (vgl. Tab. 3). 1999 befanden sich zwar 344.000 Personen mehr im erwerbsfähigen Alter als 1989, die *PEA* ging jedoch im gleichen Zeitraum um über 130.000 Personen zurück. Oder anders ausgedrückt: 1989 hatten zwei Drittel aller Kubaner im erwerbsfähigen Alter eine Beschäftigung oder suchten einen Arbeitsplatz, zehn Jahre später waren es noch 61,5%.[21] Viele bemühen sich also gar nicht mehr um einen Arbeitsplatz und tauchen damit auch nicht in der Statistik auf. Sie suchen ihr Auskommen auf eine andere Weise, hauptsächlich im informellen Sektor. Das betrifft vor allem die junge Generation. Eine in den Jahren 1994 und 1995 durchgeführte kubanische Studie hat ergeben, dass 71% der Jugendlichen, die keiner Beschäftigung nachgingen, auch keinen Anreiz verspürten, sich eine Arbeit zu suchen. 79% verfügten über andere Einkommensquellen oder wurden von ihren Familien unterstützt (vgl. FERRIOL et al. 1999: 117).

Die Motivation, eine Arbeit aufzunehmen, ist nicht zuletzt deshalb gering, weil die von den lokalen Behörden angebotenen Stellen meistens unattraktiv sind. Besonders häufig werden Arbeitskräfte in der Baubranche oder in der Landwirtschaft gesucht. Solche Stellenangebote werden nicht nur wegen der schweren körperlichen Arbeit gemieden, die unter tropischen Klimaverhältnissen zu leisten wäre, sondern auch, weil man bei Einsätzen in Bau- oder in landwirtschaftlichen Brigaden außerhalb des eigenen Wohnortes weitgehend von den lokalen informellen Netzwerken abgeschnitten ist, die überlebensnotwendig sind (vgl. KAYSER 2001). Insofern ist die von den Verantwortlichen häufig erwähnte Tatsache, dass es noch offene Stellen gibt, nur wenig aussagekräftig.[22]

### 3.2.3 Strukturelle Veränderungen im Arbeitssektor

Obwohl sich die kubanischen Anpassungsmaßnahmen im Arbeitssektor im Vergleich zu den Radikalkuren einiger anderer Transformationsstaaten bisher in Grenzen gehalten haben, zeichnet sich dennoch eine strukturelle Veränderung in diesem Bereich ab. In der letzten Dekade gab es verschiedene Reformmaßnahmen, die sich direkt oder indirekt auf den Arbeitssektor auswirkten. Diesbezüglich sind vor allem drei Bereiche zu nennen:

---

[21] Bei dieser Berechnung werden auch Personen berücksichtigt, die Rente beziehen und zugleich einem registrierten Nebenerwerb nachgehen, obwohl sie sich per Definition nicht im erwerbsfähigen Alter befinden. Da die kubanische Statistik keine Angaben über erwerbstätige Rentner und Rentnerinnen macht, können diese nicht aus der Gruppe der Beschäftigten herausgerechnet werden. Es ist jedoch davon auszugehen, dass dieser Personenkreis nicht allzu groß ist, da viele eher einer informellen Tätigkeit nachgehen und damit nicht als Beschäftigte registriert werden.

[22] Die Zahl der offenen Stellen wurde für 1995 mit 185.000 angegeben, wovon 44% im landwirtschaftlichen Bereich lagen. 1997 gab es 100.000 offene Stellen (vgl. RM 3/98).

Tab. 3: Kennziffern des kubanischen Arbeitssektors

| | 1989 | 1990 | 1991 | 1992 | 1993 | 1994 | 1995 | 1996 | 1997 | 1998 | 1999 | 2000 |
|---|---|---|---|---|---|---|---|---|---|---|---|---|
| Personen im erwerbsfähigen Alter (in 1.000) (a) | 6.278,7 | 6.399,0 | 6.489,9 | 6.549,2 | 6.644,7 | 6.645,6 | 6.642,0 | 6.650,6 | 6.647,6 | 6.621,5 | 6.623,1 | 6.645,0 |
| PEA (in 1.000) (b) | 4.202,2 | 4.001,5 | 4.212,6 | 4.075,0 | 4.067,3 | 4.115,5 | 3.899,0 | 3.925,0 | 3.984,1 | 4.018,8 | 4.070,5 | k.A. |
| Anteil der PEA an den Personen im erwerbsfähigen Alter (b) | 66,9% | 62,5% | 64,9% | 62,2% | 61,2% | 61,9% | 58,7% | 59,0% | 59,9% | 60,7% | 61,5% | k.A. |
| Beschäftigte (in 1.000) (c) | 3.870,2 | 3.709,4 | 3.888,2 | 3.826,4 | 3.815,1 | 3.839,8 | 3.591,0 | 3.626,7 | 3.705,2 | 3.753,6 | 3.826,3 | k.A. |
| registrierte Arbeitslose (in 1.000) (b) | 332,0 | 292,1 | 324,4 | 248,6 | 252,2 | 275,7 | 308,0 | 298,3 | 278,9 | 265,2 | 244,2 | k.A. |
| Arbeitslosenquote (d) | 7,9% | 7,3% | 7,7% | 6,1% | 6,2% | 6,7% | 7,9% | 7,6% | 7,0% | 6,6% | 6,0% | 5,5% |

Quelle: (a) GOBCUB (o.J. a); ONE 1998; ONE 2000
(b) errechnet aus unterschiedlichen Quellen
(c) CEE 1991; ONE 1993; ONE 2000
(d) CEPAL 1997; EPS 19/98; GOBCUB (o.J. b); MEP (o.J. a); MEP (o.J. b)

Tab. 4: Beschäftigte im staatlichen und nicht-staatlichen Sektor

| | 1989 | | 1994 | | 1995 | | 1996 | | 1997 | | 1998 | | 1999 | |
|---|---|---|---|---|---|---|---|---|---|---|---|---|---|---|
| | in 1.000 | in % | in 1.000 | in % | in 1.000 | in % | in 1.000 | in % | in 1.000 | in % | in 1.000 | in % | in 1.000 | in % |
| im staatlichen Sektor | 3.541,1 | 94,1 | 3.020,7 | 78,7 | 2.902,8 | 80,8 | 2.940,7 | 81,1 | 2.984,1 | 80,5 | 2.985,7 | 79,5 | 2.985,2 | 78,0 |
| in landwirtschaftl. Kooperativen | 64,5 | 1,6 | 324,1 | 8,4 | 348,6 | 9,7 | 348,8 | 9,6 | 338,6 | 9,1 | 328,8 | 8,8 | 324,9 | 8,5 |
| in Joint Ventures | --- | --- | k.A. | k.A. | 13,8 | 0,4 | 20,7 | 0,6 | 19,2 | 0,5 | 21,0 | 0,6 | 19,8 | 0,5 |
| im privatwirtschaftlichen Sektor | 164,6 | 4,3 | k.A. | k.A. | 325,8 | 9,1 | 316,5 | 8,7 | 363,3 | 9,8 | 418,1 | 11,1 | 496,4 | 13,0 |
| gesamt | 3.870,2 | 100 | 3839,8 | 100 | 3.591,0 | 100 | 3.626,7 | 100 | 3.705,2 | 100 | 3.753,6 | 100 | 3.826,3 | 100 |

Anmerkung: Die Daten der amtlichen Statistik verschiedener Jahrgängen stimmen nicht überein. So betrug beispielsweise die Zahl der in Joint Ventures Beschäftigten im Jahr 1999 nach ONE (2001: 142) 26.000 Personen (vgl. auch Tab. 5), während es nach ONE (2000: 119) nur 19.800 waren. In beiden Quellen sind jedoch die Angaben über den Anteil der Beschäftigten im staatlichen Sektor identisch.

Quelle: CEE 1991; CEPED & ONE 1998; ONE 1998; ONE 2000

- Die Umwandlung von Staatsfarmen in landwirtschaftliche Kooperativen,
- die Verabschiedung eines neuen Investitionsgesetzes und
- die neue Gesetzgebung zur selbständigen Tätigkeit.

Diese Maßnahmen führten zu einer partiellen Entstaatlichung im Arbeitssektor. Waren 1989 noch 94% aller Arbeitnehmer im staatlichen Sektor beschäftigt, so sank der Anteil der staatlich Beschäftigten bis 1999 auf 78% (vgl. Tab. 4).[23] Der Prozess der Entstaatlichung manifestiert sich in den drei Bereichen 'landwirtschaftliche Kooperativen', 'Joint Ventures' und 'privatwirtschaftlicher Sektor', jedoch jeweils in unterschiedlicher Form.

Im landwirtschaftlichen Bereich schufen die agrarstrukturellen Veränderungen des Jahres 1993 eine neue Form der Kooperative, die zu den schon bestehenden 'Kooperativen der landwirtschaftlichen Produktion' (CPA) hinzutrat: die UBPC. Durch die Umwandlung staatlicher Betriebe in UBPC stieg die Zahl der in Kooperativen Beschäftigten sprunghaft an. 1994 waren fünfmal so viele Personen in Kooperativen beschäftigt wie noch 1989 (vgl. Tab. 4). Allerdings dürfen diese Zahlen nicht darüber hinwegtäuschen, dass die UBPC trotz formeller Autonomie nach wie vor stark von der Planwirtschaft abhängig sind. Dies gilt beispielsweise für die Versorgung mit Saatgut und anderen Produktionsmitteln sowie für die Vermarktung der Produkte, da die Kooperativen ein staatlich festgesetztes Plansoll erfüllen müssen. BURCHARDT (2000b: 63) bezeichnet die UBPC aufgrund der vielfältigen Verflechtungen zum staatlichen Sektor als "Hybridsystem zwischen staatlichen und selbstverwalteten Betrieben". Insofern hat die Entstaatlichung in diesem Bereich einen sehr unvollkommenen Charakter.

Eine neue Möglichkeit, im nicht-staatlichen Sektor eine Beschäftigung zu finden, bieten die Joint Ventures, die im Zuge der wirtschaftlichen Öffnung des Landes entstanden sind (vgl. Kap. 1.2). Schon vor dem In-Kraft-Treten des neuen Investitionsgesetzes war die Zahl der Wirtschaftsabkommen mit ausländischer Kapitalbeteiligung von 20 im Jahre 1990 auf 176 im Jahre 1994 gestiegen (vgl. DÍAZ 2000a: 144). Durch das *Ley No. 77* ('Gesetz über die ausländische Investition') verfestigte sich diese Entwicklung (vgl. Tab. 5), so dass mittlerweile verschiedene Wirtschaftsbereiche vollständig (z.B. Telekommu-

---

[23] Als staatlich Beschäftigte gelten dabei die Arbeiter und Angestellten der staatlichen Betriebe, der politischen Organisationen, der Massenorganisationen sowie der kubanischen Handelsorganisationen (vgl. ONE 2000: 110). Die Zahl der Beschäftigten im staatlichen Sektor wird allerdings in den verschiedenen Auflagen des Statistischen Jahrbuchs für das gleiche Bezugsjahr unterschiedlich hoch angegeben (vgl. ONE 2000; ONE 1999; ONE 1998). Dies liegt in einer Veränderung der Definition begründet, was zum staatlichen Sektor gezählt werden soll. In den Statistischen Jahrbüchern 1998 und 1996 wurden die rund 39.000 Beschäftigten der Kommunistischen Partei Kubas (PCC), des Kommunistischen Jugendverbandes (UJC), des kubanischen Frauenverbandes (FMC) und anderer Organisationen dem nicht-staatlichen Sektor zugeordnet. Ebenso wenig sind die kubanischen Handelsorganisationen, zu denen die 'Aktiengesellschaften' (*Sociedades Anónimas*, S.A.) gehören, zum staatlichen Sektor gezählt worden, obwohl das Kapital der S.A. "dem kubanischen Staat gehört" (ONE 2000: 110). In kubanischen Aufsätzen werden unter Hinweis auf offizielle Quellen wiederum andere Zahlen genannt. Für das Jahr 1996 geben beispielsweise FERRIOL et al. (1999: 120) an, dass 75% aller Beschäftigten beim Staat angestellt waren, während es nach dem Statistischen Jahrbuch 1996 78% und nach dem Statistischen Jahrbuch 1999 81% waren. In absoluten Zahlen schwanken die Angaben um mehrere hunderttausend Personen.

nikation, Erdölförderung, Herstellung von Seife und ähnlichen Hygieneprodukten) oder teilweise (z.B. die Produktion von Nickel oder Zement) von Joint Ventures kontrolliert werden (vgl. PÉREZ V. 1999: 119).

Tab. 5: Entwicklung des Joint-Venture-Sektors (1995-2000)

|  | 1995 | 1996 | 1997 | 1998 | 1999 | 2000 |
|---|---|---|---|---|---|---|
| Abkommen mit ausländischer Kapitalbeteiligung | 212 | 260 | 317 | 345 | 374 | 394 |
| Arbeitskräfte in Joint Ventures (in Tausend) | 13,8 | 20,7 | 19,2 | 21,0 | 26,0 | 33,0(a) |

(a) Die ONE (2001: 142) gibt eine Zahl von 26.800 in Joint Ventures beschäftigten Personen an. Vermutlich sind auch die übrigen von der ONE gemachten Angaben (1995-1999) zu gering.

Quelle: DÍAZ 2000a; ONE 2001; MEP (o.J. a); PÉREZ V. 2000a; TRIANA 2001

Die Bedeutung der gemischten Unternehmen für die kubanische Wirtschaft spiegelt sich nicht zuletzt in der gestiegenen Zahl der Arbeitskräfte wider, die in den Joint Ventures beschäftigt sind – derzeit etwa 33.000 Personen. Die Modalitäten für diese Beschäftigung regelt Kapitel XI des *Ley No. 77*. Demnach gilt grundsätzlich das kubanische Arbeits- und Sozialrecht auch für ausländische Unternehmen und Joint Ventures (Art. 30). Eine Besonderheit besteht jedoch darin, dass alle in ausländischen oder gemischten Unternehmen beschäftigten Kubaner bzw. Ausländer mit unbegrenzter Aufenthaltserlaubnis nicht direkt bei einem Unternehmen, sondern bei einer kubanischen Arbeitsgesellschaft (*entidad empleadora*) angestellt sind. Die Arbeitsgesellschaft dient als Vermittlerin zwischen dem ausländischen bzw. 'gemischten' Arbeitgeber und dem Arbeitnehmer, und zwar sowohl hinsichtlich der Auswahl als auch hinsichtlich der Entlohnung der Angestellten (Art. 33). Darüber hinaus regelt sie Konflikte zwischen den beiden Parteien. Dadurch sollen nach offizieller Lesart tarifliche Konflikte und Lohndumping verhindert werden. Das Prekäre daran ist allerdings, dass die *entidad empleadora* die kubanischen Angestellten in Peso entlohnt, während die Unternehmen das Äquivalent der Gehälter in Devisen an die Arbeitsgesellschaft abführen müssen.

Aus Arbeitnehmersicht ist die Beschäftigung in einem ausländischen Unternehmen oder in einem Joint Venture von Vorteil. Einerseits ist die Arbeitsmotivation in den zumeist innovativ organisierten Unternehmen höher als in vielen Bereichen des Staatssektors, wo Unterbeschäftigung, Unterforderung und schlechte Arbeitsbedingungen nicht eben selten vorkommen. Andererseits sind die Verdienstmöglichkeiten im Joint Venture Bereich besser, da Artikel 32 des Investitionsgesetzes die Möglichkeit zulässt, den Angestellten über ihren Grundlohn hinaus *estimulos* (Prämien) zukommen zu lassen. Diese materiellen Anreize, die auch in den Schlüsselbereichen des Staatssektors üblich sind (vgl. Kap. 3.4.1), sollen die Produktivität der Arbeitskräfte fördern. Die *estimulos* werden in Form von Geld- oder Sachleistungen gewährt. Die Sachleistungen bestehen in der Regel darin, dass die Angestellten einmal monatlich eine Plastiktüte mit Artikeln des Grundbedarfs erhalten, die sonst nur im Dollarshop oder auf dem Schwarzmarkt zu erwerben sind. Typischerweise beinhaltet diese *jaba* genannte Tüte Produkte wie Seife, Shampoo, Zahnpasta und andere Körperpflegeartikel sowie T-Shirts oder sonstige Bekleidungsstücke. In anderen Fällen wird den Angestellten statt der *jaba* oder zusätzlich zu ihr ein bestimmter Betrag in Devisen ausgezahlt.

Über die Höhe der Prämien kann die kubanische Seite des Joint Ventures oder, bei ausländischen Direktinvestitionen, das zuständige Ministerium mitentscheiden. Diese sind in der Regel darum bemüht, die *estimulos* nicht zu großzügig zu handhaben, um keine sozialen Gegensätze zwischen den Beschäftigten der Joint Ventures und denjenigen staatlicher Betriebe zu schaffen. In Gesprächen des Autors mit Angestellten aus Joint Ventures wurde jedoch deutlich, dass ausländische Investoren häufig unter dem Tisch Devisenzahlungen zumindest an leitende Angestellte tätigen, um sie zu besseren Leistungen zu motivieren.

Auch im privatwirtschaftlichen Sektor, der sich aus Kleinbauern und *cuentapropistas* (Selbständige im Rahmen der *trabajo por cuenta propia*) zusammensetzt, haben sich seit Beginn der 1990er Jahre Veränderungen vollzogen. Die Verdreifachung der Beschäftigtenzahl des privatwirtschaftlichen Sektors in der letzten Dekade ist vor allem auf die Ausweitung des *cuenta-propia*-Bereichs zurückzuführen – ein Bereich, der relativ unabhängig von der Planwirtschaft ist.[24] Von den nahezu 500.000 Personen, die 1999 im privatwirtschaftlichen Sektor registriert waren (vgl. Tab. 4), ist ein Drittel im Rahmen der Arbeit auf eigene Rechnung tätig gewesen. 1989 waren lediglich 15% der 165.000 Privatwirtschaftler *cuentapropistas* (vgl. CEE 1991: 111). Doch nicht nur in quantitativer, sondern auch in qualitativer Hinsicht sind im *cuenta-propia*-Bereich interessante Entwicklungen eingeleitet worden, die im Folgenden näher erörtert werden sollen.

### 3.3 *Trabajo por cuenta propia*
### 3.3.1 Gesetzliche Neuregelung privatwirtschaftlicher Tätigkeit

Mit dem Sieg der Revolution wurden privatwirtschaftliche Aktivitäten in Kuba stark eingeschränkt. Damals verstaatlichte man drei Viertel des Einzelhandels- und Dienstleistungssektors (vgl. DÍAZ 1999). Doch obwohl die ohnehin begrenzten Möglichkeiten der selbständigen Arbeit in der 'Revolutionären Offensive' der späten sechziger Jahre erneut beschnitten wurden, ist der privatwirtschaftliche Sektor in Kuba niemals ganz verschwunden. Die Zahl der Selbständigen schwankte über die Jahre. 1989 gab es noch rund 25.000 als *cuentapropistas* registrierte Personen (vgl. CEE 1991: 111). Zu dieser Zeit waren lediglich 75 Aktivitäten für privatwirtschaftliche Tätigkeit zugelassen. Die *cuentapropistas* zeichneten sich durch ein hohes Durchschnittsalter aus. Sie waren zumeist nebenerwerblich tätig, wobei die erzielten Einkünfte im Allgemeinen nicht die Löhne aus dem Staatssektor übertrafen (vgl. NÚÑEZ 1998: 5).

---

[24] Die Zahl der Kleinbauern hat sich in dem angegebenen Zeitraum nicht signifikant verändert. Zudem stehen sie in einem ähnlichen Verhältnis zum Staat, wie die landwirtschaftlichen Kooperativen: Sie haben wenig eigene Entscheidungsbefugnis und sind zur Abgabe eines staatlich festgesetzten Plansolls verpflichtet. Aus diesen Gründen werden die Kleinbauern nicht weiter in die Analyse des privatwirtschaftlichen Sektors einbezogen.

Mit der *período especial* änderte sich die Situation. Die kubanische Führung sah in der Selbständigkeit eine Chance, außerhalb des staatlichen Sektors Arbeitsplätze zu schaffen und damit die Situation auf dem angespannten Arbeitsmarkt zu entlasten. Schon im Oktober 1991 wurde auf dem IV. Parteitag der Kommunistischen Partei der Beschluss gefasst, die Möglichkeit zur privatwirtschaftlichen Tätigkeit auszudehnen, ohne dabei jedoch "irgendeine Art von kapitalistischer Entwicklung zu fördern" (Protokoll des IV. Parteitags, zitiert nach DÍAZ 1999). Es dauerte aber dann noch fast zwei Jahre, bevor das *Decreto-Ley No. 141* 'Über die Arbeit auf eigene Rechnung' in Kraft trat. In den darauf folgenden zweieinhalb Jahren wurde das Gesetz mehrfach modifiziert.[25] Beispielsweise durften zunächst im Rahmen der *trabajo por cuenta propia* 117 Tätigkeiten ausgeübt werden, dann wurde die Zahl der Tätigkeiten auf 173 erhöht, um sie anschließend durch Ausgliederung bestimmter Aktivitäten wieder auf 157 Beschäftigungen zu reduzieren. Am 1. Juni 1996 fasste schließlich die *Resolución Conjunta No. 1/96* des Arbeits- und Sozialministeriums (MTSS) und des Finanzministeriums (MFP) die zuvor erlassenen Bestimmungen zusammen und schuf ein einheitliches Reglement für die Arbeit auf eigene Rechnung.

Die *Resolución Conjunta No. 1/96* behandelt zunächst die Zielvorstellungen, die "unter den gegenwärtigen wirtschaftlichen Bedingungen des Landes" mit der Erweiterung der *trabajo por cuenta propia* verknüpft waren:

- Das staatliche Angebot an Gütern und Dienstleistungen soll ergänzt werden,
- privatwirtschaftlich Tätige sollen ihr Einkommen aufbessern können,
- die Arbeit auf eigene Rechnung soll durch Steuern und Abgaben einen Beitrag zum Staatshaushalt leisten und außerdem
- eine Beschäftigungsalternative bieten.

Das Reglement beinhaltet zahlreiche Auflagen und Restriktionen. Es schreibt vor, dass die *cuentapropistas* sowohl bei der Herstellung als auch bei der Vermarktung ohne bezahlte oder nicht-bezahlte Arbeitskräfte und Zwischenhändler auskommen müssen (Art. 10ch; Art. 34). Ein Schuster muss somit die Schuhe nicht nur allein herstellen, sondern auch selbst verkaufen, wodurch er Zeit für die Produktion verliert. Einzige Ausnahme sind vier Aktivitäten im Bereich "Herstellung und Verkauf von Speisen und nicht-alkoholischen Getränken", zu dem auch die Mitte 1995 zugelassenen Privatrestaurants mit maximal 12 Plätzen (*paladares*) zählen. Hier können bis zu drei Familienangehörige ersten Grades oder im Haushalt gemeldete entfernte Verwandte eine Lizenz für Familienhilfe (*ayuda familiar*) erwerben (Art. 15).

Hinsichtlich der Vermarktung werden die Preise für Güter und Dienstleistungen zwar frei und ohne staatlichen Eingriff zwischen Anbieter und Kunde vereinbart (Art. 36), allerdings ist der Marktzugang für Selbständige beschränkt. Sie dürfen nur mit natürlichen

---

[25] Vgl. *Resolución Conjunta No. 1/93* CETSS-CEF; *Resolución No. 13/93* CEF; *Resolución Conjunta No. 3/95* MFP-MTSS; *Resolución Conjunta No. 4/95* MFP-MTSS; *Resolución No. 10/95* MTSS.

Personen, nicht aber mit Staatsbetrieben, ausländischen Unternehmen oder Joint Ventures handeln (Art. 10i; Art. 37).[26]

Im Prinzip haben alle Kubaner die Möglichkeit, einen Antrag auf Ausübung privatwirtschaftlicher Tätigkeit zu stellen. Ausgeschlossen sind allerdings Mandatsträger, Führungspersonal des Verwaltungsapparates, Richter, Funktionäre, Angehörige der Polizei und des Militärs sowie ähnliche staatstragende Gruppen (Art. 9). Für Universitätsabsolventen, denen der Zugang zur *trabajo por cuenta propia* bis zum Juni 1995 verwehrt blieb, gelten Sonderregelungen: Ihnen ist es nicht erlaubt, sich privatwirtschaftlich in ihrem Berufsfeld zu betätigen (Art. 6). Fremdsprachenlehrer z.B. können zwar alle anderen zugelassenen Tätigkeiten ausüben, aber keine Fremdsprachen unterrichten. Bevor sie sich selbständig machen, müssen sie außerdem – sofern sie eine staatliche Anstellung haben – von ihrem Arbeitgeber freigestellt werden (Art. 7). Auf diese Weise soll ein *Brain-Drain*, also die übermäßige Abwanderung von Akademikern in die Privatwirtschaft, verhindert werden.

Auch die Beschaffung von Material ist gesetzlichen Regeln unterworfen. Die benötigten Waren für die Produktion oder für Dienstleistungen müssen vornehmlich zu extrem hohen Preisen in den Dollarshops oder auf den nicht-staatlichen Agrarmärkten (*mercados agropecuarios*) erworben werden (Art. 39). Um zu verhindern, dass sich Selbständige auf dem sehr viel billigeren Schwarzmarkt versorgen, sind sie verpflichtet, die Herkunft aller Waren mittels speziell entwickelter Quittungen nachzuweisen. Staatliche Inspektoren überprüfen regelmäßig und unangemeldet die Quittungen sowie die Einhaltung aller anderen Richtlinien. Werden Verstöße festgestellt, so drohen hohe Geldstrafen und der Entzug der Lizenz (vgl. *Decreto-Ley No. 174/97*).

Doch nicht nur die Geldstrafen erreichen eine zum Teil unverhältnismäßige Höhe. Alle *cuentapropistas* müssen eine monatliche Abgabe entrichten, deren Mindesthöhe (*cuota mínima mensual*) im Anhang des Reglements für die Arbeit auf eigene Rechnung festgelegt ist und je nach Tätigkeit zwischen 10 und 500 Peso schwankt. Die Abgaben fallen dem Munizip zu, deren Behörden die Aufsicht über die *trabajo por cuenta propia* führen (Art. 42). Jedes Munizip kann eigenständig die monatlichen Mindestabgaben beliebig erhöhen (Art. 18), so dass es zu erheblichen regionalen Unterschieden der *cuotas mensuales* kommt. Außerdem entscheiden die Munizipalbehörden über die Anträge auf Zulassung zur privatwirtschaftlichen Tätigkeit (Art. 11; Art. 19). Auf dieser Grundlage werden beispielsweise in der Altstadt Havannas, einem touristischen Kristallisationspunkt, kaum *paladares* zugelassen, um den staatlichen Restaurants keine Konkurrenz zu machen (vgl. WEHRHAHN & WIDDERICH 2000). Darüber hinaus liegen die monatlichen Abgaben, die für einige Aktivitäten schon mehrfach erhöht worden sind, in der Hauptstadt um bis zu 344% über den vorgeschriebenen Mindestabgaben (vgl. Tab. 6).

---

[26] Von dieser Regelung sind lediglich Kutscher und einige im landwirtschaftlichen Bereich angesiedelte Aktivitäten sowie solche mit staatlicher Sondergenehmigung ausgenommen.

Tab 6: Gesetzlich festgelegte monatliche Mindestabgaben und Abgaben in Havanna für ausgewählte privatwirtschaftliche Tätigkeiten

| Tätigkeit | monatliche Mindestabgaben (Peso) | | | Abgaben in Havanna (Peso) | |
|---|---|---|---|---|---|
| | Sep. 1993 | Juni 1995 | Juni 1996 | Juni 1996 | Abweichung von der Mindestabgabe (%) |
| Kunsthandwerker | 45 | 45 | 200 | 300 | 50 |
| Gastronom (*paladar*) (a) | - | 400 | 400 | 800 | 100 |
| Lizenz zum Alkoholausschank | | 100 | 100 | 200 | 100 |
| Straßenverkäufer von Speisen und Getränken | - | 100 | 100 | 200 | 50 |
| Taxifahrer | - | 100 | 100 | 400 | 300 |
| Blechschlosser (KFZ) | 45 | 45 | 200 | 500 | 150 |
| Tischler | 45 | 45 | 45 | 200 | 344 |
| Schneider | 40 | 40 | 40 | 150 | 275 |
| Schuster | 45 | 45 | 200 | 300 | 50 |
| Flickschuster | 30 | 30 | 30 | 100 | 233 |
| Herrenfriseur | 35 | 35 | 35 | 100 | 186 |
| Damenfriseur | 45 | 45 | 45 | 200 | 344 |
| Fotograf | 50 | 50 | 50 | 200 | 300 |
| Blumenverkäufer | 45 | 45 | 45 | 150 | 233 |
| Winzer/Weinhändler | - | 45 | 80 | 150 | 88 |
| Wächter von Zweiradparkplätzen | - | 45 | 45 | 100 | 144 |
| Bote/Einkaufshilfe | 0 | 30 | 30 | 50 | 67 |
| Feuerzeugauffüller | 20 | 20 | 20 | 80 | 300 |
| Palmenstutzer | 0 | 0 | 10 | k.A. | - |
| Zeitungsverkäufer | 0 | 0 | 10 | k.A. | - |

a) *Paladar*-Besitzer zahlen in Havanna eine zusätzliche Abgabe in Devisen, auch wenn sie ihr Restaurant in Nationalwährung betreiben. Die Zusatzabgabe beträgt monatlich 300 US-Dollar plus 100 US-Dollar für den Ausschank alkoholischer Getränke.

Quelle: WIDDERICH & WEHRHAHN 2000

Besondere Regelungen gelten für diejenigen Selbständigen, die Devisen einnehmen. Sie sind meist im Umfeld des Tourismus angesiedelt (Taxifahrer, Kunsthandwerker, Familienrestaurants etc.). Wer seine Geschäfte teilweise oder vollständig in Devisen abwickelt, muss die volle Monatsabgabe in kubanischen Peso bezahlen und zusätzlich 75% der Monatsabgabe in Dollar entrichten (Art. 19).

Über die Monatsabgabe hinaus werden seit Januar 1996 auf Deviseneinkommen und seit April des gleichen Jahres auf Einkommen in Nationalwährung Steuern erhoben. Die Steuern sind progressiv und liegen in Abhängigkeit der Höhe des Einkommens zwischen 5 und 50% für Pesoeinkünfte und zwischen 10 und 50% für Dollareinkommen (vgl. *Resolución No. 24/95* MFP; *Resolución 21/96* MFP; GOBRECHT 1995, S. 48).

Alle *cuentapropistas* müssen einmal jährlich eine Steuererklärung abgeben. Von den Bruttoeinkünften dürfen pauschal 10% (bei Taxifahrern 20%) als Betriebsausgaben abgesetzt werden. Der Rest bildet das zu versteuernde Einkommen. Die bereits gezahlten Monatsabgaben werden auf die Steuersumme angerechnet. Überschreiten die Monatsabgaben die zu zahlenden Steuern, so behält der Staat die Differenz ein, im anderen Falle muss der Selbständige nachzahlen (vgl. DÍAZ 1999; PETERS & SCARPACI 1998). Auf der Basis dieser Verfahrensweise errechnet RITTER (1998, S. 85) für ein in Devisen betriebenes Privatrestaurant eine Last an Steuern und Abgaben von jährlich 7.200 US-$ zuzüglich 28.800 Peso – angesichts des kubanischen Durchschnittslohnes von 221 Peso im Monat (vgl. ONE 2000: 122) eine exorbitant hohe Summe. Aber auch in weniger spektakulären Fällen stellen Steuern und Abgaben für die meisten *cuentapropistas* eine große Belastung dar.

Ungelöst ist bisher die Frage der sozialen Absicherung der Selbständigen. Zwar haben diese und ihre Familien bisher noch – ebenso wie alle übrigen Kubaner – freien und kostenlosen Zugang zu Bildungs- und Gesundheitseinrichtungen, und ihnen steht die gleiche Menge an subventionierten Gütern der Rationierungskarte (*libreta*) zu, sie erwerben aber durch ihre Arbeit in der Regel keinen Rentenanspruch (vgl. DÍAZ 1999; TOGORES 1996b). Da es bisher keine private Alternative zur staatlichen Rente gibt, haben privatwirtschaftlich Tätige lediglich die Möglichkeit, als Altersvorsorge oder für den Fall der Erwerbsunfähigkeit Geld zu sparen. Falls ihre Lizenz zur Ausübung der selbständigen Tätigkeit nicht verlängert wird, haben sie – im Gegensatz zu den Beschäftigten staatlicher Betriebe – auch keinen Anspruch auf Arbeitslosengeld, so dass sie insgesamt ein größeres soziales Risiko tragen.

Organisationen, welche die sozialen Interessen der Selbständigen gegenüber der Regierung vertreten könnten, gibt es nicht. In Kuba gelten die *cuentapropistas* als Arbeiter[27], obwohl sie nicht lohnabhängig sind. Als solche haben sie die Möglichkeit, in die kubanische Einheitsgewerkschaft CTC (*Central de Trabajadores de Cuba*) einzutreten und sind damit nach offizieller Lesart ausreichend vertreten. BURCHARDT (1999a: 64) betrachtet hingegen die Situation der *cuentapropistas* aus einem anderen Blickwinkel:

> Sie [die *cuentapropistas*] sind somit vermutlich weltweit die einzigen Unternehmer, die nicht von eigenen Verbänden, sondern von einer Gewerkschaft vertreten werden. Und es ist mehr als zweifelhaft, ob die Arbeitervertretung CTC wirklich Unternehmensinteressen wahrnehmen will und kann.

Vor diesem Hintergrund wundert es kaum, dass nur wenige *cuentapropistas* gewerkschaftlich organisiert sind. Im Dezember 1997 betrug deren Zahl nur 36.585, von denen zwei Drittel auch im Staatssektor tätig und damit quasi automatisch Gewerkschaftsmitglieder waren. Im Februar 1999 verzeichnete die CTC insgesamt 44.000 Mitglieder, die einer selbständigen Tätigkeit nachgingen (vgl. DÍAZ 1999).

---

[27] Offiziell werden Selbständige als '*trabajadores por cuenta propia*' (Arbeiter auf eigene Rechnung) bezeichnet.

Im Ganzen stehen die vom Staat vorgegebenen gesetzlichen und steuerlichen Bestimmungen zur *trabajo por cuenta propia* einer ungehemmten Entfaltung des privatwirtschaftlichen Sektors entgegen. DÍAZ (1999) sieht in der starken gesetzlichen Reglementierung die "politische Intention, eine Barriere gegen die Formierung einer 'informellen' kleinbürgerlichen Klasse zu errichten". Offensichtlich sollen private ökonomische Aktivitäten in Kuba in einem begrenzten quantitativen Rahmen und unter Kontrolle gehalten werden.

### 3.3.2 Anmerkungen zur statistischen Erfassung der Selbständigen

Privatwirtschaftliche Tätigkeit wird in Kuba im allgemeinen Sprachgebrauch unter dem Begriff *trabajo por cuenta propia* (Arbeit auf eigene Rechnung) subsumiert.[28] Im engeren Sinne umfasst die *trabajo por cuenta propia* alle Personen, die auf der Grundlage des *Decreto-Ley No. 141* als privatwirtschaftlich Tätige registriert sind. Allerdings gibt es verschiedene Tätigkeitsfelder, die nicht oder nicht mehr vollständig unter dieses Gesetz fallen. So sind Selbständige im Bereich Personenbeförderung und Lastkraftverkehr seit Juli 1997 direkt dem *Ministerio de Transporte* (MITRANS; Verkehrsministerium) unterstellt (vgl. DÍAZ 1999). Ähnliches gilt für andere privatwirtschaftliche Aktivitäten. Z.B. unterstehen die Verkäufer auf den *mercados agropecuarios* dem *Ministerio del Comercio Interior* (MINCIN; Ministerium für Binnenwirtschaft), Kunsthandwerker und Künstler dem *Ministerio de Cultura* (Kulturministerium) und Vermieter dem *Instituto Nacional de Vivienda* (Nationales Institut für Wohnungswesen).

In der Praxis bedeutet dies, dass nur ein Teil der privatwirtschaftlich Tätigen von den *Direcciones de Trabajo* (Arbeitsämter) als *cuentapropistas* erfasst wird. Andere Selbständige werden nicht dort, sondern bei den jeweils für sie zuständigen Stellen registriert. Die Angaben in der Literatur beziehen sich aber häufig nur auf die erstgenannte Statistik. Aufgeschlüsselte Angaben über privatwirtschaftlich Tätige finden sich nur vereinzelt. Beispielsweise gibt das MTSS für April 1998 an, dass 154.438 Personen als *trabajadores por cuenta propia* gemeldet waren. Hinzu traten noch andere Selbständige, unter ihnen 11.000 LKW- und Taxifahrer,[29] über 6.000 Personen, die privat Zimmer vermieten, mehr als 6.000 selbständige Kunsthandwerker und Künstler sowie eine nicht genannte Zahl von Fischern und Marktverkäufern (vgl. EPS 12/98). Demnach ist die Zahl der Selbständigen also höher als die Zahl der '*cuentapropistas* im engeren Sinne'.

---

[28] Häufig wird auch der Begriff *autoempleo* benutzt, der dem englischen *self-employment* entspricht und im Deutschen am ehesten mit 'Selbständigkeit' übersetzt werden kann. Dabei schließen sowohl *autoempleo* als auch *trabajo por cuenta propia* die Kleinbauern im ländlichen Raum aus, da für sie andere gesetzliche Regelungen gelten. Nicht wenige Autoren bezeichnen den privatwirtschaftlichen Bereich als *sector informal urbano* (städtischer informeller Sektor), da dieser nicht Teil des formellen Sektors – also der Staatswirtschaft – ist. Zur Begrifflichkeit des informellen Sektors vgl. WIDDERICH & WEHRHAHN (2000: 113 ff).

[29] Nach DÍAZ (1999) gab es im Dezember 1998 22.300 Selbständige im Transportbereich. Dieser schließt auch Kutscher und Fahrradtaxifahrer ein, deren Zahl in etwa derjenigen der Taxi- und Lastkraftfahrer entspricht (vgl. auch Tab. 8).

Zusätzliche Verwirrung stiftet die Tatsache, dass sich die Angaben aus verschiedenen Quellen widersprechen. Besonders auffällig ist dabei, dass die im Statistischen Jahrbuch angegebenen Werte stets deutlich unter denen der anderen Quellen liegen, obwohl das Statistische Jahrbuch explizit alle privatwirtschaftlich Tätigen als "*trabajadores por cuenta propia*" bezeichnet und damit in die Statistik einbezieht (vgl. ONE 2000: 112). So gab es 1995 nach dem Statistischen Jahrbuch lediglich 138.000 *cuentapropistas* (vgl. ONE 2000: 119), ein Drittel weniger als nach den Angaben der meisten anderen, vorwiegend auf Daten des MTSS beruhenden Quellen. Doch auch dort schwanken die Angaben je nach Quelle um einige tausend bis zehntausend Personen. Die Gründe für das Auseinanderklaffen der Daten bleiben im Dunkeln.

Aufgrund der statistischen Widersprüche und Ungenauigkeiten ist eine Analyse des privatwirtschaftlichen Sektors nur mit Vorbehalten möglich. Dennoch soll im Folgenden der Versuch unternommen werden, die wesentlichen Entwicklungen im *cuenta-propia*-Bereich aufzuzeigen und seine Struktur zu untersuchen.

### 3.3.3  Quantitative Entwicklung des privatwirtschaftlichen Sektors

Trotz der starken staatlichen Regulierung des privatwirtschaftlichen Bereichs und der geringen Spielräume, die der gesetzliche Rahmen den Selbständigen lässt, nahm die Zahl der *cuentapropistas* zunächst rasch zu. Im Dezember 1993, also nur wenige Monate nach dem In-Kraft-Treten der neuen Bestimmungen, waren bereits über hunderttausend Personen als Selbständige gemeldet – eine Vervierfachung des Wertes von 1989. Diese Entwicklung hielt bis Ende 1995 an, als über 208.000 Personen selbständig gewesen sind, mehr als jemals zuvor im sozialistischen Kuba. Doch obwohl die zuständigen Behörden nur wenige der Anträge auf Ausübung einer privatwirtschaftlichen Tätigkeit abschlägig beschieden,[30] ließen sich in den folgenden Jahren immer weniger Kubaner im *cuenta-propia*-Bereich registrieren (vgl. Abb. 2)[31]. Ob sich mit dem erneuten Anstieg der Zahl der registrierten *cuentapropistas* im Jahr 2000 eine Trendwende ankündigt, bleibt abzuwarten.

Für den Rückgang der *trabajo por cuenta propia* gibt es verschiedene Gründe. Zum einen hatten die privatwirtschaftlichen Akteure nach mehr als 30 Jahren Sozialismus kaum Erfahrung mit selbständiger Arbeit und marktwirtschaftlichen Mechanismen sammeln können. So war beispielsweise kurz nach der Zulassung der *paladares* zu beobachten, dass in demselben Gebäude gleich mehrere Pizzerien eröffneten, von denen wegen des Konkurrenzdrucks die meisten kurze Zeit später zur Aufgabe gezwungen waren. Zudem mussten viele *cuentapropistas* aufgrund ihrer betriebswirtschaftlichen Unerfahrenheit erst einmal ausprobieren, ob sich eine privatwirtschaftliche Betätigung überhaupt rentiert.

---

[30] Zwischen 1994 und 1997 wurden fünf bis sieben Prozent aller Anträge abgelehnt (vgl. DÍAZ 1999).

[31] Die Zahlen relativieren sich etwas, sofern man zu den angegebenen *cuentapropistas* noch diejenigen Selbständigen zählt, die seit 1997 nicht mehr von den *Direcciones de Trabajo* erfasst werden (vgl. voriges Kap.). Die sinkende Tendenz wird aber dennoch deutlich.

Nicht wenige schätzten die Situation falsch ein und beendeten dieses Experiment bald wieder.

Abb. 2: Zahl der registrierten *cuentapropistas* zum Jahresende

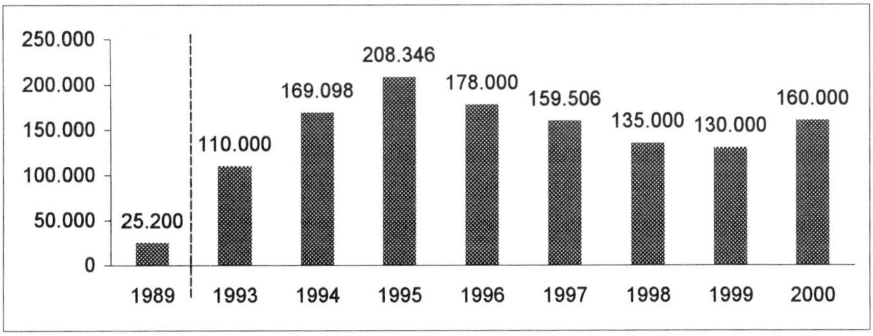

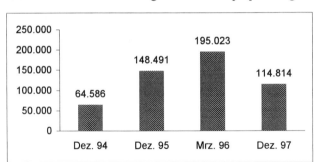

Quelle: Eigener Entwurf nach Daten von BfAI 1999a; BUENO et al. 1998; DÍAZ 1999; NÚÑEZ 1998; TOGORES 1996b; die Werte für 1999 und 2000 entstammen einem Informationsschreiben von Julio DÍAZ VÁZQUEZ, der in Havanna am Forschungszentrum für Internationale Wirtschaft (CIEI) tätig ist.

Abb. 3: Zahl der Abmeldungen einer *cuenta-propia*-Tätigkeit

Quelle: Eigener Entwurf nach Daten von DÍAZ 1999

Verfolgt man die Zahlen über die Abmeldung einer *cuenta-propia*-Tätigkeit (vgl. Abb. 3), so wird jedoch deutlich, dass der Mangel an Erfahrungen nicht der einzige Grund sein kann, der die *cuentapropistas* zur Aufgabe zwang. Vielmehr lässt die hohe Zahl der Abmeldungen im März 1996, als über 90% der Selbständigen ihre Lizenz zurückgaben oder nicht verlängerten, auf einen Zusammenhang mit der bevorstehenden Anhebung der *cuotas fijas* und der Einführung der Einkommenssteuer schließen. Ein Blick auf die durchschnittliche jährliche Steuerlast der Selbständigen verdeutlicht dies (vgl. Tab. 7).

Tab. 7: Einnahmen aus Steuern und Abgaben des privatwirtschaftlichen Sektors

|  | 1995 | 1996 | 1997 | 1998 | 1999 |
|---|---|---|---|---|---|
| Einnahmen (Mio. Peso) | 107,0 | 191,9 | 205,7 | 173,3 | 154,1 |
| durchschnittliche Steuerlast pro Selbständigen (Peso/Jahr) | 514 | 1.078 | 1.572 | 1.284 | 963 |
| Anteil an allen Steuereinnahmen | k.A. | 2,4% | 2,9% | 1,9% | 1,5% |
| Anteil an allen staatl. Einnahmen | 0,8% | 1,6% | 1,7% | 1,4% | 1,1% |

Quelle: Berechnet nach Daten aus Abbildung 2 und Daten von DÍAZ 1999; ONE 1998; ONE 2000

Durch die Anhebung der Steuern und Abgaben konnte der kubanische Staat zwar zunächst die Einnahmen aus diesem Bereich nahezu verdoppeln, doch sinken diese seit 1998 wieder ab. 1999 betrug der Anteil der Steuern aus dem *cuenta-propia*-Sektor gerade einmal 1,5% aller Steuereinnahmen bzw. 1,1% der gesamten Staatseinkünfte. Während die Zahlungen der *cuentapropistas* für den Staatshaushalt vergleichsweise unbedeutend waren und die Erhöhung der Steuern makroökonomisch keinen wesentlichen Effekt hatte, waren die Konsequenzen für den einzelnen Selbständigen erheblich. Gegenüber dem Vorjahr verdoppelte sich 1996 die durchschnittliche Steuerlast pro Selbständigen. Betrachtet man das Jahr 1997, in dem die neuen Steuerrichtlinien erst vollständig wirksam waren,[32] so verdreifachte sich der Wert sogar.

Doch nicht alle, die ihre Lizenz nicht verlängerten, gaben wirklich auf. Ein Großteil der *cuentapropistas* betrieb und betreibt dieselbe Tätigkeit einfach informell weiter, sei es, weil sie die hohen Steuern nicht entrichten können oder weil sie dies nicht wollen. Denn viele Privatwirtschafter rechnen sich aus, dass die Bestechung von Inspektoren oder das gelegentliche Zahlen von Strafen billiger ist als die kontinuierliche Abgabe von Steuern. Nach Schätzungen des MTSS kommen auf jeden registrierten *cuentapropista* drei bis vier Nicht-Registrierte, die entweder informell bei einem Registrierten angestellt sind oder ein eigenes Gewerbe betreiben (vgl. KÁNEPA 1997). Andere Schätzungen gehen davon aus, dass 40% aller Erwerbstätigen legal oder illegal einer privatwirtschaftlichen Beschäftigung nachgehen (vgl. BURCHARDT 1998: 51). Demnach wären gegenwärtig zwischen einer halben und anderthalb Millionen Kubaner privatwirtschaftlich tätig. Offensichtlich befindet sich die privatwirtschaftliche Tätigkeit in Kuba nicht auf dem Rückzug, sondern auf dem Weg in die Informalität.

### 3.3.4 Die Struktur des privatwirtschaftlichen Sektors

Mit der Erweiterung der *trabajo por cuenta propia* im Jahre 1993 ist auch die Zahl der zulässigen Aktivitäten gestiegen. Doch obgleich es mittlerweile mehr als 150 mögliche Tätigkeitsfelder für Selbständige gibt, verteilen sich etwa zwei Drittel aller Lizenzen auf nur 18 Aktivitäten (vgl. Tab. 8).

---

[32] Die Erhebung der Einkommenssteuer wurde erst im April und die Erhöhung der monatlichen Mindestabgabe erst im Juni 1996 wirksam.

Tab. 8: Am häufigsten ausgeübte selbständige Tätigkeiten im *cuenta-propia*-Bereich (einschließlich Personenbeförderung und Warentransport)

| Tätigkeit | registrierte *cuentapropistas* (jeweils Anzahl und %) | | | | | |
|---|---|---|---|---|---|---|
| | Dezember 1995 | | Februar 1997 | | April 1998 | |
| Straßenverkäufer von Speisen und Getränken | 34.586 | 16,6 | 28.620 | 16,7 | 25.104 | 14,1 |
| Hilfskraft für Herstellung/Verkauf von Speisen und Getränken (a) | 17.918 | 8,6 | 14.942 | 8,7 | 16.690 | 9,4 |
| Verkäufer von Speisen und Getränken an festen Standorten | 11.875 | 5,7 | 9.847 | 5,7 | 5.826 | 3,3 |
| Kutscher (b) | 11.875 | 5,7 | 9.809 | 5,7 | 8.060 | 4,6 |
| Bote/Einkaufshilfe | 10.626 | 5,1 | 8.798 | 5,1 | 8.537 | 4,8 |
| Tischler | 8.334 | 4,0 | 6.887 | 4,0 | 6.763 | 3,8 |
| Taxifahrer (b) | 7.917 | 3,8 | 6.564 | 3,8 | 4.724 | 2,7 |
| Lastkraftfahrer (b) | 7.500 | 3,6 | 6.265 | 3,6 | 6.276 | 3,5 |
| Reifenflicker/Vulkaniseur | 6.042 | 2,9 | 5.061 | 2,9 | 5.226 | 3.0 |
| Damenfriseur | 5.834 | 2,8 | 4.981 | 2,9 | 4.476 | 2,5 |
| Flickschuster | 4.375 | 2,1 | 3.615 | 2,1 | 3.653 | 2,1 |
| Müller | 4.167 | 2,0 | 3.525 | 2,1 | 3.608 | 2,0 |
| Herrenfriseur | 3.959 | 1,9 | 3.392 | 2 | 3.527 | 2,0 |
| Maniküre | 3.750 | 1,8 | 3.106 | 1,8 | 3.378 | 1,9 |
| Fahrradtaxifahrer (b) | 3.542 | 1,7 | 2.981 | 1,7 | 3.966 | 2,2 |
| Schuhputzer (c) | - | - | 2.846 | 1,7 | 2.877 | 1,6 |
| Feuerzeugauffüller (c) | - | - | 2.401 | 1,4 | k.A. | k.A. |
| Wächter von Zweiradparkplätzen (c) | - | - | 1.662 | 1,0 | 1.405 | 0,8 |
| Summe der häufigsten Tätigkeiten | 142.300 | 68,3 | 125.302 | 72,9 | 114.096 | 64,3 |
| andere *cuenta-propia*-Tätigkeiten | 66.046 | 31,7 | 46.559 | 27,1 | 63.368 | 35,7 |
| Summe alle Tätigkeiten (d) | 208.346 | 100 | 171.861 | 100 | 177.464 | 100 |

a) Als Hilfskräfte sind nur Familienmitglieder zugelassen
b) Seit Juli 1997 dem Verkehrsministerium unterstellt
c) 1995 noch nicht zugelassen
d) Inklusive der vier dem Verkehrsministerium unterstellten Tätigkeiten

Quelle: WIDDERICH & WEHRHAHN 2000

Betrachtet man nicht nur die *cuentapropistas* (einschließlich der Selbständigen im Transportsektor), sondern alle privatwirtschaftlich Tätigen, so zeigt sich ein ähnliches Bild: Von den rund 190.000 Lizenzen[33] für selbständige Arbeit, die im März 1998 von den verschiedenen Behörden vergeben worden waren, entfielen 67% auf 20 Beschäftigungen. Besonders häufig werden Tätigkeiten im Bereich der Herstellung und des Verkaufs von Speisen und Getränken und im Bereich Personenbeförderung und Lastkraftverkehr aus-

---

[33] Zu den in Tab. 8 angegebenen Selbständigen kommen noch jeweils 6.000 private Vermieter bzw. Künstler oder Kunsthandwerker. Die Zahl der Marktverkäufer, die nicht bei einer landwirtschaftlichen Kooperative, bei einer Staatsfarm oder bei einem Kleinbauern angestellt sind, konnte ebenso wenig ermittelt werden wie die Zahl der selbständigen Fischer.

geübt. Etwa jeder dritte Selbständige arbeitet in einem dieser beiden Bereiche, die zusammen mit der Vermietung, dem Kunsthandwerk und einigen handwerklichen Berufen zu den einträglichsten Tätigkeitsfeldern gehören (vgl. DÍAZ 1999).

Die in Tabelle 8 abgebildete Verteilung ist seit 1993 mehr oder weniger stabil geblieben und weist kaum regionale Unterschiede auf (vgl. NÚÑEZ 1998: 46). Eine signifikante Veränderung ist lediglich in den Bereichen 'Personenbeförderung' und 'Verkauf von Speisen und Getränken' zu beobachten. Im Transportsektor hat mit der Ausgliederung aus der *trabajo por cuenta propia* die Zahl der Taxifahrer und Kutscher leicht ab-, die der Fahrradtaxifahrer hingegen zugenommen. Die Abnahme der Zahl der Verkäufer von Speisen und Getränken ist vermutlich auf schärfere Kontrollen der Behörden zurückzuführen. Denn seit Mai 1997 werden die Einnahmen der *cuentapropistas* wöchentlich kontrolliert, und seit Januar 1998 sind spezielle Quittungen im Umlauf, mit denen die Privatwirtschafter die legale Herkunft ihrer Produktionsmaterialien nachweisen müssen (vgl. PETERS & SCARPACI 1998). Dadurch sind Steuerhinterziehung und die grade im gastronomischen Bereich weit verbreitete Versorgung der Selbständigen auf dem Schwarzmarkt wesentlich erschwert worden.

Hinsichtlich der regionalen Verteilung der privatwirtschaftlich Tätigen lässt die Datenlage kaum Aussagen zu. Auffällig ist nur, dass sich der Anteil der in der Hauptstadt registrierten *cuentapropistas* im Laufe der Zeit verringert hat. Entfiel 1995 noch ein Drittel aller Lizenzen auf Havanna, wo etwa ein Fünftel aller Kubaner lebt, so waren es im März 1997 noch 17% – ein Wert, der auch heute noch Gültigkeit haben dürfte (vgl. DÍAZ 1997; FERRIOL 1997; *Tribuna* vom 4.3.2001). Die Reduktion des Anteils der *cuentapropistas* in Havanna könnte ein Beleg dafür sein, dass die Effekte des Transformationsprozesses mittlerweile auch auf das *interior* übergreifen, nachdem sie sich zunächst vor allem auf die Hauptstadt konzentriert hatten (*Top-Down-Modell*). Vermutlich ist aber auch der Grad der Informalisierung in Havanna größer, da hier (soziale) Kontrollmechanismen weniger gut greifen als in kleineren Städten.

Betrachtet man die Zusammensetzung des *cuenta-propia*-Bereichs in Bezug auf die vorherige Stellung im Berufsleben, so fällt auf, dass sich anfangs viele Kubaner selbständig machten, die eine Anstellung im staatlichen Sektor hatten (vgl. Tab. 9). Die Zahl derjenigen, die aufgrund des Verlustes ihres Arbeitsplatzes vom staatlichen Sektor in den *cuenta-propia*-Bereich wechselten, ist demnach zunächst gering gewesen. In den Jahren 1995 bis 1997 hat dann aber der Anteil der *cuentapropistas*, die nicht im staatlichen Sektor beschäftigt waren, stark zugenommen. Etwa ein Drittel dieser Personengruppe hatte angegeben, vor dem Eintritt in die Selbständigkeit Hausfrau gewesen zu sein. Der Rest entfällt auf Personen, die zuvor keiner Beschäftigung nachgingen, sei es, weil sie noch nicht ins Berufsleben eingetreten waren, weil sie sich nicht um einen Arbeitsplatz bemüht hatten oder weil sie ihren Arbeitsplatz verloren hatten. Eine genauere Analyse der Beschäftigungseffekte der *trabajo por cuenta propia* für die im Zuge der wirtschaftlichen Umgestaltungsmaßnahmen entlassenen Arbeitskräfte ist aufgrund der schlechten Datenlage nicht möglich.

Tab. 9: Struktur des *cuenta-propia*-Bereichs nach vorherigem Status der *cuentapropistas*

|  | Dezember 1994 | Dezember 1995 | Dezember 1996 | Dezember 1997 |
|---|---|---|---|---|
| Angestellte und Arbeiter des staatl. Sektors | 37% | 26% | 16% | 16% |
| zuvor nicht im staatl. Sektor Beschäftigte (davon Hausfrauen) | 38% (14%) | 50% (18%) | 60% (k.A.) | 60% (17%) |
| Rentner | 25% | 24% | 24% | 24% |

Quelle: Berechnet nach Daten von BUENO et al. 1998; DÍAZ 1999; QUINTANA 1997 und TOGORES 1996b.

Ein Teil der *cuentapropistas* verfügt neben den Einkünften aus der selbständigen Arbeit noch über andere Einkunftsquellen[34], wobei häufig die privatwirtschaftlichen Einnahmen die übrigen Einkünfte um ein Vielfaches übersteigen. Dies gilt insbesondere für die Gruppe der Rentner, die etwa ein Viertel der *cuentapropistas* ausmachen. Denn 90% der Rentner erhalten nicht mehr als 150 Peso im Monat (vgl. ZABALA 1999: 158). Ein monatliches Einkommen von 150 Peso reicht heute kaum noch, um sich mit dem Nötigsten zu versorgen. Die Möglichkeit, sich privatwirtschaftlich etwas dazu verdienen zu können, verbessert den Lebensstandard der Betroffenen deshalb erheblich.

### 3.3.5 Praktische Probleme privatwirtschaftlich Tätiger

Selbständige sind in Kuba mit zahlreichen Problemen konfrontiert, die sie bei der Ausübung ihrer Tätigkeit behindern. Die strengen gesetzlichen Regelungen zur *trabajo por cuenta propia* sind schon in Kapitel 3.3.1 behandelt worden. Im Folgenden sollen die praktischen Auswirkungen dieser Bestimmungen und die alltäglichen Schwierigkeiten der Selbständigen untersucht werden. Die Ausführungen beruhen vor allem auf den Erfahrungen aus den Leitfadengesprächen,[35] aber auch auf teilnehmenden und nicht-teilnehmenden Beobachtungen und ungelenkten Gesprächen mit *cuentapropistas* sowie auf der Auswertung anderer Quellen.

Problematisch ist schon die Eröffnung eines privaten Betriebes. Da Kubaner keinen Zugang zu Krediten haben, fehlt oftmals das Initialkapital, um sich selbständig zu machen. Dies gilt besonders für solche Berufe, die vergleichsweise hohe Investitionen erfordern,

---

[34] DÍAZ (1997) gibt an, dass im März 1996 etwa 80.000 *cuentapropistas* über zusätzliche Einkünfte verfügten. Damals gab es schätzungsweise 45.000 bis 50.000 selbständige Rentner. Der Großteil der übrigen Personen war haupterwerblich im Staatssektor beschäftigt.

[35] Zur Auswahl der Gesprächspartner und zur Methodik vgl. Kapitel 2.3. Eine Analyse der Leitfadengespräche findet sich auch in WIDDERICH & WEHRHAHN 2000.

wie beispielsweise Taxifahren oder das Betreiben eines *paladar*. Aber auch weniger investitionsintensive Tätigkeitsfelder erfordern ein Mindestmaß an Kapital, da zumindest die *cuatas fichas* im Voraus und unabhängig von den tatsächlichen Einnahmen zu entrichten sind. In der Regel müssen sich die Selbständigen deshalb erst einmal Geld von Freunden oder Verwandten leihen, bevor sie mit der privatwirtschaftlichen Tätigkeit beginnen können.

Auch die laufenden Kosten der Privatwirtschaftler sind nicht unerheblich. Neben den Aufwendungen für Steuern und Abgaben entstehen vor allem Kosten für die Beschaffung von Ausgangsmaterialien, die für die Produktion und den Verkauf benötigt werden. Aufgrund der verschärften Kontrollen sind die Selbständigen gezwungen, sich größtenteils auf legalem Wege mit Material zu versorgen. Denn die benötigten Quittungen, die speziell für die *cuentapropistas* eingeführt worden sind, erhalten sie nur in Dollarshops, auf Agrarmärkten oder in ausgewiesenen staatlichen Läden. Da in diesen Einrichtungen das Preisniveau sehr hoch ist, versuchen die meisten Selbständigen jedoch wenigstens einen kleinen Teil des Ausgangsmaterials auf informellem Wege zu erwerben. Beispielsweise verwendet einer der befragten Lebensmittelverkäufer zur Herstellung von Erfrischungsgetränken Zucker, den er von seiner *libreta*-Ration abzweigt oder auf dem Schwarzmarkt erwirbt, wo das Kilogramm für 0,30 bis 0,50 Peso zu haben ist, statt es für umgerechnet 18 bis 20 Peso im Dollarshop zu kaufen.

Doch der Kostenfaktor ist nur ein Teil des Problemfeldes 'Materialbeschaffung'. Ein nicht minder großes Problem für privatwirtschaftliche Aktivitäten stellt die eingeschränkte Verfügbarkeit bestimmter Produkte dar. Ein Befragter stellte fest: "Die größte Schwierigkeit bei meiner Arbeit ist die Unregelmäßigkeit der Versorgung mit Material". Als Tischler muss er wochenlang auf Leim, Holz oder Nägel warten, weil es diese Produkte zeitweise in den staatlichen Läden nicht zu kaufen gibt. Um keinen Verdienstausfall hinnehmen zu müssen, überträgt er die Verantwortung für die Materialbeschaffung auf die Kunden oder besorgt sich die Baustoffe auf dem Schwarzmarkt. In einem anderen Fall musste ein Betreiber einer Cafeteria seine Speisekarte ändern, weil er das Brot für das besonders beliebte Sandwich '*Media Noche*' nicht mehr auf legalem Wege erwerben konnte. Ein selbständiger Schneider bemängelt die Qualität der Stoffe und Garne, die in einem staatlichen Geschäft für Schneidereibedarf angeboten werden. Da er seinen Kunden eine gewisse Qualität garantieren will, versorgt er sich deshalb ausschließlich in Dollarshops.

Ein besonderes Problem für privatwirtschaftlich Tätige stellt die Konkurrenz durch staatliche Betriebe dar, die massiv zugenommen hat. Besonders hart trifft die Selbständigen dabei die Tatsache, dass sich diese Konkurrenz vor dem Hintergrund ungleicher Produktions- und Vermarktungsbedingungen abspielt. Die privaten Anbieter sind in mehrfacher Hinsicht benachteiligt:

- Sie haben keinen freien Marktzugang. Über die Zulassung einer Aktivität im Rahmen der *trabajo por cuenta propia* entscheidet das Munizip. Besteht kein Interesse daran, dass eine bestimmte Tätigkeit in einem Stadtteil ausgeübt wird, so erteilt die zuständige Behörde keine Genehmigung. Aus diesem Grunde muss man beispielsweise in der Altstadt Havannas lange suchen, um einen privaten *paladar* zu finden, während es sprichwörtlich 'an jeder Ecke' staatliche Gastronomiebetriebe gibt (vgl. WEHRHAHN & WIDDERICH 2000). Bezüglich anderer Tätigkeiten gibt es sogar landesweit gültige Bestimmungen: Private Taxifahrer dürfen nicht in der Nähe von touristischen Zentren (z.B. Hotels) oder Flughäfen operieren, da die touristische Klientel dem Staatssektor vorbehalten ist.
- Dadurch, dass privatwirtschaftlich Tätige in der Regel keine Angestellten beschäftigen dürfen, können sie den Produktionsprozess bzw. die Vermarktung nicht so rationell gestalten wie die staatliche Konkurrenz.
- Das Ausgangsmaterial ist für Selbständige ungleich teurer als für staatliche Betriebe. Letztere können auf hochsubventionierte Rohstoffe aus dem staatlichen Sektor zurückgreifen, während es den Privaten verboten ist, in jeglicher Form mit staatlichen oder ausländischen Unternehmen Handel zu betreiben.
- Die Möglichkeit der Anwerbung von Kunden ist für Privatwirtschaftler stark eingeschränkt. Schon das Aufhängen eines Schildes an der eigenen Hauswand, welches den Namen und die Art des privaten Betriebes kennzeichnet, stellt die Selbständigen vor Schwierigkeiten, weil sie dafür erst eine behördliche Genehmigung einholen müssen (die auch verweigert werden kann). Das Verteilen von Handzetteln ist ebenso wenig erlaubt wie das verbale Anwerben von Kunden durch Dritte.

Staatliche Betriebe haben diese Probleme nicht oder nur in eingeschränktem Maße. Um im Wettbewerb trotzdem bestehen zu können, müssen die benachteiligten Privaten häufig informelle Wege beschreiten. Der Grat zwischen Formellem und Informellem ist dabei sehr schmal. Für privatwirtschaftlich Tätige ist es sehr schwierig, alle Regeln und Gesetze zu befolgen, die der Staat vorgibt, so dass sie – partiell oder vollständig – in die Illegalität gedrängt werden.

Diese Tendenz spiegelt sich auch in den Leitfadengesprächen wider. Von den 16 Gesprächspartnern gaben zwölf offen zu, im Rahmen ihrer Tätigkeit auch Ungesetzliches zu tun. Bei einem weiteren wird aus dem Gesprächszusammenhang klar, dass nicht alles mit rechten Dingen zugeht. Die am häufigsten angegebenen Verstöße gegen die Bestimmungen waren die Beschaffung von Material auf dem Schwarzmarkt und die Bezahlung von Angestellten oder Mittelsmännern (jeweils sechsmal). Drei Befragte gaben an, auch US-$ zu akzeptieren, obwohl sie nur eine Lizenz für kubanische Peso besitzen, zwei betrieben Aktivitäten, die nicht durch ihre Lizenz abgedeckt waren, und einer verkaufte Produkte, die er nicht selbst hergestellt hatte.

Der Staat nimmt die zum Teil erzwungene Informalisierung zum Anlass, um eine propagandistische Kampagne gegen die *cuentapropistas* zu führen, welche durch die bereits zitierte Rede Raul CASTROs vom 23. März 1996 provoziert worden ist (vgl. Kap. 1.3). Seitdem häufen sich Berichte in den staatlichen Medien, in denen privatwirtschaftlich Tätige diffamiert werden. Beispielsweise war in der *Granma* nachzulesen, dass die Lizenz zur Ausübung einer selbständigen Tätigkeit kein Freifahrtschein sei, um zu spekulieren, Straftaten zu begehen, gegen Gesetze und Verordnungen zu verstoßen oder sich über staatliche Autoritäten lustig zu machen (vgl. *Granma*, 13.9.96). Die Aussage eines Funktionärs des MTSS zeigt das politische Kalkül, das hinter dieser Kampagne steht:

> Der informelle Sektor in Kuba wird sich nicht entwickeln, weil wir es nicht zulassen werden. Unsere Strategie bezüglich des informellen Sektors hat zum Ziel, diesen zu organisieren und zu kontrollieren, ihn auf wenige Beschäftigungen zu reduzieren, die von formell registrierten Arbeitern auf eigene Rechnung ausgeübt werden. (...) In dem Maße, wie sich die Wirtschaft erholen wird, wird die Arbeit im städtischen privaten Sektor an Wert verlieren und verschwinden (zitiert nach KÁNEPA 1997).

Die Kampagne gegen privatwirtschaftlich Tätige erschöpfte sich jedoch nicht in verbalen Bekundungen, auch die Kontrollen wurden verschärft. Neben Steuerprüfungen werden gesundheitliche, die Hygiene betreffende und technische Inspektionen sowie Qualitätskontrollen durchgeführt. Unter den *cuentapropistas* sind diese Inspektionen, die grundsätzlich eine zweifellos wichtige Funktion haben,[36] vor allem deshalb unpopulär, weil die Inspekteure oftmals ihre Machtposition ausnutzen und ein herablassendes Verhalten an den Tag legen. So wundert es kaum, wenn in den Leitfadengesprächen der Tenor der Aussagen zu den Inspektionen negativ war. Die folgenden Äußerungen charakterisieren das typische Verhältnis zwischen Inspekteuren und Selbständigen:

> Ich glaube, dass die Inspekteure sehr verständnislos und unflexibel sind.
> Vor den Inspektionen habe ich sehr viel Respekt, weil ich schlechte Erfahrungen gemacht habe.
> Die Inspekteure lassen keinen Waffenstillstand zu.

Und selbst vergleichsweise positive Aussagen zu den Inspektionen zeigen, dass die Selbständigen am liebsten nichts mit den Inspekteuren zu tun haben möchten:

> Das Verhältnis zu den Inspekteuren ist normal und durch großen Respekt und Distanz gekennzeichnet.

Bisweilen scheinen die Entscheidungen der Inspekteure recht willkürlich zu sein, wie der Bericht eines *paladar*-Betreibers zeigt:

---

[36] Wie wichtig die Inspektionen sind, verdeutlicht ein Fall aus der Provinz Matanzas, der Anfang 1999 durch die kubanischen Medien ging. Nach dem Genuss von frittierten Lebensmitteln, die ein Straßenhändler verkauft hatte, starben 14 Menschen, darunter der *cuentapropista* selbst. Eine Untersuchung ergab, dass das zum Frittieren benutzte Öl mit einer toxischen Substanz verlängert worden war. Vermutlich stammte es vom Schwarzmarkt (vgl. RM 2/99).

Einige kommen in der Absicht, eine Strafe zu verhängen, und wenn sie die eine Sache nicht finden, finden sie eine andere. Z.B. kam einer, der beschloss, dass die Mülleimer zu voll sind, weil Papier herausgefallen war, und dann hat er mir gesagt, dass ich nicht ordentlich für Sauberkeit und Hygiene sorge und verhängte eine Strafe von 150 Peso.

Die *cuentapropistas* haben kaum Möglichkeiten, sich gegen eine derartige Behandlung zu wehren, da sie sich in einem Umfeld bewegen, dass RITTER (1998: 63) sehr treffend als "hostile political enviroment" bezeichnet. In Kuba gibt es keine Lobby für privatwirtschaftlich Tätige. Doch trotz aller gesetzlicher und praktischer Hemmnisse will ein Großteil der Selbständigen weitermachen. Von den 16 in den Leitfadengesprächen befragten Personen gaben nur zwei an, irgendwann einmal wieder in ihrem ursprünglichen Beruf arbeiten zu wollen, sofern ihnen dieser ein ausreichendes Einkommen sichert. Die übrigen Gesprächspartner wollen möglichst lange ihrer jetzigen Tätigkeit nachgehen.

## 3.4 Veränderungen in der Einkommensstruktur

Eine Analyse des Wandels im kubanischen Arbeitssektor darf die Veränderungen in der Einkommensstruktur nicht vernachlässigen. Dazu sollen zunächst die unterschiedlichen Verdienstmöglichkeiten verglichen werden, die sich den kubanischen Arbeitskräften im staatlichen und im nicht-staatlichen Sektor bieten. In einem zweiten Schritt wird auf der Haushaltsebene untersucht werden, aus welchen Quellen die einzelnen Familien ihre Einkünfte beziehen, um dann abschließend bewerten zu können, welche Konsequenzen sich aus der veränderten Einkommensstruktur ergeben.

### 3.4.1 Das staatliche Lohnsystem und die Verdienstmöglichkeiten im nicht-staatlichen Bereich

Seit dem Sieg der Revolution war die kubanische Führung um eine Angleichung der Lebensverhältnisse auf der Insel bemüht. Dies spiegelte sich auch in der Lohnpolitik wider. Die letzte größere Reform des Lohnsektors vor der *período especial* vollzog sich in den 1980er Jahren in Gestalt einer Angleichung der Löhne. Damals sank die Differenz zwischen dem höchsten und dem niedrigsten Einkommen vom Faktor 5,3 auf den Faktor 4,5. Als monatlicher Mindestlohn wurden 100 Peso festgesetzt (vgl. FERRIOL 1996: 5).

In den 1990er Jahren blieb das Verhältnis zwischen der niedrigsten und der höchsten Lohngruppe unverändert: 1999 betrug der Mindestlohn 110 Peso, das Spitzengehalt lag bei 500 Peso (vgl. BfAI 1999b: 22). Das monatliche Durchschnittseinkommen im Staatssektor erhöhte sich zwischen 1989 und 1999 von 188 auf 221 Peso (vgl. ONE 1998: 113; ONE 2000: 122). Doch während die Nominallöhne kontinuierlich anstiegen, fiel das Realeinkommen drastisch ab. 1989 lag der durchschnittliche Reallohn der Beschäftigten des staatlichen Sektors mit 131 Peso schon deutlich unter dem Nominallohn. Mit der Verknappung nahezu aller Güter in der *período especial* verteuerte sich der Warenkorb des Grundbedarfs erheblich. Die Preise des Schwarzmarktes, auf dem 1993 60% der gesamten Warenzirkulation abgewickelt wurden, hatten sich bis dahin um das Neunfache erhöht (vgl. BURCHARDT 1999b: 140; FERRIOL 1998a: 27). Im selben Jahr fiel das Realeinkommen mit lediglich 28 Peso im Monat auf seinen tiefsten Stand, erreichte dann aber im Zuge der wirtschaftlichen Erholung des Landes und vor allem durch die Schaffung neuer Angebotsformen (z.B. *mercados agropecuarios* und Dollarshops) bis 1998 wieder einen Wert von 73 Peso (vgl. TOGORES 2000, 119). Doch verglichen mit der Ausgangslage vor der *período especial* mussten die Kubaner einen Realeinkommensverlust von 44% hinnehmen.

Angesichts dieses Verlustes reichen selbst die Spitzengehälter des Staatssektors kaum noch für das Nötigste. Aus diesem Grunde kommt den *estimulos* (materielle Anreize, vgl. auch Kap. 3.2.3), die zusätzlich zum monatlichen Lohn gewährt werden, eine besondere Bedeutung zu. *Estimulos* werden in denjenigen Wirtschaftsbereichen eingesetzt, in denen Devisen erwirtschaftet werden oder denen aus einem anderen Grund eine Schlüsselbedeutung zukommt. Sie werden in Joint Ventures und ausländischen Unternehmen, in UBPC und in staatlichen Betrieben der folgenden Sektoren bezahlt: Erdölförderung und -raffination, Fischerei und Fischverarbeitung, Nickelproduktion, Schiffbau, Schrottrecycling, Stahlerzeugung, Tabakverarbeitung, Zementproduktion sowie Zuckeranbau und -verarbeitung (vgl. FERRIOL 1996: 18; FERRIOL et al. 1999: 122f). Daneben erhalten auch Angestellte aus dem Dienstleistungsbereich *estimulos*, beispielsweise Hafenarbeiter oder im Tourismussektor Tätige.

Die *estimulos* dienen als Anreiz, die Arbeitsleistung der Beschäftigten zu verbessern. Sie werden zum Teil mit den Arbeitsresultaten gekoppelt, d.h., dass sie in solchen Fällen als eine Art Akkordlohn nur dann ausgezahlt werden, wenn ein bestimmtes Produktionssoll erreicht oder überschritten worden ist. Häufig sind sie aber auch unabhängig von dem Produktionsniveau Bestandteil des Arbeitsvertrages oder stillschweigender Übereinkünfte.

Obwohl nicht jeder, der in einem der oben genannten Bereiche beschäftigt ist, in das System der *estimulos* integriert ist, steigt die Zahl der *estimulo*-Empfänger stetig an (vgl. Abb. 4). Mittlerweile beziehen über eine Million Arbeitskräfte zusätzlich zu ihrem Lohn einen monetären Bonus, der meist in US-$ oder in konvertierbaren Peso[37], in seltenen Fällen in Nationalwährung ausgezahlt wird. Darüber hinaus werden 700.000 Personen nicht-monetäre Extraleistungen gewährt (vgl. TRIANA 2001: 8), so dass insgesamt etwa die Hälfte aller Beschäftigten *estimulos* erhalten. Nach Angaben des Wirtschaftsministeriums wurden 1999 52,3 Millionen US-$ für monetäre und 146,5 Millionen US-$ für nicht-monetäre *estimulos* aufgewendet (vgl. MEP (o.J. c)). Im Durchschnitt erhielt damit jeder Empfänger eine monetäre Prämie von jährlich 48 US-$ – fünf Dollar mehr, als im Vorjahr. Rechnet man die nicht-monetären Leistungen hinzu, so ergibt sich für 1999 ein Durchschnittswert von 125 US-$ im Jahr bzw. 10,42 US-$ im Monat. Legt man den

---

[37] Der *Peso Convertible* kann im Gegensatz zum nicht-konvertierbaren Peso im Verhältnis 1:1 in US-$ umgetauscht werden und wird in ganz Kuba als Ersatz für die US-Währung akzeptiert. Er wurde unter anderem deshalb eingeführt, weil auf der Insel nicht genügend Dollarnoten und Münzen zirkulierten.

Tauschkurs der staatlichen Wechselstuben (*Casas de Cambio*; CADECA) zu Grunde, entspricht die monatliche Pro-Kopf-Prämie der *estimulos* in etwa dem kubanischen Durchschnittslohn.

Abb. 4: Zahl der Beschäftigten, die im Rahmen der *estimulación* Devisen erhalten

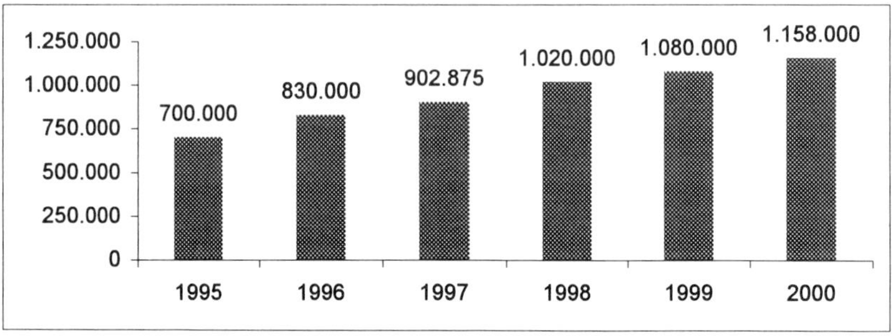

| Jahr | Beschäftigte |
|---|---|
| 1995 | 700.000 |
| 1996 | 830.000 |
| 1997 | 902.875 |
| 1998 | 1.020.000 |
| 1999 | 1.080.000 |
| 2000 | 1.158.000 |

Quelle: Eigener Entwurf nach Daten von EPS 16/96; FERRIOL et al. 1999; MEP (o.J. a); MEP (o.J. c); TOGORES 2000

Reich wird jedoch niemand durch die *estimulos*, denn für den Gegenwert von zehneinhalb Dollar kann man gerade einmal einem 'kleinen Warenkorb' mit besonders begehrten Produkten erwerben. Dieser Warenkorb könnte sich beispielsweise so zusammensetzen: zwei Flaschen Speiseöl, vier Stücke Seife, eine Tube Zahnpasta, ein Deostift und eine Flasche Shampoo – Produkte, die übrigens auch typischerweise in der *jaba* (Plastiktüte) sind, die den Beschäftigten als nicht-monetäre Prämien überreicht werden. Die *jabas* und die monetären Prämien stellen also kein doppeltes Gehalt, sondern vielmehr einen wichtigen Beitrag zur Deckung der Grundbedürfnisse dar.

Parallel zu dem beschriebenen materiellen und monetären Anreizsystem wird in Kuba gegenwärtig ein Programm der 'betrieblichen Perfektionierung' umgesetzt, das zum Ziel hat, die staatlichen Betriebe effizienter, rentabler und wettbewerbsorientierter zu gestalten. In diesem Rahmen wird auch eine Lohnreform durchgeführt, nach der es insgesamt 18 Lohnstufen gibt, die zwischen 130 und 700 Peso im Monat liegen. Die stärkere Differenzierung der Löhne bringt es mit sich, dass die Lohnzahlungen mehr als bisher von der Arbeitsleistung der Arbeitskräfte abhängen. Die Entlohnung richtet sich dabei auch nach der Position, welche die Beschäftigten innerhalb des Betriebes einnehmen. Ein Arbeiter kann bis zu 345 Peso im Monat verdienen, ein Techniker bis zu 375 Peso. Monatsgehälter über 400 Peso können ausschließlich in Führungspositionen erreicht werden (vgl. La Nueva Empresa en Cuba (o.J.)). Zum gegenwärtigen Zeitpunkt ist noch nicht abzusehen, welche Konsequenzen das Programm der Perfektionierung für das staatliche Lohnsystem haben wird, da es nach wie vor erhebliche praktische Probleme gibt. Kubanische Gewerkschaftsfunktionäre beschrieben den gegenwärtigen Stand des Perfektionierungs-Programmes in einem Interview mit der Zeitschrift *Cuba Libre* (Nr. 3/2000, S. 4):

Obwohl es mittlerweile 1.500 Betriebe gibt, die sich in diesem Prozess [der Perfektionierung] befinden, haben nur 17 davon real mit der Umsetzung dieses Prozesses begonnen. Wie ihr merkt, handelt es sich um einen sehr langwierigen Prozess.

Doch selbst wenn dieser Prozess irgendwann einmal abgeschlossen sein wird und sich dann die Lohnreform im gesamten Staatssektor durchsetzen sollte, ist die Frage, was aus Sicht der Arbeitnehmer gewonnen wäre, da die moderaten Erhöhungen in den unteren Lohngruppen den Realeinkommensverlust kaum kompensieren können. Zudem würden selbst die Spitzenlöhne der staatlichen Betriebe immer noch deutlich unter den Verdienstmöglichkeiten im nicht-staatlichen Bereich liegen. Auf der Basis von Daten des ONE für das Jahr 1996 errechnet QUINTANA (1997: 116) ein monatliches Durchschnittseinkommen der *cuentapropistas* von 1.100 Peso. PETERS & SCARPACI (1998), die im März 1998 Interviews mit 152 Selbständigen führten, geben für diese ein durchschnittliches Nettoeinkommen von 743 Peso im Monat an. Allerdings haben sie drei Fälle aus der Stichprobe ausgeschlossen, die außerordentlich hohe Einkommen hatten: zwei Taxifahrer mit monatlichen Einkünften von 6.500 bzw. 8.700 Peso und einen *paladar*-Betreiber, der 24.000 Peso im Monat verdiente. Schließt man diese drei Fälle in die Berechnung des durchschnittlichen Einkommens mit ein, so beträgt dieses nach Angaben der Autoren 988 Peso und ist damit doppelt so hoch wie das Gehalt eines Arztes bzw. übersteigt den staatlichen Durchschnittslohn um 447%.

Auch die vom Autor geführten Leitfadengespräche mit Selbständigen bestätigen diese Zahlen im Wesentlichen. Danach lassen sich die Befragten in drei Lohngruppen einteilen. Die unterste Kategorie umfasst nur einen einzigen Fall: eine Chemisch-Technische Assistentin, die am Stadtrand Havannas in einem Plattenbau lebt und zwei Zimmer an Studenten vermietet. Da die Vier-Zimmer-Wohnung für sie allein ohnehin zu groß wäre und ihr Gehalt von 250 Peso "in der gegenwärtigen, schwierigen Wirtschaftslage nicht ausreicht", verdient sie sich durch die Vermietung monatlich 200 Peso dazu. Steuerpflichtig ist sie nicht, weil ihr Nebenverdienst zu gering ist – ein untypischer Umstand für privatwirtschaftlich Tätige.

In die zweite Gruppe fallen fünf Personen, die aus der selbständigen Tätigkeit monatliche Nettoeinkommen zwischen 600 und 850 Peso erzielen. Hierzu zählen ein Schlüsselmacher, ein Feuerzeugauffüller, eine Damenfriseurin, ein Tischler und eine Straßenverkäuferin von gerösteten Erdnüssen. In einigen Fällen verfügen die Haushalte der Befragten auch über Einkünfte aus nicht-selbständiger Arbeit, z.B. in Form von Rente oder dem Einkommen eines Familienmitglieds, das im staatlichen Sektor beschäftigt ist. Die formellen Einkünfte werden durch die privatwirtschaftliche Tätigkeit um das Dreieinhalb- bis Sechsfache erhöht, was den ökonomischen Stellenwert der Selbständigkeit verdeutlicht. Die Selbständigen der zweiten Gruppe passen nicht in das Klischee des sich bereichernden *cuentapropistas*, das staatliche Stellen gern reproduzieren. Als Beleg dafür kann der Ausspruch des Schlüsselmachers gewertet werden, der das Selbstverständnis dieser Gruppe widerspiegelt:

Ich meine, dass mein Verdienst uns die Möglichkeit gibt, bescheiden zu leben, (...) ohne Luxus, aber mit einem gewissen Komfort.

Die dritte Gruppe wird von den Spitzenverdienern gebildet. Sie erzielen nach eigenen Angaben ein monatliches Nettoeinkommen zwischen 3.000 und 6.000 Peso. Ein solches Einkommen gaben jeweils zwei Taxifahrer und Marktverkäufer sowie ein Schneider an. Mit der Zimmervermietung an Touristen lassen sich laut Steuererklärung eines Befragten sogar 17.800 Peso/Monat verdienen.

Vier Gesprächspartner machten keine Angaben über ihre Einkünfte. Zu ihnen gehörten auch zwei *paladar*-Betreiber. Auf der Basis von Beobachtungen in einem der beiden Privatrestaurants[38] lässt sich ein monatliches Einkommen von über 36.000 Peso errechnen, so dass das Betreiben eines *paladar* ebenfalls in die Kategorie der Spitzendienste gehört.

Die guten bis sehr guten Einkünfte der Befragten dürfen nicht darüber hinwegtäuschen, dass sie ohne die selbständige Tätigkeit wenn auch nicht gerade am sprichwörtlichen Hungertuch nagen müssten, so doch zumindest Probleme bei der Befriedigung ihrer Grundbedürfnisse hätten. Auf die Frage nach der Motivation für den Schritt in die Selbständigkeit wiesen einige Befragte explizit auf diese Problematik hin:

Von der Rente allein könnten wir nicht überleben.
Ohne Zusatzeinkünfte wäre es uns beispielsweise nicht möglich, auf den *mercado agropecuario* zu gehen.
Eine gute Ernährung sicherzustellen ist mir das Wichtigste in der *período especial*.

Welchen Stellenwert privatwirtschaftliche und andere nicht-staatliche Einkunftsquellen für die einzelnen Familien haben, wird auch aus der Haushaltsbefragung deutlich.

### 3.4.2 Zusammensetzung der Einkünfte auf Haushaltsebene

Um die Einkünfte auf der Haushaltsebene zu ermitteln, sind in 140 Haushalten jeweils die gegenwärtige Beschäftigung und das daraus erzielte Einkommen sämtlicher Haushaltsmitglieder erfasst worden. Darüber hinaus wurde auch nach zusätzlichen Einkünften und deren Herkunft gefragt. Insgesamt verfügten 59% der 521 in die Befragung einbezogenen Personen über ein regelmäßiges Einkommen. 239 Personen waren erwerbstätig, 57 bezogen Rente und neun Arbeitslosenunterstützung. Der übrige Personenkreis setzte sich aus Minderjährigen, Schülern und Studenten, Hausfrauen sowie im informellen Sektor Tätigen zusammen.

---

[38] In dem betreffenden *paladar* werden Sandwiches, Pizza und Erfrischungsgetränke angeboten. Er ist dienstags bis sonntags von 12 bis 24 Uhr geöffnet. An einem normalen Wochentag sind während der Hauptverkaufszeiten alle Bestellungen registriert und daraus die Einnahmen errechnet worden. Geht man davon aus, dass es sich um einen durchschnittlichen Geschäftstag handelte und außerhalb der Hauptzeiten höchstens 10% des Umsatzes erwirtschaftet werden, ergeben sich Brutto-Einnahmen von mindestens 2.209 Peso/Tag, was dem obigen monatlichen Nach-Steuer-Einkommen entspricht.

Betrachtet man auf der Ebene der einzelnen Haushalte zunächst die Löhne und Gehälter, die aus dem staatlichen Sektor stammen, so ergibt sich die folgende Verteilung des Pro-Kopf-Einkommens:

Tab. 10: Pro-Kopf-Einkommen aus dem staatlichen Sektor in den befragten Haushalten (Peso/Monat)

| monatliche Einkünfte | Anzahl der Haushalte | Anteil an allen Haushalten (%) |
|---|---|---|
| keine Einkünfte aus dem staatlichen Sektor | 25 | 17,9 |
| unter 100 | 46 | 32,8 |
| 100 bis unter 200 | 48 | 24,3 |
| 200 bis unter 300 | 15 | 10,7 |
| 300 bis unter 400 | 4 | 2,9 |
| über 400 | 2 | 1,4 |
| gesamt | 140 | 100 |

Vernachlässigt man die Selbständigen und diejenigen, die ausschließlich im informellen Sektor tätig waren und deshalb über keinerlei staatliches Einkommen verfügten (zusammen knapp 18% der Haushalte), so ergibt sich ein durchschnittliches formelles Pro-Kopf-Einkommen von 142 Peso im Monat. Dazu kommen in 17 Haushalten noch monetäre *estimulos*, deren Umfang aufgrund der mangelnden Auskunftsfähigkeit oder -bereitschaft von zehn Befragten nicht genau quantifiziert werden kann. In den übrigen Fällen lag der monatliche Wert der Prämien pro Haushalt und Monat zwischen 40 und 480 Peso. Die Prämien wurden teilweise in US-Dollar und teilweise in Nationalwährung ausgezahlt. Als nicht-monetäre Leistungsanreize erhielten vier Haushalte vom Arbeitgeber Bonuspunkte (*bonos*), die im Laufe der Zeit angesammelt werden müssen, bis sie in einem speziellen Geschäft in Konsumgüter umgetauscht werden können. Insgesamt 30 Familien gaben an, regelmäßig *jabas* zu erhalten.

Das vergleichsweise niedrige Pro-Kopf-Einkommen aus dem staatlichen Sektor, das in 46 Haushalten sogar unter 100 Peso im Monat lag, wurde in den meisten Fällen mit zusätzlichen Einkünften aufgebessert. Am häufigsten geschah dies durch informelle Tätigkeiten oder durch *remesas*. In insgesamt 59 Gesprächen kam direkt oder indirekt heraus, dass der Haushalt über Einkünfte aus informeller Tätigkeit verfügt. In 52 Fällen konnten diese quantifiziert werden, sie lagen im Durchschnitt bei 634 Peso im Monat. 40 Haushalte verfügten über regelmäßig gezahlte *remesas*, deren Höhe sich monatlich zwischen zwölf und 300 US-$ bewegte und im Mittel bei 76 US-$ lag (zum damaligen Wechselkurs 228 bis 5.700 bzw. im Durchschnitt 1.444 Peso). Weitere 17 Haushalte erhielten *remesas* in unregelmäßigem Rhythmus oder konnten bzw. wollten deren Höhe nicht angeben. Als andere Einkommensquellen, die nicht auf einer staatlichen Anstellung beruhten, wurde die Unterstützung durch in Kuba ansässige Familienmitglieder (sechs Fälle) oder die privatwirtschaftliche Betätigung eines oder mehrerer Haushaltsmitglieder (15 Fälle) angegeben.

Über die Höhe und Zusammensetzung der gesamten Einkünfte der Haushalte lassen sich lediglich eingeschränkte Aussagen machen. Zwar waren die Gesprächspartner hinsichtlich der Angabe von regulärem Einkommen sehr auskunftsbereit, doch hielten sich manche in Bezug auf informelle Einkünfte verständlicherweise bedeckt, während andere auch informell erworbenes Einkommen offen legten. Ein weiteres Problem bestand darin, dass die jeweils befragte Person zum Teil nicht genau wusste, wie hoch die zusätzlichen Einkünfte der anderen, nicht anwesenden Haushaltsmitglieder waren. Nur 43% der befragten Personen konnten oder wollten ihre Zusatzeinkünfte vollständig offen legen. Unter diesen 60 Haushalten waren acht, in denen Selbständige wohnten, die nur ihre Brutto-Einkünfte angaben, da sie noch keine exakten Angaben über die Steuer- und Abgabenlast machen konnten. Tabelle 11 zeigt die Verteilung der Pro-Kopf-Einkünfte in den übrigen 52 Haushalten.

Tab. 11: Pro-Kopf-Einkünfte in ausgewählten befragten Haushalten (Peso/Monat)

| monatliche Einkünfte | Anzahl der Haushalte | Anteil an den ausgewählten Haushalten (%) |
|---|---|---|
| unter 100 | 3 | 5,8 |
| 100 bis unter 200 | 15 | 28,9 |
| 200 bis unter 300 | 11 | 21,1 |
| 300 bis unter 400 | 8 | 15,4 |
| 400 bis unter 500 | 2 | 3,8 |
| 500 bis unter 750 | 6 | 11,5 |
| 750 bis unter 1.000 | 4 | 7,7 |
| über 1.000 | 3 | 5,8 |
| gesamt | 52 | 100 |

Anmerkung: Einkünfte in US-Dollar (z.B. *remesas*) sind zum damals gültigen Wechselkurs von 1:19 in die Berechnung eingegangen.

Im Mittel der 52 Haushalte überstiegen die zusätzlichen Einkünfte das formelle Einkommen um das Doppelte. Die durchschnittlichen monatlichen Pro-Kopf-Einkünfte lagen bei 423 Peso, wobei ein Drittel der Haushalte über weniger als 200 Peso und ein Viertel über mehr als 500 Peso pro Person verfügen konnte.

Trotz der fehlenden statistischen Repräsentativität der Haushaltsbefragung lassen sich einige Trends aus den Ergebnissen ablesen, die auch von den im vorigen Kapitel genannten Daten bestätigt werden und damit verallgemeinerungsfähig sind. Demnach ist das einheitliche Lohnsystem, das in den 1980er Jahren zu einer Angleichung des Lohnniveaus geführt hat, heute faktisch nicht mehr existent. Zwar ist die Lohndifferenzierung im staatlichen Sektor nach wie vor gering, doch spielt dieser Bereich für die Zusammensetzung des Haushaltseinkommens eine zunehmend unwichtigere Rolle. Insgesamt haben sich in der letzten Dekade die Einkommensquellen diversifiziert. Das Prekäre daran ist, dass man mittlerweile mit informellen oder illegalen Aktivitäten wesentlich höhere Einkünfte erzielen kann als durch Lohnarbeit. Auch ist es inzwischen wichtiger, Verwandte im Ausland zu haben, die regelmäßig Geld senden, als einen qualifizierten Arbeitsplatz, denn schon geringe Geldüberweisungen in harter Währung bringen mehr ein, als die Arbeit in einer gehobenen Position des Staatssektors. Im Zuge dieser Entwicklung haben sich erhebliche Einkommensunterschiede herausgebildet. Betrachtet man den jeweils höchsten und den niedrigsten in der Haushaltsbefragung angegebenen Wert (2.912 bzw. 72,33 Peso pro Kopf und Monat), so wird deutlich, wie sehr sich die Einkommensschere geöffnet hat. Der Bedeutungsverlust der Lohnarbeit und die Zunahme der Einkommensunterschiede wirken sich direkt auf das soziale Gefüge in Kuba aus. Dieser Punkt wird noch an späterer Stelle zu diskutieren sein (vgl. Kap. 6).

## 4 Versorgungslage und Konsummöglichkeiten für die Bevölkerung
### 4.1 Produktion und Import von Grundnahrungsmitteln in Kuba

The Cuban food system *never acquiered much autonomy*. It depended on food imports (BARRACLOUGH 2000: 252).

Es mag erstaunen, dass ein so fruchtbares Land wie Kuba nicht annähernd in der Lage ist, seine Bevölkerung aus eigener Kraft zu ernähren. Die Ursache für dieses vermeintliche Paradoxon liegt in der historisch gewachsenen Abhängigkeit von Nahrungsmittelimporten begründet. Schon vor dem Sieg der Revolution spezialisierte sich Kuba auf die Produktion und den Export von Zucker, der hauptsächlich auf die USA ausgerichtet war. Von dort wurden dann auch die meisten Nahrungsmittel eingeführt, da in Kuba durch die Zuckerrohrmonokultur die Flächen zum Nahrungsmittelanbau nicht ausreichten und dieser überdies wenig intensiv betrieben wurde.

Eine Diversifizierung der agrarischen Produktion wurde auch nach 1959 nicht erreicht. Kuba blieb eine 'Zuckerinsel', wobei die Sowjetunion die Rolle der Vereinigten Staaten übernahm und damit der Nahrungsmittelimport als "eine unabdingbare Notwendigkeit" weiterhin Bestand hatte (GARCÍA et al. 1996; 1997). Der Grad der Selbstversorgung mit Grundnahrungsmitteln lag im langjährigen Mittel bei lediglich 40% (vgl. TOGORES 2000: 110). Doch obgleich Kuba durch die Einbindung in den RGW lange Zeit erhebliche ökonomische Vorteile verbuchen konnte, traf die nicht überwundene Abhängigkeit von Lebensmitteleinfuhren das Land nach der Auflösung der sozialistischen Wirtschaftsgemeinschaft mit voller Härte. Weizen, Milchpulver und andere Grundnahrungsmittel wurden nicht mehr zu Präferenzbedingungen geliefert, sondern mussten auf dem Weltmarkt gekauft werden. Zwar unternahm die kubanische Führung außerordentliche Anstrengungen, um der Bevölkerung genügend zu essen zu bieten, und legte die Präferenz der einzuführenden Güter neben Erdöl vor allem auf Lebensmittel. Doch halbierte sich bis 1994 der Importwert von Nahrungsmitteln, obwohl sich der Anteil der Nahrungsmittelimporte an den Gesamtimporten mehr als verdoppelt hatte (vgl. Tab. 12). Da mit dem *plan alimentario* auch der Versuch scheiterte, trotz des Mangels an einsatzbereiten Maschinen, Dünge- und Pflanzenschutzmitteln die heimische landwirtschaftliche Produktion rasch zu erhöhen, kam es zu ernsten Versorgungsengpässen.

Tab. 12: Importwert und -anteil von Nahrungsmitteln (Mio. US-$)

|  | 1989 | 1990 | 1991 | 1992 | 1993 | 1994 | 1995 | 1996 | 1997 | 1998 | 1999 |
|---|---|---|---|---|---|---|---|---|---|---|---|
| Gesamt-Importwert | 8.124 | 7.417 | 4.234 | 2.315 | 2.008 | 2.017 | 2.883 | 3.569 | 3.987 | 4.181 | 4.323 |
| Importwert Nahrungsmittel | 925 | 827 | 825 | 499 | 474 | 467 | 611 | 718 | 725 | 704 | 732 |
| Anteil Nahrungsmittel | 11% | 11% | 20% | 22% | 24% | 23% | 21% | 20% | 18% | 17% | 17% |

Quelle: CEE 1991; ONE 1997; ONE 1998; ONE 2000

Erst in der zweiten Hälfte der 1990er Jahre stieg mit der Zunahme der Importkapazität Kubas der Importwert für Nahrungsmittel wieder an. Und auch die landwirtschaftliche Produktion konnte sich im Zuge der positiven gesamtwirtschaftlichen Entwicklung in diesem Zeitraum etwas erholen. Doch nach wie vor ist die Versorgungslage auf der Insel angespannt, da – bei gleich gebliebenem Bedarf [39] – die Menge der zur Verfügung stehenden Nahrungsmittel noch nicht wieder ihr ursprüngliches Niveau erreicht hat. Dies soll anhand der Entwicklung von Produktion und Import der wichtigsten Grundnahrungsmittel verdeutlicht werden.[40]

Die bedeutendsten Energielieferanten auf dem kubanischen Speiseplan sind neben dem Zucker, auf dem 1994 etwa ein Viertel des Kalorienangebots beruhte (vgl. FERRIOL 1998b: 87), verschiedene Getreidesorten sowie Wurzel- und Knollenfrüchte. Abbildung 5 zeigt die Versorgungslage mit Getreide. Es wird deutlich, dass sich die zur Verfügung stehende Getreidemenge nach einem Einbruch im Jahr 1993 mittlerweile wieder etwas erhöht hat, wobei das Niveau von 1989 noch erheblich unterschritten wird. Dies liegt im Wesentlichen an dem Rückgang des Weizenimportes, der sich bis 1993 halbiert hatte und mittlerweile 77% der Einfuhrmenge von 1989 erreicht. Unklar bleibt, ob ein Teil des importierten Weizens als Futtermittel verwendet wird und somit nur indirekt auf dem Teller der Kubaner landet. In jedem Fall stehen der Bevölkerung aber gegenwärtig wesentlich weniger weizenhaltige Produkte zur Verfügung als früher, was sich unter anderem in der Reduktion der pro Kopf zugeteilten Brotmenge um 64% manifestiert hat (vgl. MERKLE 2000: 38). Die Versorgung mit Reis ist in den 1990er Jahren hingegen vergleichsweise stabil geblieben. Ein Rückgang der Produktion ist jeweils durch eine Erhöhung der Importe kompensiert worden. Anders verhält es sich beim Mais, dessen Produktionsmenge

---

[39] Genau genommen ist der Nahrungsmittelbedarf auf der Insel bei einem jährlichen Bevölkerungswachstum von 0,56% im Durchschnitt der 1990er Jahre (vgl. ONE 2000: 60) sogar noch etwas gestiegen, da es 600.000 Personen mehr zu versorgen galt. Außerdem kommt noch der Konsum durch Touristen hinzu, deren Zahl sich seit 1990 mehr als verfünffacht hat und mittlerweile bei rund 1,9 Mio. Besuchern pro Jahr liegt (vgl. *Tribuna*, 12.11.01) Mit einer durchschnittlichen Aufenthaltsdauer von lediglich einer Woche im Jahr 1996 bzw. zwölf Tagen im Jahr 2000 (vgl. CEPAL 2001a: 33) fällt der touristische Konsum an Grundnahrungsmitteln jedoch kaum ins Gewicht.

[40] Der Export der betrachteten Grundnahrungsmittel spielt – mit Ausnahme von Fischereiprodukten – in Kuba kaum eine Rolle. In erwähnenswerten Mengen sind zeitweise lediglich Kartoffeln exportiert worden. Die jeweiligen Exportmengen sind bei der Erstellung der Abbildungen rechnerisch von der Produktion abgezogen worden.

im betrachteten Zeitraum zwar erhöht werden konnte, dessen Importmenge sich jedoch um das Zwölffache verringert hat. Vermutlich wird Mais heute weniger häufig in der Schweine- und Rindermast eingesetzt als in den 1980er Jahren.

Abb. 5: Versorgungslage Kubas mit Getreide (t)

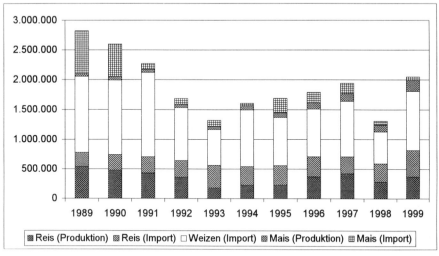

Quelle: Eigener Entwurf nach Daten von CEE 1991; ONE 1997; ONE 1998; ONE 2000

Der Reduktion der Versorgung mit Getreide steht eine Zunahme bei den Wurzel- und Knollenfrüchten gegenüber (vgl. Abb. 6), die zum Großteil aus heimischer Produktion stammen. Importiert werden lediglich Kartoffeln. Deren Einfuhrmengen betragen aber mit jährlich 40.000 Tonnen im Durchschnitt der Jahre 1996 bis 1999 gerade einmal 13% der Produktion. Insgesamt ist die Kartoffelernte starken jährlichen Schwankungen unterworfen. Das Produktionsniveau von 1989 konnte jedoch überwiegend gehalten werden und wird mittlerweile sogar überschritten. Die Versorgungslage mit *boniato*, einer Süßkartoffelart, ist in der letzten Dekade einigermaßen stabil geblieben. Die Erzeugung von anderen Wurzel- und Knollenfrüchten, zu denen beispielsweise *yuca* (Maniok), *ñame* (Yamswurzel) und *malanga* gehören, konnte vor allem 1999 gesteigert werden. Ob dieser Trend in Zukunft anhält, bleibt abzuwarten.

Neben dem Getreide und den Wurzel- und Knollenfrüchten stellen mittlerweile Bananen einen wichtigen Energielieferanten in der kubanischen Ernährung dar. Zu zahlreichen warmen Mahlzeiten werden zumeist frittierte Fruchtbananen (*plátanos de fruta*) oder Mehl- bzw. Kochbananen (z.B. *plátanos burros* oder *plátanos machos*) beigegeben. Während die Mitte der 1990er Jahre eingebrochene Produktion von Fruchtbananen trotz einer guten Ernte in 2000 noch nicht wieder die Werte der frühen 1990er Jahre erreichen konnte, hat sich die Erzeugung von Kochbananen seit 1989 nahezu vervierfacht (vgl. Abb. 7).

Abb. 6: Versorgungslage Kubas mit Wurzel- und Knollenfrüchten (t)

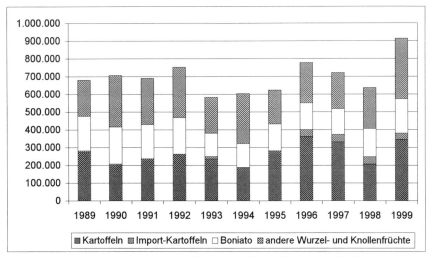

Quelle: Eigener Entwurf nach Daten von CEE 1991; ONE 1997; ONE 1998; ONE 2000

Abb. 7: Jährliche Produktion von Frucht- und Kochbananen (t)

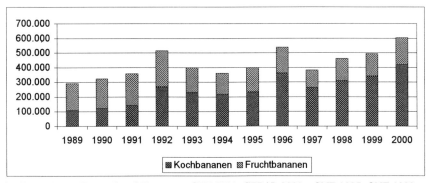

Quelle: Eigener Entwurf nach Daten von CEE 1991; CEPAL 2001a; ONE 1997; ONE 1998; ONE 2000

Der wichtigste Eiweiß-Lieferant in Kuba ist das Getreide. 1994 entfielen 38% des Proteinangebots für den Endverbrauch auf Getreide, 17% auf Fleisch, 16% auf Bohnen und 14% auf Milchprodukte (vgl. FERRIOL 1998b: 87). Fisch und Fischprodukte, die 1994 nur 4% des Proteinverbrauchs abdeckten, sind bei der Proteinversorgung nur von geringer Bedeutung, was "angesichts des reichlichen Angebotes von Fischen und Meerestieren in den cubanischen Meeren (...) fast unverständlich" scheint (IZQUIERDO 2001: 23). Doch Fisch spielt traditionell keine große Rolle in der kubanischen Küche und galt lange Zeit als 'Arme-Leute-Essen'. Zudem ist in Kuba zu erschwinglichen Preisen meist nur minderwertiger Fisch zu haben. Denn die von der kubanischen Fischfangflotte aus dem Meer geholten oder in Zuchtbecken produzierten (Edel-)Fische und Meeresfrüchte sind hauptsächlich für den Export bestimmt. Für die Verteilung auf Bezugschein wurde zeitweise sogar Dosenfisch aus Chile importiert, der – vornehm ausgedrückt – wenig schmackhaft war. Durch den Export von hochwertigen und den Import von minderwertigen Fischereierzeugnissen konnte zwar in der zweiten Hälfte der 1990er Jahre ein Handelsüberschuss von durchschnittlich 16 Mio. US-$ pro Jahr erwirtschaftet werden. Die Abneigung der Kubaner gegen Fisch ließ sich dadurch jedoch nicht vermindern.[41]

Im Gegensatz zu Fisch ist den Kubanern Fleisch sehr wichtig. Allerdings ist die Versorgung mit Fleisch in der *período especial* eher dürftig (vgl. Abb. 8). Die Fleischproduktion basiert hauptsächlich auf der Rinder- und Schweinezucht. Die Rindfleischerzeugung konnte sich nach dem Einbruch zu Beginn der 1990er Jahre nicht wieder erholen. Bis 1999 wurde gerade einmal die Hälfte der Produktionsmengen von 1989 erreicht. Die Entwicklung beim Schweinefleisch ist hingegen günstiger verlaufen. Zwar war der Produktionsrückgang zunächst ähnlich drastisch wie beim Rindfleisch, mittlerweile ist die Versorgung mit Schweinefleisch aber besser als vor der *período especial*. Der Grund dafür liegt in einem starken Zuwachs der privaten Produktion. 1992, als den Kubanern am wenigsten Schweinefleisch zur Verfügung stand, stammten 42% der erzeugten Menge von nicht-staatlichen Betrieben. 1999 waren es 56%, wobei die Produktionsmenge gegenüber 1992 fast um das Dreifache gestiegen ist. Im Gegensatz zu Rindfleisch darf Schweinefleisch auf den nichtstaatlichen *mercados agropecuarios* zu freien Preisen vermarktet werden – offensichtlich ein guter Produktionsanreiz.

Insgesamt hat sich die 1989 zur Verfügung stehende Fleischmenge von jährlich 600.000 Tonnen bis 1992 halbiert und sank in den folgenden beiden Jahren nochmals ab. Seit 1995 ist wieder ein leichter Produktionszuwachs zu verzeichnen, so dass 1999 etwa zwei Drittel des ursprünglichen Versorgungsniveaus zu verzeichnen waren.

Die Versorgung der Bevölkerung mit Geflügelfleisch ist nur unzureichend dokumentiert. Abbildung 8 macht den starken Rückgang der Geflügelproduktion in den landwirtschaftlichen Betrieben deutlich. Doch die Geflügelhaltung in privaten Haushalten ist hier nicht mit erfasst, da es nicht einmal Schätzwerte über deren Umfang gibt. Allerdings ist es Beobachtungen zu Folge selbst in städtischen Mietwohnungen nicht unüblich, sich ein paar Hühner zu halten, um den Speiseplan mit Eiern oder Fleisch ein wenig aufbessern zu können.

Auch der Import von Fleischprodukten ist nur zum Teil erfasst, da die statistischen Jahrbücher nur unzureichende Angaben darüber machen. Insgesamt hat der Import aber nur einen geringen mengenmäßigen Anteil an der Fleischversorgung der Kubaner. Importiert wird zudem häufig für den Tourismus, da die kubanische Binnenwirtschaft und gerade

---

[41] Daran änderte auch der Fernsehauftritt des Staatspräsidenten nichts. CASTRO hatte vor laufender Kamera Fisch verzehrt, "um der Bevölkerung zu demonstrieren, dass Fisch nicht nur ein nahrhaftes und gesundes Essen ist, sondern auch sehr lecker sein kann" (IZQUIERDO 2001: 23).

auch die kubanische Landwirtschaft nach wie vor zu wenig in diesen Wirtschaftssektor integriert sind.

Abb. 8: Versorgungslage Kubas mit Fleisch und Fleischprodukten (t)

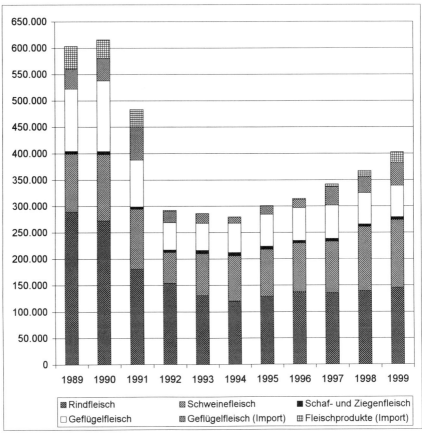

Anmerkungen: Schaf- und Ziegenfleisch: 1989-1992 nur staatliche Produktion erfasst; Geflügelfleisch: Geflügelhaltung in privaten Haushalten nicht erfasst; Fleischimporte: ab 1992 nur 60 bis 79% erfasst

Quelle: Eigener Entwurf nach Daten von CEE 1991; ONE 1997; ONE 1998; ONE 2000

Der zweite wichtige Lieferant von tierischem Protein ist neben dem Fleisch die Milch. Diesbezüglich kommt vor allem dem Milchpulver eine besondere Bedeutung zu, da es sich gut lagern lässt und beim Transport keine Kühlkette aufgebaut werden muss. Die übrigen Milch- und Meiereierzeugnisse fallen mengenmäßig nicht ins Gewicht. In der vergangenen Dekade mussten zwischen 95% und 99,9% des in Kuba verbrauchten Milchpulvers importiert werden (vgl. Abb. 9). Der Import ist dabei nicht nur aus ernährungsphysiologischen Gesichtspunkten erwogen worden, er ist vielmehr ein Politikum.

Denn mit einigem Stolz kann die kubanische Regierung behaupten, jedem Kleinkind den berühmten täglichen Liter Milch zu bieten. Aus diesem Grunde wurde die Milchpulverversorgung über die Jahre hinweg einigermaßen stabil gehalten, obwohl dies mit einigen Schwierigkeiten verbunden war. Denn 1991 kündigte unter der Regierung Kohl die Bundesrepublik Deutschland als Rechtsnachfolgerin der DDR einseitig das Abkommen über den Austausch von deutschem Milchpulver gegen kubanische Futterhefe. Damit musste Kuba auf 22.000 Tonnen Milchpulver, also auf die Hälfte der im Durchschnitt der Vorjahre eingeführten Menge, verzichten oder aber das begehrte Gut gegen teure Devisen auf dem Weltmarkt erstehen. Gleichzeitig blieb die Bundesrepublik durch Überproduktion auf einem aus dem Markt genommenen Milchpulverberg sitzen, der sich seinerzeit auf dem Niveau der Europäischen Gemeinschaft auf mehr als eine halbe Million Tonnen belief (vgl. KITTNER 1993: 15). In der Folge sank der kubanische Milchpulverimport 1992 abrupt ab, und das Alter der kubanischen Kinder, die das Recht auf den täglichen Liter Milch hatten, musste auf dem Höhepunkt der Versorgungskrise um mehrere Jahre gesenkt werden. Schulkinder ab sieben Jahren bekommen seitdem keine Milch mehr zugeteilt.[42]

Abb. 9: Versorgungslage Kubas mit Milchpulver (t)

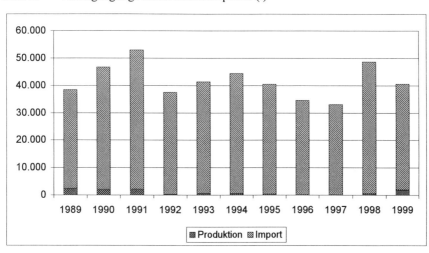

Quelle: Eigener Entwurf nach Daten von CEE 1991; ONE 1997; ONE 1998; ONE 2000

Aufgrund ihres hohen Eiweißgehalts nehmen Hülsenfrüchte neben dem Getreide eine bedeutende Rolle als pflanzlicher Proteinlieferant ein. Im Gegensatz zu den weniger be-

---

[42] Interessant ist in diesem Zusammenhang der Briefwechsel zwischen dem Kabarettisten Dietrich KITTNER und dem Büro des damaligen Bundespräsidenten Richard von WEIZSÄCKER. KITTNER forderte damals den Bundespräsidenten auf, sich dafür einzusetzen, Kubas Kindern weiterhin das deutsche Milchpulver zu schicken. Doch von WEIZSÄCKER sah keinen Handlungsbedarf. Der Briefwechsel ist dokumentiert in *BRD + Dritte Welt* Nr. 33 (November 1993). Auch in anderen Artikeln des Heftes wird der Streit um die Milchpulverlieferungen thematisiert.

liebten Erbsen und Linsen haben schwarze, braune, weiße oder gefleckte Bohnen einen festen Platz auf der kubanischen Speisekarte und gehören zu fast jedem Gericht, zu dem auch Reis gehört. Die heimische Produktion von Bohnen kann mit dem Verbrauch auf der Insel jedoch nicht annähernd Schritt halten, wenngleich 1999 im Vergleich zu den Vorjahren ein erheblicher Zuwachs zu beobachten war (vgl. Abb. 10). 1999 konnte mit 2,9 Tonnen pro Hektar fast der zehnfache Flächenertrag verzeichnet werden (vgl. CEPAL 2001a: 20). Die Bohnenernte des Jahres 2000 lag auf dem selben Niveau wie die des Vorjahres, wobei in 2000 erstmals wieder in größerem Umfang auch andere Hülsenfrüchte angebaut worden sind (vgl. CEPAL 2001a: 17). Doch trotz der gesteigerten Ernteerträge erreicht die kubanische Bohnenproduktion nicht einmal ein Fünftel der benötigten Gesamtmenge.

Abb. 10: Versorgungslage Kubas mit Bohnen (t)

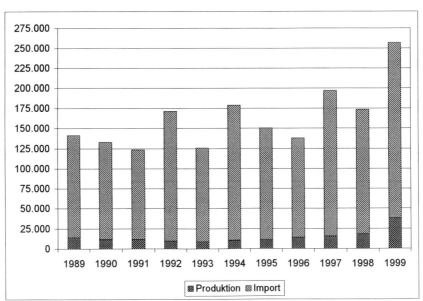

Quelle: Eigener Entwurf nach Daten von CEE 1991; ONE 1997; ONE 1998; ONE 2000

Zusammenfassend lässt sich feststellen, dass sich die Versorgungslage nach einem drastischen Einbruch Mitte der 1990er Jahre mittlerweile wieder zu entspannen beginnt, ohne jedoch bisher das vor der *período especial* bestehende Niveau erreicht zu haben. Dabei ist die Entwicklung für die verschiedenen Grundnahrungsmittel recht unterschiedlich verlaufen. Vor allem hinsichtlich des Fleisches scheint noch ein Versorgungsdefizit zu bestehen. Auffällig ist die anhaltend hohe Abhängigkeit Kubas von Nahrungsmittelimporten. In den 1990er Jahren sind 46% der auf der Insel konsumierten Kalorien und 63% des Proteins importiert worden – eine unwesentliche Veränderung zu den 1980er Jahren (50% der Kalorien bzw. 55% des Proteins; vgl. TOGORES

2000: 111). Auch wenn bei bestimmten Nahrungsmitteln auf den Import nicht verzichtet werden kann, sei es, weil sie in Kuba nicht wachsen oder weil sie anderswo billiger produziert werden können, so ist angesichts der permanenten Devisenknappheit eine stärkere Importsubstitution in jedem Falle anzustreben.

### 4.2 Die Entwicklung des Kalorien- und Nährstoffangebots

Daten über die Produktion und den Import von Grundnahrungsmitteln auf nationaler Ebene bilden einen wichtigen Ausgangspunkt zur Beurteilung der Versorgungslage der Bevölkerung. Entscheidend ist aber, wie viele Nahrungsmittel letztlich beim Einzelnen ankommen. Zur Beurteilung dieses Sachverhalts werden in der Regel durchschnittliche Angaben über das Kalorien- und Nährstoffangebot pro Kopf und Tag gemacht und diese dann dem Bedarf gegenüber gestellt.

Der individuelle Energie- und Nährstoffbedarf hängt von zahlreichen Faktoren ab, z.B. von der Körpergröße, dem Geschlecht, dem Alter, der Außentemperatur und der jeweiligen körperlichen Tätigkeit des oder der Betreffenden. Dennoch lassen sich Durchschnittswerte für den Bedarf an Kalorien, Eiweiß, Fett und nichtenergieliefernden Nährstoffen ermitteln, wobei die Berechnungen verschiedener Autoren zu unterschiedlichen Ergebnissen geführt haben. Zudem mussten im Laufe der Zeit aufgrund neuer wissenschaftlicher Erkenntnisse und der daraus resultierenden verfeinerten Berechnungsmethoden die Angaben wiederholt korrigiert werden. Zu diesem Zweck hat sich im Oktober 2001 erstmals nach 20 Jahren wieder eine Expertenkommission getroffen, die im Auftrag der FAO (Food and Agriculture Organization), der WHO (World Health Organisation) und der UNU (United Nations University) auf der Basis des aktuellen Wissensstandes den Energiebedarf des Menschen ermitteln soll.[43] Die Berechnungen stützen sich dabei auf den alters-, gewichts- und geschlechtsspezifischen Energieverbrauch des Körpers im Ruhezustand (*basal metabolic rate*; BMR), zu dem dann noch Zuschläge für die jeweilige körperliche Aktivität addiert werden (vgl. FAO 2002b; FAO 1996: 36ff).

Die Deutsche Gesellschaft für Ernährung orientiert sich an dieser Vorgehensweise und gibt alters- und geschlechtsspezifische Empfehlungswerte. In der Altersgruppe von 25 bis 50 Jahren liegt der Wert für Männer bei täglich 2.400 kcal (für Frauen 2.000 kcal), 59g Protein (für Frauen 48g) und für beide Geschlechter bei 25-30g Fett. Für Mittelschwerarbeiter, Schwerarbeiter und Schwerstarbeiter erhöht sich der Energiebedarf jeweils um 600, 1.200 bzw. 1.600 kcal pro Tag (vgl. WIRTHS 1997: 64ff).

Das kubanische *Instituto de Nutrición e Higiene de Alimentos* unterscheidet zwischen Mindestwerten und empfohlenen Werten. Demnach sollten allen (erwachsenen) Kubanern täglich mindestens 2.218 kcal, 56g Protein und 52g Fett zur Verfügung stehen (vgl. FERRIOL 1998b: 86). Die empfohlenen Werte liegen jeweils höher (vgl. Tab. 13).

---

[43] Konkrete Empfehlungen der Expertenkommission sollen im Laufe des Jahres 2002 veröffentlicht werden (vgl. FAO 2002a).

Jahrzehntelang hatte Kuba keine Probleme, die empfohlenen Werte zu erreichen. In den 1980er Jahren betrug der tägliche kubanische Durchschnittsverbrauch 2.880 kcal und 78g Protein (vgl. DÍAZ 2000b: 48), und "niemand hatte in Kuba ein Ernährungsproblem" (COMPÉS 1997: 185). Doch die Ernährungslage verschlechterte sich in der *período especial* rapide. 1993 war das schlechteste Jahr für die Kubaner. Die durchschnittliche täglich zur Verfügung stehende Kalorienzahl sank mit 1.863 kcal auf ihren Tiefststand. Das entsprach lediglich 84% der von den kubanischen Behörden festgelegten Mindest-Kalorienzahl.

Tab. 13: Empfohlener und durchschnittlicher tatsächlicher täglicher Pro-Kopf-Verbrauch an Kalorien, Protein und Fett

|  | Richtwert (a) | 1989 | 1990 | 1991 | 1992 | 1993 | 1994 | 1995 | 1996 | 1999 | 2000 |
|---|---|---|---|---|---|---|---|---|---|---|---|
| kcal | 2.400 | 2.845 | 2.728 | 2.490 | 2.303 | 1.863 | 1.948 | 1.993 | 1.996 | 2.369 | 2.578 |
| Prot. | 72g | 77g | k.A. | k.A. | 56g | 46g | 48g | 50g | k.A. | 59g | 68g |
| Fett | 75g | 72g | k.A. | k.A. | 37g | 26g | 29g | 30g | k.A. | k.A. | 48g |

(a) kubanische Empfehlungen (Instituto de Nutrición e Higiene de los Alimentos)
Quelle: CASTRO 2001b; CEPAL 2001a; DÍAZ 1998; EPS 9/96; Equipo de investigadores 1998; FERRIOL 1998b; TOGORES 2000

Die umfassendsten Angaben über die kubanische Ernährungssituation liegen für 1995 vor. In diesem Jahr lag die durchschnittliche Kalorienversorgung der Bevölkerung bei 90% des von den kubanischen Behörden festgelegten Mindestbedarfs respektive 83% des empfohlenen Wertes. Besonders drastisch war der mangelnde Fettanteil in der Nahrung, der nur 40% des empfohlenen Wertes erreichte. Hier schlug neben der eingeschränkten Fleischzufuhr nicht zuletzt der Mangel an pflanzlichem Speiseöl zu Buche, das 1995 extrem rar und auch Ende der letzten Dekade nicht gerade im Überfluss vorhanden war (vgl. Tab. 14). Speiseöl hat in der kubanischen Küche einen besonderen Stellenwert, da traditionell viele Speisen frittiert werden.

Tab. 14: Reduktion des Angebots an raffiniertem pflanzlichen Speiseöl (1989 = 100)

| 1989 | 1990 | 1991 | 1992 | 1993 | 1994 | 1995 | 1996 | 1997 | 1998 | 1999 |
|---|---|---|---|---|---|---|---|---|---|---|
| 100 | 98 | k.A. | 55 | 39 | 23 | 18 | 26 | 19 | 28 | 36 |

Quelle: CEE 1991; ONE 1997; ONE 1998; ONE 2000

Besorgniserregend war überdies die mangelnde Verfügbarkeit von Protein. Auf den Tellern der Kubaner fehlte es vor allem an dem ernährungsphysiologisch wertvollen tierischen Eiweiß: 1994 konnte nur die Hälfte des empfohlenen Wertes angeboten werden (vgl. FERRIOL 1998b: 86). Betrachtet man das Gesamt-Angebot an Protein, so zeigt sich ebenfalls ein Defizit, da 1995 nur 89% der Mindestmenge bzw. 69% der empfohlenen Menge zur Verfügung standen (vgl. Tab. 13). Zudem ist zu befürchten, dass bei vielen Kubanern das Eiweiß nicht zu dem spezifischen Stoffwechselvorgang des Muskel- und

Organaufbaus verwertet werden konnte, sondern wegen der kalorischen Unterversorgung als Energie verbrannt wurde.[44]

Ein ähnliches Bild wie bei den Energie liefernden Nährstoffen zeigte sich auch bei den nicht Energie liefernden Nährstoffen (z.B. Vitamine, Mineralstoffe und Spurenelemente). Von 13 für die menschliche Ernährung essenziellen Stoffen erreichte 1995 nur das Angebot an Vitamin C eine akzeptable Höhe, die übrigen Nährstoffe, unter ihnen Vitamin A und der Vitamin B Komplex, lagen unterhalb der Mindestwerte (vgl. DÍAZ 2000b: 50; TOGORES 2000: 121). Aufgrund des Vitaminmangels breitete sich 1993 sogar eine mysteriöse Augenkrankheit aus, die später als *Neuritis Optica* identifiziert wurde. Sie kann zur Zerstörung des Sehnervs führen. Etwa 50.000 Kubaner litten an dieser Krankheit (vgl. *du* Nr. 12/1993), nicht wenige erblindeten.

Mittlerweile ist die Augenkrankheit, die vornehmlich bei Männern auftrat und deshalb zunächst auf den Konsum von selbstgebranntem, methanolhaltigen Rum zurückgeführt wurde, zurückgedrängt worden. Und die Ernährungssituation scheint sich allgemein verbessert zu haben. Der durchschnittliche tägliche Pro-Kopf-Verbrauch an Kalorien hat im Jahr 2000 mit 2.578 kcal erstmals wieder den empfohlenen Wert überschritten. Das Proteinangebot lag zwar unter der kubanischen Empfehlung, aber deutlich über dem Mindestbedarf. Einzig der Fettanteil in der kubanischen Nahrung scheint zu gering zu sein, da hier nur zwei Drittel des empfohlenen Wertes erreicht und sogar der kubanische Mindestwert unterschritten worden ist.[45] Alle drei Werte (Kalorien, Protein und Fett) lagen jedoch zu Beginn des neuen Jahrtausends noch erheblich unter den Standards der 1980er Jahre.

Hinsichtlich der qualitativen Zusammensetzung der Nahrung ist davon auszugehen, dass sich die Situation mit dem verbessertem quantitativen Angebot an Nahrungsmitteln ebenfalls verbessert hat. Das US-amerikanische World Watch Institute bezeichnete Kuba jedenfalls als eines der Länder mit der ausgewogensten Ernährung der Welt und führte die gute Ernährungslage vor allem auf staatliche Vorsorgeprogramme zurück (vgl. *taz*, 6.3.00), denn in Kuba genießen – im Gegensatz zu vielen anderen Ländern der Region – bestimmte Risikogruppen (Kinder, Alte, Schwangere, stillende Mütter, chronisch Kranke) besondere staatliche Unterstützung, z.B. durch Extrarationen auf *libreta* (vgl. Kap. 4.3.1).

Obwohl sich die Ernährungssituation auf der Insel im Allgemeinen entspannt hat, gibt es aber nach wie vor erhebliche Defizite in der Nahrungsmittelversorgung, und die Beschaffung von Nahrungsmitteln bleibt für den Großteil der kubanischen Bevölkerung ein zentrales Problem. Außerdem muss man bedenken, dass die angegebenen

---

[44] Dieses Phänomen ist als Protein-Energie-Mangelernährung (PEM) bekannt (vgl. BLANKENBURG 1986: 81).

[45] 48g Fett pro Kopf und Tag sind allerdings deutlich mehr, als die Deutsche Gesellschaft für Ernährung empfiehlt.

Zahlen Durchschnittswerte sind. Das bedeutet, dass einem Teil der Bevölkerung deutlich weniger Kalorien, Fett und Eiweiß zur Verfügung stehen, als die Daten Glauben machen. Zudem beziehen sich die empfohlenen Werte auf leichte körperliche Tätigkeit. Zulagen für mittelschwere, schwere und für die in Kuba keineswegs unübliche Schwerstarbeit (z.B. in den Zuckerrohrfeldern) sind nicht berücksichtigt worden. Wie ernst die Lage für manche ist, zeigt schon die Tatsache, dass allein in den fünf Ostprovinzen Kubas 600.000 Personen auf Nahrungsmittelhilfe durch das Welternährungsprogramm angewiesen sind (vgl. *Juventud Rebelde*, 4.1.02). Dass die Mehrheit der Kubaner jedoch – wie häufig zu hören und zu lesen ist – hungern würde, ist falsch und entspricht eher der hierzulande verbreiteten Vorstellung, dass Hunger zu einem Entwicklungsland einfach dazugehört, zumal, wenn es ein durch 'sozialistische Misswirtschaft' geprägtes ist.

### 4.3 Angebotsformen für Güter des Grundbedarfs

Um Nahrungsmittel und andere Produkte des täglichen und periodischen Bedarfs erwerben zu können, stehen den kubanischen Verbrauchern verschiedene Markt- und Angebotsformen offen. Im Folgenden soll erläutert werden, wie die verschiedenen 'Märkte'[46] funktionieren, welche Produkte jeweils angeboten werden und welchen Stellenwert die jeweiligen Marktformen für die Grundversorgung haben.

#### 4.3.1 Die *libreta*

Die *libreta*, ein "Zuteilungsheft, das zum Kauf von rationierten Waren berechtigt" (FLORIAN & MARTÍNEZ 1989: 84), zählt neben dem Schwarzmarkt zur traditionsreichsten Angebotsform im sozialistischen Kuba. Sie musste im Zuge der sich rapide verschlechternden Versorgungslage bereits im vierten Jahr nach dem Sieg der Revolution eingeführt werden und hat ohne Unterbrechung bis heute Bestand.[47] Die *libreta* gewährt also seit mehr als 40 Jahren allen ständig auf der Insel lebenden Kubanern Nahrungsmittel und andere Produkte des Grundbedarfs zu hochsubventionierten Preisen und ist damit wohl das umfangreichste nationale Ernährungssicherungsprogramm der Welt. Innerhalb der letzten vier Dekaden hat sich ein kompliziertes System der Zuteilung herausgebildet, dass Außenstehenden wenig transparent erscheint und selbst für Eingeweihte manchmal undurchsichtig ist.

Die *libreta* funktioniert folgendermaßen: Jeder kubanische Haushalt bekommt einmal im Jahr ein Zuteilungsheft, in dem die Anschrift sowie die Namen des Haushaltsvorstandes

---

[46] Der Begriff *Märkte* steht hier in Anführungszeichen, weil es sich zum Teil nicht um freie Märkte im marktwirtschaftlichen Sinne handelt, sondern um staatlich regulierte Angebotsformen. Im Folgenden werden aus sprachstilistischen Erwägungen solche Angebotsformen dennoch unter dem Begriff Märkte subsumiert.

[47] Mittlerweile hat die *libreta* schon eine derartige Berühmtheit erlangt, dass sie sogar – in etwas entfremdeter Form – als Cover für eine Musik-CD dient (Die CD hat den Titel "*El último paraíso*" und ist 2001 bei WINTER & WINTER in München erschienen).

und der übrigen Haushaltsmitglieder jeweils mit Geburtsdatum angegeben sind. Ferner sind die Art des Herdes[48], ärztlich verordnete Diäten und, da man rationierte Waren nicht in beliebigen Läden erwerben kann, die dem Haushalt zugeordneten Geschäfte verzeichnet. In der Regel gibt es acht verschiedene Verkaufspunkte für die Produkte der *libreta*. Der wichtigste ist die *bodega*, ein Gemischtwarenladen, in dem neben Lebensmitteln noch andere Produkte des Grundbedarfs zu haben sind. Am *puesto* gibt es Obst und Gemüse sowie Kartoffeln, in der *panadería* Brot, in der *lechería* Milchprodukte, in der *pescadería* Fisch, in der *carnicería* Fleisch und in der *pollería* Geflügel. Außerdem gibt es für Haushalte mit entsprechendem Bedarf noch einen Verkaufspunkt für Petroleum, Alkohol (zum Vorwärmen des Petroleumkochers) und Gasflaschen. In manchen Stadtvierteln sind mehrere Geschäfte, in denen man auf *libreta* Waren beziehen kann, unter einem Dach als *supermercado* zusammengefasst, um so zusätzliche Wege zu ersparen.[49]

Die *libreta* besteht aus insgesamt 40 Seiten. Sie muss bei jedem Einkauf vorgelegt werden. Die jeweils ausgegebene Menge und Produktart wird dann in der entsprechenden Abteilung der *libreta* abgezeichnet bzw. eingetragen. Art und Menge der zugeteilten Produkte waren in den vergangenen Jahrzehnten entsprechend der jeweiligen wirtschaftlichen und politischen Situation Kubas erheblichen Schwankungen unterworfen. Beispielsweise sank die monatliche Reisration im Zuge der politischen Spannungen mit China 1966 von sechs auf vier *libras*[50] pro Kopf ab, erhöhte sich Anfang der 1970er Jahre abermals auf sechs *libras*, um aufgrund der steigenden Importpreise wenig später auf fünf *libras* zu fallen (vgl. BENJAMIN et al. 1984: 28). Mittlerweile stehen jedem Kubaner wieder sechs *libras* Reis im Monat zu. Insgesamt ist aber die Menge und auch die Qualität der rationierten Güter in der *período especial* erheblich zurückgegangen. Allein für die *food*-Produkte errechnet MERKLE (2000: 38f) im Vergleich der Jahre 1983 und 1998 einen Rückgang des Kalorien-Angebots um 34%. Auch *nonfood*-Produkte wie Seife, Zahnpasta oder Waschpulver sind absolute Mangelware. Kleidung und Schuhe, die bis 1991 noch über die *libreta de productos industriales* bezogen werden konnten, sind sogar ganz gestrichen worden.

Die Artikel der *libreta* lassen sich in verschiedene Warengruppen unterteilen, die sich hinsichtlich der Verfügbarkeit und des Verteilungsturnus unterscheiden. Zu den ständig verfügbaren Produkten gehören die täglichen 80g Brot aus der *panadería* sowie ver-

---

[48] Sofern die Haushalte nicht elektrisch oder auf einem an das städtische Leitungsnetz angeschlossenen Gasherd kochen, steht ihnen eine bestimmte Menge an anderem Brennstoff zu. Als es zu Beginn der 1990er Jahre zu lang anhaltenden Stromsperren und zu Unzuverlässigkeiten bei der öffentlichen Gasversorgung kam, verbreiteten sich Petroleumkocher als Alternative zum Elektro- oder Gasherd. Diese werden mittlerweile zunehmend von Kochgelegenheiten mit Gasflaschen verdrängt, die sauberer und effizienter sind. Im Rahmen eines staatlichen Programms sind seit 1998 in mehr als 268.000 Haushalten Petroleumkocher gegen Gaskocher getauscht worden (vgl. CASTRO 2001b). In einigen Haushalten, die quantitativ jedoch nicht ins Gewicht fallen, wird noch mit Feuerholz oder Kohle gekocht.

[49] In der Praxis werden dadurch jedoch kaum Wege erspart, weil oftmals einige der zustehenden Produkte nicht vorrätig sind und man in den folgenden Tagen noch einmal sein Glück versuchen muss.

[50] Eine *libra* (lb) entspricht mit 454g nicht ganz einem Pfund und setzt sich aus 16 *onzas* (oz) à 28,35g zusammen.

schiedene Artikel, die sich jeder Kubaner und jede Kubanerin im Laufe des Monats in der ihnen zugeordneten *bodega* kaufen kann: sechs *libras* Reis, drei *libras* brauner und drei *libras* weißer Zucker, 20 *onzas* Hülsenfrüchte und sechs *onzas* Kaffee. Wer vor 1955 geboren ist, hat zudem auf drei Schachteln starke und eine Schachtel milde Zigaretten Anspruch sowie auf vier Zigarren, die allerdings nur Männern zugeteilt werden.[51]

In den *carnicerías*, *pollerías* und *pescaderías* kann man nicht jederzeit einkaufen. Hier werden die Kunden eines Geschäftes in verschiedene Gruppen eingeteilt, die jeweils nur an bestimmten Tagen das Recht zum Erwerb der ihnen zugeteilten Güter haben. Eigentlich sollen jedem Konsumenten im neuntägigen Verteilungsturnus (*distribución por novena*) eine halbe *libra* Fleisch und eine halbe bis drei viertel *libra* Fleischderivate zukommen. Die Lieferungen der begehrten Waren fallen aber ebenso häufig aus wie die zwei *libras* Fisch, die *libra* Huhn oder die 12 Eier, die einem jeden im Monat theoretisch zustehen.

An den *puestos* wird verkauft, was sich je nach Saison und Erntemenge gerade anbietet. Meistens bilden sich lange Schlangen, sobald sich herumgesprochen hat, dass ein LKW mit Agrarprodukten wie Bananen oder Zitrusfrüchten am örtlichen Verkaufsstand angekommen ist. Die zugeteilten Mengen sind hier variabel. Einzig die Lieferung von Wurzel- und Knollenfrüchten ist einigermaßen konstant. Besonders häufig werden Kartoffeln angeboten, weil diese nicht auf den *mercados agropecuarios* zu kaufen und selbst auf dem Schwarzmarkt und in den Dollarshops schwer zu finden sind.

Neben den pro Kopf zugeteilten Artikeln gibt es Zuteilungen, die sich auf den Haushalt beziehen, wobei den unterschiedlichen Haushaltsgrößen Rechnung getragen wird, indem große Haushalte eine höhere Zuteilungsmenge erhalten. Einem vierköpfigen Haushalt steht im Monat eine drei viertel *libra* Speisesalz und eine große Schachtel Streichhölzer zu. Auch flüssiges Waschmittel und Zahnpasta werden pro Haushalt verteilt, sind aber sehr selten verfügbar.

Eine genaue Quantifizierung dessen, was und wie viel tatsächlich über die *libreta* verteilt wird, ist äußerst schwierig. Von dem ursprünglichen Plan, die *libreta*-Mengen über die Haushaltsbefragung zu ermitteln, musste rasch Abstand genommen werden. Schon während des Pretests stellte sich heraus, dass die Eintragungen in der *libreta* vielfach ungenau und chaotisch waren. Selbst die überwiegend weiblichen und für den Einkauf verantwortlichen Haushaltsvorstände konnten nicht mehr nachvollziehen, was genau ihnen in den vorangegangenen Monaten zugeteilt worden war. Dies galt vor allem für unregelmäßig in die Geschäfte kommende Produkte.

---

[51] Um vor allem Jugendliche vor dem Rauchen zu schützen, ist 1971 die Regelung eingeführt worden, nur Personen ab 16 Jahren Tabakwaren auf *libreta* zu gewähren (vgl. BENJAMIN et al. 1984: 32f). Das damalige Stichjahr 1955 ist bis heute beibehalten worden.

Da die Erhebung von Zuteilungsmengen und Verteilungsturnus nicht direkt über die Endverbraucher möglich war, sind die Daten auf indirektem Wege ermittelt worden. Dazu wurde der komplette Jahrgang 1998 der Zeitung *Tribuna de La Habana* ausgewertet, in der wöchentlich die in der Hauptstadt zugeteilten Güter bekannt gegeben werden.[52] Die Ergebnisse der Auswertung sind in Tabelle 15 zusammengefasst. Es wird deutlich, dass der überwiegende Teil der Produkte unregelmäßiger in den Geschäften eintrifft, als er eigentlich sollte. Die unterschiedliche Häufigkeit der Lieferungen (z.B. eine bis elf Lieferungen von Maismehl) spiegelt die Unterschiede der Verfügbarkeit in den einzelnen Munizipien wider. Denn oftmals muss ein nicht mehr lieferbares Produkt durch ein anderes ersetzt werden, z.B. Maismehl durch Nudeln oder Fleisch durch Fleischderivate. Auch kommt es immer wieder zu Verspätungen, so dass die Bevölkerung einige der ihr zustehenden Produkte erst einen oder mehrere Monate später erhält.

Obwohl die Zuteilungen nicht im ganzen Land gleich hoch und gleich beschaffen sind, geben die in Tabelle 15 für Havanna zusammengefassten Lieferungen einen guten Überblick über den Stellenwert, den die *libreta* für die Versorgung der Bevölkerung hat. Viele Angaben lassen sich auch auf die anderen kubanischen Provinzen übertragen, denn regelmäßig eintreffende Artikel wie Brot, Reis, Hülsenfrüchte, Zucker oder Kaffee sind überall in der gleichen Menge zu haben. Die übrigen Werte liegen im *interior* tendenziell niedriger als in der Hauptstadt, da Havanna und auch Santiago als größte Städte des Landes bei der Verteilung bevorzugt werden (vgl. FERRIOL et al. 1999: 77). Es ist davon auszugehen, dass die 1998 erhobenen Daten auch heute noch gültig sind. Eine Veränderung der Zuteilungsquoten hat es seitdem nicht gegeben, und die Bevölkerung hat nach wie vor mit Verspätungen und dem Fehlen von Produkten zu kämpfen.[53]

Die Preise der *libreta*-Artikel, die sich seit Einführung des Bezugsheftes kaum verändert haben, sind aufgrund der staatlichen Subventionen sehr niedrig. Pro Kopf und Monat müssen gerade einmal 15 Peso aufgewendet werden. Auf diese Weise bietet die *libreta* einen preiswerten Warenkorb des Grundbedarfs, der – neben einigen *nonfood*-Produkten – jedem Kubaner täglich etwa 1.130 Kcal zur Verfügung stellt.[54] Die *libreta* deckt damit nicht ganz die Hälfte des empfohlenen Kalorienverbrauchs bzw. 44% des tatsächlichen Kalorienverbrauchs ab.

---

[52] Die Auswertung übernahm Caspar MERKLE, der als wissenschaftliche Hilfskraft im selben Forschungsprojekt tätig war, wie der Autor dieser Arbeit. Zur genaueren Verfahrensweise vgl. MERKLE 2000.

[53] Carlos LAGE, Vorsitzender des Exekutivkomitees des Ministerrates und Vizepräsident des Staatsrates, hat jüngst als Zielvorgaben für das Jahr 2002 u.a. die mengenmäßige Erfüllung der Quoten der *libreta*, die pünktliche Lieferung der Produkte sowie deren qualitative Verbesserung genannt (vgl. *Granma*, 23.12.01).

[54] Der Wert ist aus den in Tabelle 15 angegebenen Mengen errechnet worden (vgl. MERKLE 2000: 38f). Bei der Berechnung konnten die Fleischderivate wegen ihrer nur schwer schätzbaren Kalorienwerte sowie Obst und Gemüse aufgrund der fehlenden Mengenangaben nicht berücksichtigt werden. Im Gegenzug scheinen die Angaben für Wurzel- und Knollenfrüchte recht hoch zu sein und decken sich nicht mit entsprechenden Beobachtungen des Autors, so dass hier einige Kalorien abgezogen werden müssten.

Tab. 15: Zuteilungsmenge, Verteilungsturnus und Preise der *libreta*-Artikel in ausgewählten Munizipien Havannas (pro Kopf und pro Haushalt für 1998)

| Artikel | Verteilungsturnus | Menge | Preis (Peso) |
|---|---|---|---|
| **Pro Kopf verteilte Artikel** | | | |
| Brot | täglich | 80 g | 0,05/Stck. |
| Reis | monatlich | 2.700 g (6 lb) | 0,24/lb |
| Nudeln | 5-10 Lieferungen | 225 g (0,5 lb) | 0,45/lb |
| Zucker (weiß) | monatlich | 1.350 g (3 lb) | 0,14/lb |
| Zucker (braun) | monatlich | 1.350 g (3 lb) | 0,14/lb |
| Hülsenfrüchte | monatlich | 567 g | 0,3/lb |
| Eier | 8-12 Lieferungen | 6-7 Stck. | 0,15/Stck. |
| Fleisch | 6-7 Lieferungen | 225 g (0,5 lb) | 0,7/lb |
| Huhn | 2-4 Lieferungen | 450 g (1 lb) | 0,7/lb |
| Fleischderivate: | | | |
| *picadillo texturizado* (a) | 8-11 Lieferungen | 338 g (0,75 lb) | |
| Mortadella | 9 Lieferungen | 225 g (0,5 lb) | |
| *fricandel* (b) | 1-5 Lieferungen | 225 g (0,5 lb) | 3,0/lb |
| Geflügelfrikadelle | 1 Lieferung | 450g (1 lb) | |
| andere Fleischprodukte | 2-4 Lieferungen | 225 g (0,5 lb) | |
| Speiseöl | 3-7 Lieferungen | 225 g (0,5 lb) | 0,4/lb |
| Fisch (gefroren) | 1 Lieferung | 450 g (1 lb) | 0,45/lb |
| Dosenfisch | 3 Lieferungen | ½ Dose | |
| Maismehl | 1-11 Lieferungen | 225 g (0,5 lb) | k.A. |
| Nachspeise (*postre saborizado*) | 1-3 Lieferungen | 113 g (4 oz) | k.A. |
| Wurzel- und Knollenfrüchte; Kochbananen | monatlich | 4.500-5.750 g (10-15 lb) | 0,3-0,4/lb |
| Obst und Gemüse | | k.A. | |
| *cafe mesclado* (c) | monatlich | 170 g (6 oz) | 0,06/oz |
| Salz | monatlich | 338 g (0,75 lb) | 0,1/lb |
| Zigaretten (stark) (d) | monatlich | 3 Schachteln | 2/Schachtel |
| Zigaretten (mild) (d) | monatlich | 1 Schachtel | 2,5/Schachtel |
| Zigarren (d) (e) | monatlich | 4 Stck. | 1/Stck. |
| Seife für Körperpflege | 1-4 Lieferungen | 1 Stck.(120g) | 0,25/Stck. |
| Seife für Kleiderwäsche | 3-13 Lieferungen | 1 Stck.(240g) | 0,2/Stck. |
| **Pro Haushalt verteilte Artikel** | | | |
| Petroleum (f) | 38 Lieferungen | 8 l | 0,09/l |
| Alkohol (f) | 29 Lieferungen | 3 l | 0,12/l |
| Streichhölzer | monatlich | Schachtel (300 Stck.) | 0,05/Schachtel |
| Zahnpasta | 5-7 Lieferungen | 1 Tube | 0,2/Stck. |
| Waschmittel (flüssig) | 3-8 Lieferungen | 1 l | 3,6/l |

a) mit Soja gestrecktes Hackfleisch (bestehend aus ⅔ Fleisch und ⅓ Soja)
b) einem Würstchen ähnliches Fleischprodukt
c) Mischung aus 50% Kaffee und 50% getrockneten und gerösteten Erbsen
d) nur für Personen, die vor 1955 geboren sind
e) nur für Männer
f) nur für Haushalte mit entsprechender Herdart, die in die *libreta* eingetragen ist

Quelle: MERKLE 2000

Die qualitative Zusammensetzung der zugeteilten Nahrungsmittel ist aus ernährungsphysiologischer Sicht allerdings eher dürftig. Nahezu ein Drittel des Kalorienangebots beruht auf Zucker, der dem Körper über den reinen Brennwert hinaus keinerlei Vitamine, Mineralstoffe und Spurenelemente zuführt. Außerdem mangelt es an tierischem und pflanzlichem Protein. Um die *libreta*-Rationen hinsichtlich ihres Nährstoffgehalts ein wenig aufzubessern, soll neuerdings dem Brot Eisen und Vitamin B und dem Salz Jod und Fluor beigemengt werden (vgl. *Granma*, 23.12.01).

Tab. 16: Sonderzuteilungen der *libreta* in ausgewählten Munizipien Havannas (pro Kopf für 1998)

| Produkt | Menge | Verteilungsturnus | Zielgruppe |
|---|---|---|---|
| Kondensmilch | bis zu 24 Pakete (d) | 7 Lieferungen | Kinder 0-3 Jahre |
| *compota* (a) | 14 Dosen | monatlich | |
| Vollmilch | 1 l | täglich | Kinder 0-7 Jahre |
| Fleisch | 0,5 lb | 1-2 Lieferungen | Kinder 0-13 Jahre |
| Kekse | 0,25 lb | monatlich | |
| Huhn | 0,75 lb | 5-6 Lieferungen | |
| Soja-Joghurt | 800 g | monatlich | Kinder 7-13 Jahre |
| Getränkepulver | 460 g | 1 Lieferung | |
| *cerelac* (b) | 1 kg | 2-7 Lieferungen | Personen ab 65 Jahren |
| Fleisch | 0,5 lb | 6-10 Lieferungen | Diät für chronisch Kranke |
| Vollmilchpulver | 1 kg | 7 Lieferungen | |
| Vollmilchpulver (c) | 1 kg | 8 Lieferungen | |
| Huhn | 0,75 lb | 7-10 Lieferungen | |

a) Obstmus (als Kindernahrung)
b) Getränkepulver auf Milch- und Getreidebasis
c) fettarm (entrahmt)
d) meist jedoch weniger

Quelle: MERKLE 2000

Neben denjenigen Produkten, die der gesamten Bevölkerung zustehen, gibt es noch Sonderrationen für bestimmte Zielgruppen (vgl. Tab. 16). Vor allem Kinder profitieren von den proteinhaltigen Zusatzlieferungen, deren Umfang sich aufgrund des Produktionszuwachses in der Milchindustrie im laufenden Jahr sogar noch erhöhen soll (vgl. *Granma*, 24.12.01). Die besonderen Nahrungsmittelzuteilungen für Kinder sowie für werdende und stillende Mütter trägt mit dazu bei, dass Kuba seit langem das Land mit der niedrigsten Säuglingssterblichkeit der Region ist. Die außerordentlichen Erfolge in diesem Bereich konnten auch in der *período especial* aufrecht erhalten werden, und im vergangenen Jahr wurde mit 6,2‰ sogar ein neuer Rekord erreicht (vgl. *Trabajadores Digital*, 3.1.02). Aber auch ältere und chronisch kranke Menschen bleiben nicht unberücksichtigt und können über die *libreta* Sonderrationen beziehen.[55]

---

[55] Chronisch Kranke erhalten je nach Krankheitsbild bestimmte Sonderrationen, die meist aus Rindfleisch und Milch oder aus Hühnchen und Milch bestehen. Der Autor beobachtete in verschiedenen Fäl-

Die Qualität der *libreta*-Produkte wird von den Kubanerinnen und Kubanern ganz unterschiedlich bewertet. Zwar kommen auf die allgemeine Frage nach der Produktgüte zunächst eher negative Stellungnahmen, fragt man jedoch genauer nach, ergibt sich ein differenzierteres Bild. In der Haushaltsbefragung wurde um eine Bewertung bestimmter Referenz-Artikel gebeten. Die in Tabelle 17 zusammengefassten Ergebnisse lassen sich grundsätzlich auch auf die übrigen auf *libreta* erhältlichen Waren übertragen.

Tab. 17: Bewertung der Qualität ausgewählter Artikel der *libreta* in der Haushaltsbefragung (in % der Befragten)

|  | Kaffee (a) | Brot | Reis | *masa cárnica* (b) | Seife zur Körperpflege | flüssiges Waschmittel |
|---|---|---|---|---|---|---|
| gut | 36 | 19 | 69 | 4 | 65 | 94 |
| mittel | 38 | 34 | 23 | 28 | 22 | 2 |
| schlecht | 26 | 47 | 8 | 68 | 13 | 4 |

a) *cafe mezclado*: Mischung aus 50% Kaffee und 50% getrockneten und gerösteten Erbsen
b) ein Fleischprodukt aus Hackfleisch, Soja und Blut

Während Hygieneartikel überwiegend als gut bezeichnet wurden, schnitten Lebensmittel weniger gut ab. Besonders unbeliebt waren und sind die Fleischderivate, bei der Bevölkerung besser bekannt als 'nicht identifizierte essbare Objekte' (OCNI).[56] Bei der Bewertung der Reislieferungen gab es Unterschiede in den verschiedenen Untersuchungsgebieten. Der überwiegende Teil der Befragten beurteilte den Reis als gut, da er importiert und damit sauberer als der aus der Provinz Pinar del Rio stammende Reis der *mercados agropecuarios* sei. Einige Interviewpartner ließen sich jedoch dadurch beeinflussen, dass während des Befragungszeitraums in einigen Munizipien Havannas Reis mit einem muffigen Geruch und – wie sich der Autor wochenlang selbst überzeugen konnte – mit einem entsprechenden Geschmack verteilt wurde. Die Verteilung von an der Grenze zum Verderben stehenden Lebensmitteln bildet jedoch eher eine Ausnahme.

Hinsichtlich der Quantität der *libreta*-Produkte ist ebenfalls nach Referenz-Artikeln gefragt worden, allerdings nur nach solchen, wo ein einigermaßen ausreichender Versorgungsgrad unterstellt werden konnte (vgl. Tab. 18). Mit Ausnahme der gelben Erbsen, die 1998 in großem Umfang als Ersatz für die sehr viel beliebteren schwarzen Bohnen verteilt worden sind, sah die Mehrheit der befragten Personen die Zuteilungsmengen der *libreta* als zu gering an. Dies gilt erstaunlicherweise auch für die sechs *libras* Zucker, die pro Kopf und Monat abgegeben werden. Die Reiszuteilung genügte lediglich jedem fünften Haushalt, während 63% der Befragten angaben, dass der Reis nur für einen halben

---

len, dass sich Gesunde als Diabetiker ausgaben und durch die Bestechung eines Arztes, der eine entsprechende Diät verordnete, regelmäßig die begehrten Lebensmittel beziehen konnten.

[56] OCNI (*Objeto Comustible No Identificado*) ist eine Verballhornung des Begriffs OVNI (*Objeto Volante No Identificado*; nicht identifiziertes Flugobjekt = UFO). Aufgrund der Streckung vieler Fleischprodukte mit Soja sprechen einige Kubaner auch nicht mehr von Sozialismus, sondern von Sojalismus. Einige Gesprächspartner gaben zu bedenken, dass Fleischderivate wie die *masa cárnica* zumindest ein gutes Hundefutter abgeben.

Monat oder weniger ausreicht. Als besonders knapp wurden Speiseöl, Waschmittel und Seife beschrieben.

Tab. 18: Bewertung der Menge ausgewählter Artikel der *libreta* in der Haushaltsbefragung (in % der Befragten)

|  | Zucker | Reis | getrocknete Erbsen |
|---|---|---|---|
| zu wenig | 56 | 51 | 13 |
| wenig | 16 | 30 | 11 |
| genügend | 27 | 19 | 55 |
| viel | 1 | 0 | 21 |

Die Zuteilung der *libreta* erfolgt nicht nach Bedarf, sondern nach Plan. Da jedem das Gleiche zusteht, bewertet Staatschef CASTRO (1996: 55) "trotz allem, was man mir sagt" die *libreta* als "das gerechteste System, das auf der Welt erfunden wurde." Es stellt sich jedoch die Frage, ob und wie lange dieses System angesichts der zunehmend ungleichen Einkommensverteilung (vgl. Kap. 3.4) noch zeitgemäß ist. Denn wer über entsprechend hohe *remesas* verfügt oder andere lukrative Einkommensquellen hat, ist auf die Produkte der *libreta* eigentlich nicht mehr angewiesen.

Zudem ist die hochsubventionierte Verteilung von Grundnahrungsmitteln nach dem Gießkannenprinzip für den kubanischen Staat ein erheblicher Kostenfaktor. Im Jahr 2000 wurde die *libreta* mit 755 Mio. Peso subventioniert (vgl. TRIANA 2001: 3). Ein Großteil dieser Summe musste in harter Währung für den Import von Nahrungsmitteln bereit gestellt werden. Wenn man bedenkt, dass im Durchschnitt der 1990er Jahre 55% der auf der Insel verfügbaren Reismenge auf *libreta* verteilt worden sind und pro Jahr allein für den Reisimport fast 100 Millionen Dollar ausgegeben werden mussten,[57] bekommt man einen realistischen Eindruck über den Umfang der Kosten. Hinzu kommt, dass man bei einigen Produkten der *libreta* am Sinn der Zuteilung zweifeln kann. Dies gilt – neben den Tabakwaren, deren Abgabe allerdings durch die Altersbegrenzung schon erheblich eingeschränkt worden ist – beispielsweise für Erfrischungsgetränke, die unter bestimmten Bedingungen anlässlich von Kindergeburtstagen oder Hochzeiten bezogen werden können. Und auch die Zuteilung von einer Torte pro Haushalt zum Muttertag ist zwar eine nette Geste, geht aber an den *basic needs* der Bevölkerung vorbei und erinnert eher an die Strategie 'Brot und Spiele'.

Auch wenn das System der Zuteilung noch erheblich effizienter und kostengünstiger gestaltet werden könnte, so ist die *libreta* doch besser als ihr Ruf, da sie den Kubanern gerade in den schlechtesten Jahren der *período especial* das Überleben gesichert hat. COMPÉS (1997:185) sieht sie deshalb als "letzten Schützengraben gegen den Hunger". BARRACLOUGH (2000: 249) kommt in einer etwas weniger blumigen Sprache zu einem ähnlichen Ergebnis:

---

[57] Berechnungen des Autors nach unterschiedlichen Quellen.

The most surprising aspect of this ration system is that it has worked rather effectively in getting basic foods to all Cuban residents (...).

Und BENJAMIN et al. (1984: 88) stellten schon vor Jahren fest:

The impression we get is that while Cubans say that rationing is a pain in the neck and they'd love to see it go, they would feel somewhat nacked without it.

Erstaunlich ist, dass die seit dem Jahr 1962 existierende Güterrationierung eigentlich nur als kurzfristige Maßnahme geplant war. Noch 1965 ging Fidel CASTRO davon aus, die *libreta* im Folgejahr wieder abzuschaffen (vgl. BENJAMIN et al. 1984: 24). Mittlerweile musste er jedoch eingestehen, dass wohl erst "die Enkel oder Urenkel von einigen von Ihnen" das Verschwinden der *libreta* erleben würden (CASTRO 1996: 55).

### 4.3.2 Voraussetzung für den Zugang zum Angebot der Dollarshops: *remesas* und andere Deviseneinkünfte

Im krassen Kontrast zu der hochsubventionierten *libreta* steht hinsichtlich der angebotenen Produktpalette, der Qualität der Produkte und der Preisbildung die Vermarktung von Produkten in den quasistaatlichen Dollarshops. Bevor jedoch auf diese Angebotsform genauer eingegangen wird, muss erst einmal geklärt werden, aus welchen Quellen die kubanische Bevölkerung überhaupt Devisen bezieht.

Die wichtigste Quelle der Inselkubaner für harte Währung ist der Geldtransfer aus dem Exil bzw. von vorübergehend im Ausland arbeitenden Kubanern, wobei nur ein Teil der Bevölkerung von dieser Einkommensquelle profitiert. Die Höhe dieser *remesas* kann nur geschätzt werden, da lediglich ein Bruchteil des Geldes durch Banküberweisung ins Land kommt. Die Schätzungen müssen deshalb nicht von den Deviseneinnahmen, sondern von den Devisenausgaben der Bevölkerung ausgehen. Hierzu wird zunächst der Umsatz der Dollarshops und anderer Einrichtungen des Devisensektors, in denen hauptsächlich Kubaner verkehren, als Referenzgröße angenommen. Von den Umsätzen müssen in einem ersten Schritt all jene Beträge abgezogen werden, die nicht auf *remesas* beruhen: der Verkauf von Waren der Dollarshops an Ausländer (Touristen, Diplomaten etc.), die privaten Einnahmen der Bevölkerung aus dem Tourismus (Zimmervermietung, Trinkgeld, informelle Einnahmen aus Dienstleistungen und Güterverkauf), die Ausgabe von *Pesos Convertibles* (vgl. Fußnote 37) durch den Staat, die monetären Prämienzahlungen im Rahmen der *estimulación* für ausgewählte Beschäftigte des Staatssektors, unter der Hand vorgenommene Devisenzahlungen an die mittlerweile 33.000 Arbeitnehmer in Joint Ventures (vgl. TRIANA 2001: 14) und der mengenmäßig geringe Verkauf von Dollar an die Bevölkerung durch die staatlichen Wechselstuben (CADECA). Um die Höhe der *remesas* kalkulieren zu können, müssen in einem zweiten Schritt die Devisen, die nicht über die Dollarshops abgeschöpft werden, aber auf *remesas* beruhen, zu der zuvor errechneten Summe hinzugezählt werden: der Tausch von US-$ gegen kubanische Peso bei den CADECA (1998: 70-75 Mio. US-$; vgl. *Enfoques* 3/99), die beträchtlichen Gebühren für Ausreisepapiere, an denen der kubanische Staat mittlerweile Millionen verdienen dürfte, zurückgelegte bzw. gesparte Beträge sowie im informellen Sektor umgesetzte Devisen (wobei davon ausgegangen werden kann, dass Letztere früher oder später wieder im formellen Sektor auftauchen).

Bei der Betrachtung dieser Auflistung wird schnell deutlich, dass Aussagen über den Umfang der meisten aufgeführten Posten ihrerseits nur auf mehr oder minder groben Schätzungen beruhen können. In der Literatur gehen deshalb die Angaben über den privaten Geldtransfer nach Kuba weit auseinander, nicht zuletzt auch deshalb, weil an die jeweils angegebene Höhe bestimmte politische Aussagen geknüpft werden (so z.B. bei BETANCOURT 2000, vgl. Fußnote 12). Nur in den seltensten Fällen wird dabei offen gelegt, wie die Schätzungen im Einzelnen zu Stande gekommen sind, so dass eine Überprüfung der Plausibilität der Angaben generell schwierig ist.

Tab. 19: Beispiel für die ungenaue Berechnung der Höhe der *remesas*

|  | Betrag (Mio. US-$) |
|---|---|
| Einnahmen in den Dollarshops | 880 |
| Verkauf von *Pesos Convertibles* durch die CADECA | - 30 |
| Einkäufe durch Diplomaten und ausländische Residenten | - 17 |
| private Einnahmen der Bevölkerung aus dem Tourismus | - 20 |
| Devisenkauf der CADECA | + 70 |
| zurückgelegte Devisen | + 40 |
| Summe *remesas* | 923 |

Quelle: *Enfoques* 3/99

Diese Problematik soll exemplarisch anhand der unterschiedlichen Bezifferung der *remesas* für 1998 verdeutlicht werden. Nach CASTAÑEDA (2000: 244) betrug der private Geldtransfer nach Kuba in diesem Jahr lediglich 700 Mio. US-$, die Zeitschrift *Enfoques* (3/99) nannte einen Betrag von 923 Mio. US-$ und GONZÁLEZ M. (1999) ging sogar von 1,2 Mrd. US-$ aus. *Enfoques* gibt als einzige Quelle die Berechnungsgrundlage preis, die in Tabelle 19 wiedergegeben ist.

Zu dieser Berechnung lassen sich einige kritische Anmerkungen anbringen. Zunächst ist unklar, ob sich die Einnahmen in den Dollarshops nur auf die Läden im engeren Sinne beziehen, oder ob die Angaben auch andere Einzelhandelseinrichtungen des Devisensektors einschließen, wie beispielsweise auf den kubanischen Binnenmarkt ausgerichtete Fastfood-Ketten. MARQUETTI (2000b: 95), der die letztgenannten Kategorien mit einbezieht, nennt für das selbe Jahr einen Gesamtumsatz des Devisen-Einzelhandels von 997 Mio. US-$.

Neben der fragwürdigen Ausgangssumme halten auch die abgezogenen und addierten Beträge einer genaueren Betrachtung nicht stand. Zum einen fehlen Devisenquellen der Bevölkerung, wie beispielsweise die *estimulos*, deren Höhe 1998 etwa 44 Mio. US-$ betrug (vgl. MEP(o.J. c)). Zum anderen ist die angegebene Höhe der Beträge nicht immer plausibel. Dies betrifft vor allem die privaten Einnahmen aus dem Tourismus, die mit 20 Mio. US-$ völlig unterbewertet sind. Nach dem zitierten *Enfoques*-Artikel sind 1998 etwa 20% der Touristen auf der Insel privat untergekommen. Bei 1,4 Mio. Touristen und einer durchschnittlichen Aufenthaltsdauer von 10,1 Tagen im besagten Jahr (vgl. CEPAL 2001a: 33) kommt man demnach auf rund drei Millionen Übernachtungen. Wenn man den in Kuba üblichen Preis von 15 bis 25 Dollar für ein privat angemietetes Doppelzimmer pro Nacht zu Grunde legt und davon ausgeht, dass zwei Drittel der Reisenden sich ein Zimmer teilen, so ergibt sich allein aus der privaten Zimmervermietung ein Betrag von 40 Mio. US-$.[58] Hinzu kommen noch die Trinkgelder, deren Summe angesichts der 80.000 im Tourismussektor beschäftigten Personen (vgl. CEPAL 2001b: 167) nicht gering sein dürfte, sowie die formellen und informellen Einnahmen der Bevölkerung aus Geschäften mit den ausländischen Gästen (z.B. Taxifahren, Verkauf von Speisen und Getränken, Verkauf von Kunsthandwerk). Schon 1996, als nur eine Million Touristen respektive nur 660.000 private Übernachtungen zu verzeichnen waren,[59] wurden die privaten Einnahmen aus dem Tourismus schon auf einen Wert zwischen 55 und 130 Mio. US-$ geschätzt (vgl. MARQUETTI 2000b: 98).

In Anbetracht der vielen möglichen Fehlerquellen können Angaben über die Höhe der *remesas* nur grobe Annäherungswerte sein. Dennoch lassen sich einige Fakten festhalten:

- Die *remesas* sind zweifellos die wichtigste Devisenquelle für die kubanische Bevölkerung.
- Die Summe der *remesas* ist sämtlichen Literaturangaben zufolge von der Legalisierung des Devisenbesitzes für Kubaner (1993) bis zum Ende der 1990er Jahre stetig gewachsen.
- Im Jahr 2001 hat sich der Geldtransfer im Vergleich zu den Vorjahren verringert (vgl. CEPAL 2001c: 102; GRATIUS 2001: 247).

Vor dem Hintergrund der wachsenden Bedeutung des internationalen Fremdenverkehrs für die Deviseneinkünfte der Bevölkerung und auch angesichts der steigenden Zahl der Empfänger von staatlichen Prämien in harter Währung scheinen die Angaben über den Umfang der *remesas* in vielen Quellen zu hoch gegriffen zu sein. Dies gilt insbesondere für die Zahl von einer Milliarde Dollar pro Jahr, die sich seit geraumer Zeit in diversen wissenschaftlichen und nicht wissenschaftlichen Publikationen wieder findet (vgl. beispielsweise *taz*, 19.1.02). Plausibler erscheinen die in Abbildung 11 aus unterschiedlichen Quellen zusammengestellten Angaben, die im Wesentlichen auf Berechnungen der kubanischen Zentralbank (BCC) beruhen und mit Kalkulationen des Autors einigermaßen übereinstimmen.

---

[58] In einigen Fällen muss von diesem Betrag noch die Steuer abgeführt werden. Der Großteil der Zimmer wird jedoch im informellen Sektor vermietet.

[59] Berechnung des Autors nach Daten von CEPAL 2001a und MARQUETTI 2000b.

Abb. 11: Entwicklung des Geldtransfers der Auslandskubaner (Mio. US-$)

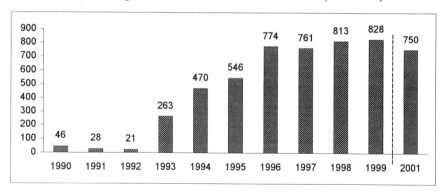

Quelle: Eigener Entwurf nach Daten von CEPAL 2001c; GONZÁLEZ M. 1999; MARQUETTI 2000b; die Werte für 1998 und 1999 entstammen einem Informationsschreiben von Hiram MARQUETTI, der in Havanna am Forschungszentrum für die kubanische Wirtschaft (CEEC) tätig ist.

Die Menge an Devisen, die durch *remesas*, Tourismus oder andere Kanäle in die Hände der Bevölkerung gelangt, sagt noch nichts über deren Verteilung aus. Schon in Kapitel 3.4.2 wurde deutlich, dass die einzelnen Haushalte in sehr verschiedenem Maße über harte Währung verfügen können. In kubanischen Quellen finden sich häufig Angaben, wie groß der Anteil der Bevölkerung ist, der überhaupt Zugang zu Devisen hat (vgl. Tab. 20).

Tab. 20: Anteil der Bevölkerung mit Zugang zu Devisen (nach kubanischen Angaben)

| Jahr | 1994 | 1995 | 1996 | 1997 | 1998 | 1999 |
|---|---|---|---|---|---|---|
| Anteil | 21% | 40-50% | k.A. | 50% | 56% | 62% |

Quelle: FERRIOL 1998b; FERRIOL et al. 1999; MEP(o.J. c)

Zwar wird aus solchen Angaben deutlich, dass zunehmend mehr Kubaner über Devisen verfügen können, doch enthalten die kubanischen Quellen keine Definitionen, was 'Zugang zu Devisen' bedeutet. Da im Prinzip alle Kubaner seit Eröffnung der CADECA die Möglichkeit haben, Nationalwährung in US-$ zu tauschen, kann hier nur der regelmäßige direkte Zugang gemeint sein, der auch vergleichsweise geringe Dollarbeträge einschließt. Es ist davon auszugehen, dass die Steigerung des Anteils der Bevölkerung mit Zugang zu Devisen einerseits auf die stetig steigende Touristenzahl im Land zurückzuführen ist. Andererseits beruht die Steigerung in den ersten Jahren nach der Legalisierung des Devisenbesitzes auf dem vermehrten Geldtransfer der Exilkubaner (vgl. Abb. 11), während der abermalige Anstieg zwischen 1997 und 1999 vermutlich vor allem auf den Ausbau des staatlichen Prämiensystems zurückzuführen ist. Aus der Sicht derjenigen, die ausschließlich von den Prämien profitieren, ansonsten aber über keine Deviseneinnahmen verfügen, bedeutet Letzteres jedoch lediglich, sich monatlich eine Flasche Speiseöl und ein paar Stücke Seife leisten zu können – lächerlich wenig im Vergleich zu den *remesas* und den Verdienstmöglichkeiten im Umfeld des Tourismus. Insofern ist die Angabe '62% mit Zugang zu Devisen' nicht sonderlich aussagekräftig. Allerdings kann auf der anderen Seite festgehalten werden, dass 1999 38% der Bevölkerung weder Geld aus dem Ausland erhielten, noch in das Prämiensystem einbezogen waren oder auf irgendeine Weise vom Tourismus profitieren konnten – eine Tatsache, die die Spaltung der kubanischen Gesellschaft verdeutlicht.

Die Einnahme von Devisen ist nicht nur für die kubanische Bevölkerung von zentraler Bedeutung, sondern auch für den Staat. Diesbezüglich muss man sich noch einmal ins Gedächtnis rufen, welche Konsequenzen der Zusammenbruch des Exportsektors zu Beginn der 1990er Jahre für die kubanischen Deviseneinkünfte hatte. Die verfügbare Devisenmenge reduzierte sich in nur drei Jahren um 63% und erreichte ihren Tiefststand 1993 mit 2,1 Mrd. US-$.[60] Durch den Ausbau des Tourismus und die Steigerung des privaten Geldtransfers im Zuge der Zulassung des Devisenbesitzes konnte dieser Wert bis 1999 verdoppelt werden, jedoch beruhte nur noch ein gutes Drittel der Deviseneinnahmen auf dem Export kubanischer Güter (vgl. Abb. 12).

Abb. 12: Bruttodeviseneinnahmen nach Sektoren (1990 und 1999)

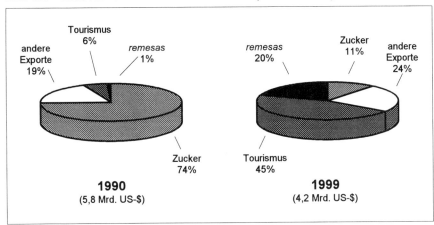

Quelle: Eigener Entwurf nach Daten von GONZÁLEZ M. 1999; ONE 1997; ONE 1998; ONE 2000; MARQUETTI 2000a; die Angabe für die *remesas* im Jahr 1999 beruht auf einem Informationsschreiben von Hiram MARQUETTI, der in Havanna am Forschungszentrum für die kubanische Wirtschaft (CEEC) tätig ist.

Mittlerweile sind der Tourismus und die *remesas* der Exilkubaner die bedeutendsten Devisenquellen des kubanischen Staates, wobei die Bruttoeinnahmen aus dem internationalen Fremdenverkehr die geschätzte Summe des privaten Geldtransfers um mehr als das Doppelte übersteigen. Viel diskutiert ist in diesem Zusammenhang die Frage, wie hoch die Nettoeinkünfte aus diesen beiden Bereichen sind.

---

[60] Berechnung des Autors nach verschiedenen Quellen (vgl. auch Tab. 1 und Abb. 1).

Nach der amtlichen Statistik sind durch den Tourismus im Jahr 1999 rund 1,9 Mrd. US-$ eingenommen worden (vgl. ONE 2000: 252). Da im Tourismussektor für einen eingenommenen Dollar nach kubanischen Berechnungen gegenwärtig 78 Cent investiert werden müssen (vgl. TRIANA 2001: 11), kann von einem Nettogewinn von ungefähr 418 Mio. US-$ ausgegangen werden. Davon fiel ein Teil den ausländischen Investoren zu, die in den 66 bis September 1999 bestehenden Joint Ventures des kubanischen Tourismussektors investiert hatten (vgl. MARQUETTI 2000a) und entsprechend ihres Anteils an den gemischten Unternehmen (in der Regel unter 50%) auch an den Gewinnen beteiligt waren. Geht man von einem Gewinnabfluss in der Höhe von 30 bis 40% aus,[61] so verbleiben der kubanischen Seite zwischen 250 und 300 Mio. US-$.[62] Die bereits erwähnten privaten Einkünfte aus dem Tourismus sind in dieser Berechnung noch nicht berücksichtigt. Der Großteil dessen, was die Bevölkerung an dem internationalen Fremdenverkehr verdient, wird vom Staat über die quasistaatlichen Dollarshops abgeschöpft. Allerdings sind weder der genaue Umfang der privaten Tourismuseinkünfte noch die Gewinnspanne des Devisen-Einzelhandels bekannt, so dass der Nettogewinn aus diesem Bereich nicht geschätzt werden kann.

Ähnlich verhält es sich mit den *remesas*, deren Höhe für das Jahr 1999 auf 828 Mio. US-$ geschätzt wird. Hier versucht der Staat, die harte Währung hauptsächlich über das Netz der Dollarshops abzuschöpfen. In welchem Umfang dadurch Devisen in die Staatskasse fließen, ist nicht bekannt. Angesichts des enormen Preisaufschlags auf alle im Devisensektor vermarkteten Waren (vgl. folgendes Kap.) dürfte das, was der Staat netto an den *remesas* verdient, den Nettoeinnahmen aus dem Tourismus jedoch in nichts nachstehen.

Für das wirtschaftliche und damit auch für das politische Überleben ist Kuba auf den privaten Geldtransfer aus dem Ausland angewiesen. Diese Tatsache scheint mehr als prekär zu sein, wenn man bedenkt, dass "die Mehrheit der Emigranten auf einen unversöhnlichen Anti-Castro-Kurs eingeschworen" ist (HOFFMANN 2000: 101). Allerdings ist kaum zu erwarten, dass die Exilkubaner in Zukunft den Geldhahn zudrehen werden, um politischen Druck auf die CASTRO-Administration auszuüben. Die Emigranten sind auf zahl-

---

[61] Häufig wird pauschal von einer Halbierung der Gewinne ausgegangen. Diese Mutmaßung hält einer genaueren Analyse jedoch nicht stand. Die Hälfte der Bruttoeinnahmen wird nicht durch die eigentlichen Tourismusunternehmen, sondern im Umfeld des Tourismus erwirtschaftet (vgl. DURÁN 2000: 47). Dieses ist weniger stark von ausländischen Investitionen geprägt, so dass mehr Kapital auf der Insel verbleiben kann. Aber auch im Kernbereich des Fremdenverkehrs, dem Hotelsektor, ist nicht von einer Halbierung der Gewinne auszugehen. Von den 32.000 Hotelzimmern, die Ende 1999 dem internationalen Tourismus zur Verfügung standen, wurden nur 44% in Form von Joint Ventures geführt, in denen dann bis zu 50% der Gewinne auf den ausländischen Investor fielen. 38% der Zimmer standen unter ausländischem Management, wo die Gewinnbeteiligung tendenziell geringer ist als in Joint Ventures, und die restlichen 18% wurden durch rein kubanische Tourismusunternehmen geleitet (vgl. PÉREZ V. 2000a: 33f).

[62] Zum Vergleich: ECHTINGER (2000: 86) geht für das Jahr 1997 von 240 Mio. US-$ Nettogewinn für die kubanische Seite aus und befindet sich mit dieser Einschätzung in etwa in der oben angegebenen Größenordnung.

reiche Staaten verteilt, wodurch die Organisation einer solchen Maßnahme nicht gerade erleichtert werden würde. Außerdem bildet 'das Exil' trotz der überwiegend CASTRO-feindlichen Grundhaltung nicht einmal in Miami eine homogene Interessengruppe, die sich politisch in eine bestimmte Richtung lenken ließe. Denn eine *remesa*-Blockade beträfe die eigenen Verwandten auf der Insel, deren Wohlergehen den meisten Exilkubanern sicherlich mehr am Herzen liegt als politische Kampagnen.[63]

Die Abhängigkeit von *remesas* ist im Übrigen kein spezifisch kubanisches Phänomen, sondern auch in anderen Ländern bekannt. So gibt KÜPPERS (2001: 11) an, dass der private Geldtransfer nach El Salvador im Jahr 2000 bei 1,3 Mrd. US-$ und damit sowohl absolut als auch pro Kopf gerechnet deutlich über dem kubanischen Wert gelegen hat. Und auch in Guatemala ist der familiengebundene oder kollektiv organisierte Geldfluss aus den USA "eine alle Lebensbereiche durchdringende Realität geworden" (BURBA 2001: 19). Ähnlich wie in Kuba werden dort die *remesas* zur Deckung der Grundversorgung oder zum Bau bzw. zur Instandsetzung von Häusern und Wohnungen eingesetzt. Mittlerweile sind die *remesas* sogar auf globalem Niveau zu einem wichtigen Wirtschaftsfaktor geworden, BOYLE et al. (1998: 5) konstatieren:

> Although it is impossible to provide precise estimates, international labour migrants are believed to remit over $67 billion anually to their homelands, making this second only to oil in world trade figures.

Selbst aus der Abwicklung des Geldtransfers hat sich inzwischen ein lukratives Geschäft entwickelt, mit dem Kurierdienste wie 'Western Union' oder 'MoneyGram' Umsätze in Milliardenhöhe machen (vgl. OROZCO 2001).

In Kuba scheint der private Geldtransfer aus dem Ausland sein Maximum bereits erreicht zu haben. Die großen Zuwachsraten der ersten Hälfte der 1990er Jahre wurden in den letzten Jahren jedenfalls nicht mehr erreicht (vgl. Abb. 11). Den stagnierenden bzw. in jüngster Zeit sogar fallenden *remesas* stand ein langsames Wachstum der Tourismuseinnahmen gegenüber. Da der Tourismus in Kuba weiter ausgebaut und gleichzeitig das eingesetzte Kapital effizienter genutzt werden soll, ist damit zu rechnen, dass zukünftig dieser Sektor zur wichtigsten Nettodevisenquelle für den Staat werden wird. Die *remesas* werden aber auch weiterhin eine Schlüsselfunktion für die gesamte kubanische Wirtschaft behalten.

---

[63] HENNING (2001: 643f), die sich mit der Identität der *Cuban Americans* auseinandersetzt, stellt fest, dass "das kubanische Miami dem Einheits-Diskurs zum Trotz nie eine homogene Gruppe" war, und macht gerade bei den in jüngerer Zeit Eingewanderten einen Wertewandel aus. Sie kommt zu dem Schluss: "Eine wichtige Rolle in diesem Prozess der Differenzierung spielte der Zuzug der *marielitos*, nicht nur wegen ihrer anderen sozialen und ethnischen Zusammensetzung, sondern vor allem wegen einer anderen Haltung zu Kuba. Alle nach 1980 gekommenen Migranten bis hin zu den *balseros* der 90er Jahre brachten mehrheitlich ein sehr viel differenzierteres und realistischeres Bild von Kuba mit, sowohl dem vorrevolutionären als auch von dem Kuba nach 1959. (...) Vor allem aber wollen diese Migranten engen Kontakt zu ihren Familien in Kuba aufrecht erhalten und sie ökonomisch unterstützen. So schicken alle, die es irgendwie können, Geld und Konsumgüter nach Kuba und besuchen so oft wie möglich ihre Familien."

### 4.3.3 Dollarshops

Dollarshops gab es in Kuba auch schon vor der Legalisierung des Devisenbesitzes. Diese *diplotiendas* oder *tecnitiendas* genannten Läden ähnelten den Intershops in der DDR und waren für ausländische Diplomaten und Techniker sowie für die wenigen Touristen eingerichtet worden, die seinerzeit die Insel besuchten. Obwohl kubanische Staatsangehörige keinen Zugang zu diesen Geschäften hatten, weil der Devisenbesitz bis Mitte 1993 unter Strafe stand, gelangte die Bevölkerung an einige der dort angebotenen Güter, die von befreundeten Ausländern besorgt oder auf dem Schwarzmarkt verkauft wurden (vgl. BENJAMIN et al. 1984: 44). Als sich die wirtschaftliche Krise zu Beginn der 1990er Jahre zuspitzte und die Versorgungslage immer prekärer wurde, nahm diese Praxis sprunghaft zu. Vor allem Staatsangehörige aus kommunistischen oder in Transformation befindlichen Ländern, die sich – trotz ihres Status als ausländische Gäste – ihrerseits in einer schwierigen Lage befanden, deckten sich in den Dollarshops mit Produkten ein und verkauften sie Gewinn bringend auf dem Schwarzmarkt. Kubanische Schätzungen gehen davon aus, dass 1992 etwa 60% des Umsatzes in den Dollarshops auf Kubaner zurückgingen, obwohl diese offiziell gar keine Dollar besitzen durften (vgl. MARQUETTI 2000b: 97).

Am 13. August 1993 (zufälligerweise dem 67. Geburtstag CASTROS) änderte sich die Situation mit dem In-Kraft-Treten des *Decreto-Ley No. 140* grundlegend. Seit diesem Tag dürfen auch Kubaner im Besitz ausländischer Währung sein. In seiner berühmten Rede, in welcher der Staatschef die bevorstehende Freigabe des Dollars ankündigte (vgl. auch Kap. 1.3), nannte CASTRO (1996: 52) das Ziel dieser in der kubanischen Führung äußerst umstrittenen Maßnahme:

> So wie man auch andere Dinge legalisiert hat, kann man auch das legalisieren. Das ist der erste Gedanke: daß es nicht mehr, wie bislang, eine Straftat ist, konvertible Devisen zu besitzen. (...)
> Es ist klar, daß die Devisen keinerlei Sinn haben, wenn es keine Gelegenheit gibt, sie auszugeben. Heute gibt es diese Gelegenheit, weil mit dem Tourismus im Land Geschäfte eröffnet wurden, und, wie ich bereits erläuterte, kaufen diejenigen, die Devisen besitzen, auf die eine oder andere Weise in diesen Geschäften ein.
> Dahinter steht die Absicht, einen wesentlichen Teil dieser Devisen abzuschöpfen, aber nicht, indem man sie beschlagnahmt, sondern über ein Netz von Geschäften und Dienstleistungsbetrieben. Diese Strukturen haben wir aber noch nicht, obwohl es eine ganze Reihe von Geschäften gibt, die mit dem Tourismus verbunden sind. Man wird teilweise diese touristischen und andere bestehende Strukturen nutzen müssen, aber auch weitere Einrichtungen zu diesem Zweck schaffen. Ziel ist es, Devisen für das Land abzuschöpfen. Dies ist die wesentliche Bedeutung der Legalisierung des Besitzes von konvertierbaren Devisen.[64]

---

[64] Wie wichtig das Abschöpfen von Devisen war (und ist) verdeutlicht die Aussage des kubanischen Vizefinanzministers Rubén TOLEDO: "Die Legalisierung des Dollars in Kuba war die einzige Möglichkeit, um den Zusammenbruch unseres Landes zu vermeiden. Wir brauchten dringend die Dollars, die in der Bevölkerung zirkulierten, um Erdöl und Nahrungsmittel zu importieren und die Grundversorgung zu garantieren. Diese Maßnahme hat nichts mit Sozialismus zu tun, es war uns auch damals klar, daß wir

Zum Zeitpunkt dieser Rede gab es in der Tat nur einige wenige Dollarshops, und selbst Touristen hatten mitunter Mühe, sich außerhalb der Hotels zu versorgen. Doch nach der Verabschiedung des *Decreto-Ley No.140* wurde das Netz des Deviseneinzelhandels rasch ausgebaut. Vor allem in Havanna entstanden zahlreiche größere oder kleinere Läden, Kioske, Foto- und Fotokopiercenter, Cafeterias, Schnellimbisse, Tankstellen sowie andere Devisen erwirtschaftende Einrichtungen. Bis Ende der 1990er Jahre konnten landesweit etwa 4.000 Verkaufspunkte gezählt werden, in denen Waren in harter Währung verkauft wurden (vgl. MARQUETTI 2000b: 102). Die Größe dieser Einrichtungen reicht von einfachen Containern, die in manchen Stadtvierteln aufgestellt worden sind und nur eine geringe Angebotsbreite aufweisen, über verschieden dimensionierte Supermärkte bis hin zu ganzen Kaufhäusern wie *La Época* oder dem *Carlos-III*-Komplex, der ersten Einkaufspassage Kubas, die Tagesumsätze von bis zu 100.000 US-$ verzeichnen soll (vgl. BURCHARDT 1999a: 93).

Der Ausbau des Ladennetzes wurde von verschiedenen kubanischen Unternehmen übernommen, die wiederum eigene Einzelhandelsketten gründeten bzw. bereits bestehende Ketten fortführten (vgl. Tab. 21). Diese Unternehmen sind *de jure* als Aktiengesellschaften (*Sociedades Anónimas* S.A.) organisiert. Rein rechtlich handelt es sich also um private, vom Staat unabhängige Firmen, deren Aktionäre kubanische Staatsbürger sind und deren Gewinne – trotz ihrer Einbindung in den Devisensektor – in Nationalwährung ausgeschüttet werden. *De facto* stellt sich die Situation jedoch anders dar, wie MESA-LAGO (1996a: 88) konstatiert:

> Die Praxis sieht jedoch anders aus: Das Kapital kommt vom Staat, die Unabhängigkeit ist eine Fiktion, Aktionäre sind Strohmänner, und aller Profit fließt in die Kassen des Staates.

Auch kubanische Stellen leugnen diesen Sachverhalt nicht. So zählt die amtliche Statistik die *Sociedades Anónimas* zum Staatssektor, weil "das Kapital derselben dem kubanischen Staat gehört" (ONE 2000: 110). Dennoch verfügen die S.A. über eine gewisse Autonomie, da sie weitestgehend unabhängig von der Planwirtschaft agieren und eigenständige Entscheidungskompetenz innehaben. Insofern können sie am treffendsten als 'quasistaatliche Unternehmen' bezeichnet werden.[65]

Entsprechend der zunehmenden Zahl von Dollarshops, die im Zuge der wachsenden Deviseneinkünfte der Bevölkerung aus *remesas* und anderen Quellen auf der gesamten Insel eröffnet worden sind, stiegen auch die Umsätze dieser Einrichtungen an. 1999 lagen sie

---

damit die Bevölkerung in einen Teil mit und einen ohne Dollar spalten würden, daß sie der Arbeitsmoral nicht gut tun würde – aber es war der letzte Strohhalm" (*taz*, 10.10.97).

[65] Die meisten dieser Unternehmen betreiben nicht nur Dollarshops, sonder haben ein sehr viel breiteres Wirkungsfeld. So unterhält die bereits 1978 gegründete Gesellschaft CIMEX S.A. (*Corporación Importadora y Exportadora*), die mit 22.000 Angestellten das größte Unternehmen seiner Art und mit einem Jahresumsatz von mittlerweile 950 Mio. US-$ 'Marktführer' ist (vgl. *Granma*, 4.1.02), neben der Einzelhandelskette *Tiendas Panamericanas* unter anderem noch den Touroperator *Havanatur*, verschiedene Immobiliengesellschaften, eine Tankstellenkette, gastronomische Betriebe und bietet für ausländische Investoren verschiedene Dienstleistungen an.

erstmals über einer Milliarde Dollar – eine Verfünffachung gegenüber den Einkünften von 1994 (vgl. Abb. 13). Im Jahr 2001 sind bereits in den ersten zehn Monaten 930 Mio. US-$ umgesetzt worden (vgl. *Granma*, 12.12.01), so dass die Jahreseinnahmen wiederum deutlich über der Milliardengrenze liegen dürften. Eine wesentliche Steigerung der Einnahmen ist mittelfristig nicht zu erwarten. Kubanische Experten schätzen, dass sich die Bruttoeinnahmen des Devisen-Einzelhandels bei einem Wert zwischen 1,0 und 1,2 Mrd. US-$ stabilisieren werden (vgl. MARQUETTI & GARCÍA 1999: 21).

Tab. 21: Struktur des Devisen-Einzelhandels nach Marktanteilen (1997)

| Unternehmen | Name der Einzelhandelskette | Anzahl der Läden | Umsatz der Läden (Mio. US-$) | Marktanteil (%) |
|---|---|---|---|---|
| CIMEX | Tiendas Panamericanas | 1.123 | 327,7 | 38,7 |
| CUBALSE | Tiendas Meridianos | 400 | 180,7 | 21,3 |
| TRD-Caribe | Tiendas TRD | 1.000 | 121,3 | 14,3 |
| Caracol | Tiendas Caracol | 350 | 65,8 | 7,8 |
| Cubanacán | Tiendas Universo | 200 | 39,6 | 4,7 |
| Gaviota | Tiendas Gaviota | 100 | 4,6 | 0,5 |
| Habaguanex | (a) | 60 | 32,9 | 3,9 |
| andere | (b) | 460 | 74,7 | 8,8 |
| | gesamt | 3.693 | 847,3 | 100 |

(a) Habaguanex S.A. ist 1994 zur touristischen und kommerziellen Wiederbelebung der Altstadt Havannas gegründet worden. 1997 unterstanden dem Unternehmen neben 22 Dollarshops drei Hotels sowie verschiedene Restaurants, Bars, Cafés und andere devisenerwirtschaftende Einrichtungen, deren Umsatz in diesem Jahr insgesamt bei 40 Mio. US-$ lag (vgl. WEHRHAHN & WIDDERICH 2000: 103).
(b) Vor allem Fastfood-Ketten und andere gastronomische Einrichtungen

Quelle: MARQUETTI 2000b

Abb. 13: Umsatz des Devisen-Einzelhandels 1994 bis 1999 (Mio. US-$)

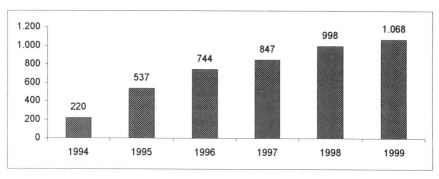

Quelle: MARQUETTI 2000b; der Wert für 1999 stammt aus einem Informationsschreiben von Hiram MARQUETTI, der in Havanna am Forschungszentrum für die kubanische Wirtschaft (CEEC) tätig ist.

Über den Nettogewinn des Devisen-Einzelhandels gibt es keine zuverlässigen Angaben. Selbst in dem Jahresbericht ein und derselben Forschungsinstitution klaffen die Schätzungen weit auseinander (vgl. CEEC 1999). So gehen MARQUETTI & GARCÍA (1999: 21) von einer Gewinnspanne des Deviseneinzelhandels von 100% aus, während TRIANA (1999: 12) nur wenige Seiten zuvor die Nettoeinkünfte dieses Wirtschaftssektors auf 400 Mio. US-$ beziffert. Da er für dieses Jahr von einem Umsatz von lediglich 870 Mio. US-$ ausgeht, beträgt der Gewinn demnach nur 46%.[66]

Ein essenzieller Faktor für die Erwirtschaftung von Gewinnen sowie für deren Steigerung ist der Einkaufspreis für die in den Dollarshops vermarkteten Produkte. Dies gilt umso mehr, als die Verkaufspreise für die Konsumenten einigermaßen stabil gehalten werden sollen – allerdings auf sehr hohem Niveau. In den ersten Jahren nach der Zulassung des Devisenbesitzes musste vergleichsweise viel für den Wareneinkauf ausgegeben werden. Die kubanische Wirtschaft steckte in der Krise, und es gab nur wenige Betriebe, die den Devisensektor beliefern konnten, so dass die meisten Güter aus dem Ausland importiert werden mussten. Doch die Preise für Konsumgüter auf dem Weltmarkt waren sehr hoch. Deshalb wurde schon früh erkannt, welches Potenzial in der Substitution von Importprodukten durch kubanische Waren liegt (vgl. MARQUETTI 1994).

Glaubt man der Statistik, so sind inzwischen erhebliche Erfolge in der Importsubstitution gemacht worden. Tabelle 22 zeigt den Anteil der heimischen Produkte an den Umsätzen in den Dollarshops. Die Steigerung des Anteils kubanischer Waren von 29 auf 55% in einem vergleichsweise kurzen Zeitraum ist zunächst beeindruckend und wird dementsprechend auch gern von offiziellen Stellen ins Feld geführt. Allerdings sind diese Angaben nicht überprüfbar, und einiges spricht dafür, dass sie geschönt sind. So ist beispielsweise die am häufigsten verkaufte Milchpulvermarke mit dem Label "hergestellt in Kuba" versehen – angesichts der lächerlich geringen kubanischen Milchpulverproduktion (vgl. Abb. 9) ein mehr als offensichtlicher Versuch, Importe zu nationalisieren. Ähnliches gilt auch für andere Produktgruppen, z.B. schwarze Bohnen. Darüber hinaus lässt sich der Erfolg der Importsubstitution auch deshalb nicht beurteilen, weil nicht klar ist, in welchem Umfang die Erzeugung der in den Dollarshops vermarkteten kubanischen Güter ihrerseits die Einfuhr von Waren erfordert.[67] Denn in Kuba mangelt es an zahlreichen Grundstoffen für die industrielle Produktion.

Auch wenn sich nicht exakt ermitteln lässt, welchen Anteil kubanische Waren an den Umsätzen im Devisen-Einzelhandel haben, kann man doch eine erheblich gesteigerte Präsenz dieser Produkte in den Regalen der Dollarshops beobachten. Dies gilt beispielsweise

---

[66] Angaben in ähnlicher Höhe werden für die Gesellschaft CIMEX gemacht, die 2001 53% der Gesamteinnahmen als Gewinn verbuchen konnte (vgl. *Granma*, 14.02.02). Diese Daten sind jedoch nicht unmittelbar vergleichbar, da die Einnahmen aus sämtlichen Aktivitäten des Unternehmens stammten.

[67] Gleiches gilt auch für die Versorgung des Tourismussektors. Nach kubanischen Angaben stammten 1996 nur 35% der im Tourismus verbrauchten Güter aus kubanischer Produktion (vgl. FERRIOL 2000: 38), im Jahr 2000 waren es bereits 61% (vgl. TRIANA 2001: 12). Auch diese 'Erfolgsstory' der kubanischen Güterproduktion lässt sich kaum überprüfen.

für Körperpflegeartikel wie Seife, Shampoo, Zahnpasta, Deodorant, Parfüm oder Ähnliches, die in großer Menge mit ausländischer Kapitalbeteiligung auf der Insel hergestellt werden.[68] In den vergangenen Jahren ist nicht nur die Menge der kubanischen Warenproduktion für das Devisensegment der Wirtschaft angestiegen, sondern es haben sich auch das (zuvor wenig liebevoll gestaltete) Design der Produkte und deren Qualität erheblich verbessert. Insgesamt hat der Ausbau des Dollarshopnetzes in quantitativer wie qualitativer Hinsicht eine stimulierende Wirkung auf die kubanische Konsumgüterindustrie ausgeübt.

Tab. 22: Anteil kubanischer Produkte an den Umsätzen des Devisen-Einzelhandels

| Jahr | 1996 | 1997 | 1998 | 1999 | 2000 | 2001 |
|---|---|---|---|---|---|---|
| Anteil | 29% | 39% | 45% | 47% | 49% | 55% |

Quelle: CEPAL 2001a; *Granma* vom 21.12.01; MARQUETTI 2000b; MEP(o.J. c)

Aus der Sicht der Bevölkerung ist die zunehmende Importsubstitution insofern positiv, als dass in der Regel die in Kuba produzierten Waren billiger sind als Importware, denn die Produktpreise in den Dollarshops sind natürlich von zentraler Bedeutung für die Konsumenten. Interessant ist in diesem Zusammenhang ein Vergleich der Preise zwischen den konkurrierenden Einzelhandelsketten. Um die Preisstruktur im Devisen-Einzelhandel zu analysieren, sind im März 1999 in Havanna neun verschiedene Geschäfte und ein Einkaufszentrum untersucht worden. Bei der Auswahl der Läden sind sämtliche 'am Markt' befindliche Unternehmen (vgl. Tab. 21) berücksichtigt worden. Ferner wurden sowohl große als auch kleine bzw. sowohl zentrumsnah und als auch peripher gelegene Geschäfte einbezogen (vgl. Tab. 23).

Tab. 23: In die Preis- und Angebotsstudie einbezogene Einrichtungen des Devisen-Einzelhandels (März 1999 in Havanna)

| Name der Einrichtung | Größe der Einrichtung | zugehöriges Unternehmen | Lage in Havanna |
|---|---|---|---|
| Tienda Caracol | mittel | Caracol | Villa Panamericana |
| Tienda Meridiano 'La Isla de Cuba' | mittel | CUBALSE | La Habana Vieja |
| Tienda Meridiano '5 y 42' | groß | CUBALSE | Miramar |
| Tienda Panamerican 'Focsa' | mittel | CIMEX | Vedado |
| Tienda Panamerican 'Ultra' | groß | CIMEX | Centro Habana |
| 'Plaza Carlos III' | sehr groß | CIMEX | Centro Habana |
| Tienda Universo | klein | Cubanacán | Miramar |
| 'Belen' | klein | Habaguanex | La Habana Vieja |
| 'El Cristo' | klein | Habaguanex | La Habana Vieja |
| TRD 'Horizontes' | mittel | TRD | La Habana Vieja |

---

[68] TRIANA (2001: 7) gibt an, dass 87% der von CIMEX kommerzialisierten Körperpflegeartikel in Kuba hergestellt werden.

Gegenstand der Untersuchung waren Artikel des Grundbedarfs, die besonders häufig in Dollarshops gekauft werden. Die zu untersuchenden Produkte wurden auf der Basis der Haushaltsbefragung sowie zahlreicher ungelenkter Gesprächen und Beobachtungen ausgewählt. Ziel der Untersuchung war es, zu ermitteln, welche Preisunterschiede zwischen den verschiedenen Einzelhandelsketten bzw. zwischen zentralen und peripher gelegenen Läden der selben Kette bestehen. Um die Vergleichbarkeit der Preise zu gewährleisten, wurden jeweils identische Artikel, d.h. Produkte der selben Handelsmarke und der selben Packungsgröße betrachtet. Ausgeschlossen blieben deshalb Bekleidung und Schuhe, die zwar ebenfalls zu den typischerweise in Dollarshops nachgefragten Produkten gehören, aufgrund der Vielzahl der Modelle und Hersteller sowie aufgrund der erheblichen Qualitätsunterschiede jedoch schwer zu vergleichen sind.[69] Hinsichtlich der übrigen Produkte sind jeweils die üblicherweise gekauften Marken (zumeist die preisgünstigsten) und Mengen (zumeist kleine Mengen) untersucht worden. Neben der Preisstruktur sollte auch die Breite des Angebots der Einzelhandelseinrichtungen ermittelt und geprüft werden, welche der betrachteten Waren jeweils in den Geschäften verfügbar waren. Hierzu wurden nicht einzelne Produkte, sondern Produktgruppen betrachtet. Die Ergebnisse der Untersuchung sind in Tabelle 24 zusammengefasst.

Die Preisspanne, die sich aus dem Vergleich der zehn Geschäfte des Devisen-Einzelhandels ergibt, war bei den meisten Produkten gering. Sechs Artikel kosteten in allen Läden, in denen sie angeboten worden sind, exakt das Gleiche, bei weiteren sechs Artikeln lag der Preisunterschied zwischen dem billigsten und dem teuersten Anbieter bei nur fünf Cent oder weniger. Bedeutende Unterschiede konnten lediglich bei tiefgefrorenem Huhn, Toilettenpapier und Kichererbsen festgestellt werden. Bei Butter, passierter Tomate, Shampoo und Zahnpasta waren mäßige Preisdifferenzen zu beobachten. Allerdings schienen die Differenzen keinem Muster zu Folgen, da sich keine signifikanten Unterschiede der Gestaltung der Preisstruktur zwischen den verschiedenen Ketten oder zwischen den Standorten der Läden erkennen ließen. Es ist davon auszugehen, dass die abweichenden Preise weniger auf eine aktive Preispolitik der beteiligten Unternehmen zurückgeht, als vielmehr auf eine gängige Praxis des Geschäftsführers oder des Personals der einzelnen Dollarshops. Diese schlagen gelegentlich bei der Auszeichnung der Waren ein paar Cent auf den von der Einzelhandelskette bestimmten Preis auf, um sich so Devisen in die eigene Tasche zu wirtschaften. Umfangreiche Kontrollen des kubanische Finanzministeriums ergaben, dass in 38% der überprüften Dollarshops illegale Preisaufschläge vorgenommen worden sind (vgl. *Granma*, 31.1.02).

Betrachtet man das Angebot in den ausgewählten Geschäften, so lässt sich grundsätzlich eine gewisse Breite der Produktpalette erkennen – zumindest für kubanische Verhältnisse. In der Hauptstadt scheint ein einigermaßen funktionsfähiges Versorgungsnetz aufgebaut worden zu sein, wenngleich dessen Maschen in Anbetracht der stark defizitären Verhältnisse im öffentlichen Nahverkehr wohl noch etwas enger sein könnten. Zwar ist

---

[69] Darüber hinaus ist es sehr schwierig zu beurteilen, welche Art von Kleidung den Grundbedarf und welche eher individuelle Modebedürfnisse befriedigt.

es schwer, das Produkt einer ganz bestimmten Marke in einem ganz bestimmten Dollarshop zu erstehen, wie beispielsweise die von *Suchel Tropical* in Kuba hergestellte Seife mit der Handelsmarke 'LUX', die nur in wenigen der untersuchten Dollarshops zu haben war. Meistens kann man jedoch auf vergleichbare Produkte anderer Hersteller ausweichen.

Tab. 24: Preise und Verfügbarkeit ausgewählter Produkte in zehn Einrichtungen des Devisen-Einzelhandels in Havanna (März 1999)

| Artikel | Menge | Anzahl der Läden, in denen der Artikel angeboten wurde (a) | es kein vergleichbares Produkt gab | Preisspanne (US-$) | Durchschnittspreis (US-$) |
|---|---|---|---|---|---|
| Sonnenblumenöl | 1 l | 8 | 0 | 2,35 - 2,50 | 2,41 |
| Speiseöl (Soja-Sonnenblume) | 1 l | 6 | 0 | 2,10 - 2,15 | 2,14 |
| Essig | ½ l | 6 | 2 | 0,75 - 0,80 | 0,77 |
| Mayonnaise | 200 g | 6 | 0 | keine | 1,20 |
| passierte Tomate | 1 l | 10 | 0 | 1,80 - 2,10 | 1,90 |
| Milchpulver | 1 kg | 6 | 1 | 5,80 - 6,00 | 5,87 |
| Dosenmilch | ½ l | 9 | 1 | keine | 1,50 |
| H-Milch | 1 l | 7 | 3 | keine | 1,60 |
| Butter | 454 g | 3 | 5 | 2,15 - 2,50 | 2,38 |
| Würstchen | 230 g | 4 | 1 | keine | 2,70 |
| Huhn (tiefgefroren) | 1 kg | 6 | 3 | 2,70 - 3,50 | 2,93 |
| Nudeln | 400 g | 10 | 0 | 0,70 - 0,80 | 0,73 |
| Reis (gute Qualität) | 1 kg | 5 | 4 | keine | 1,65 |
| Reis (mindere Qualität) | 1 kg | 4 | 4 | 0,95 - 0,96 | 0,95 |
| schwarze Bohnen | 500 g | 6 | 0 | 1,30 - 1,45 | 1,38 |
| Linsen | 500 g | 6 | 1 | 1,25 - 1,45 | 1,39 |
| Kichererbsen | 500 g | 5 | 4 | 1,40 - 1,80 | 1,65 |
| salzige Trockenkekse | 1 kg | 6 | 3 | 1,26 - 2,00 | 1,87 |
| Fruchtsaft (Orange/Banane) | 1 l | 10 | 0 | 1,30 - 1,40 | 1,39 |
| Seife (zur Körperpflege) | kl. Stck. | 5 | 1 | keine | 0,25 |
| Seife (zur Körperpflege) | 100 g | 4 | 1 | 0,35 - 0,45 | 0,39 |
| Shampoo | 1.000 ml | 9 | 1 | 2,30 - 2,60 | 2,38 |
| Deostift | Stck. | 8 | 2 | 0,95 - 1,00 | 0,96 |
| Zahnpasta | 125 ml | 5 | 4 | 1,85 - 2,15 | 1,93 |
| Seife (zum Wäschewaschen) | 200 g | 7 | 3 | 0,40 - 0,50 | 0,44 |
| Waschpulver | 200 g | 7 | 0 | 0,55 - 0,60 | 0,59 |
| Toilettenpapier | 4 Rollen | 5 | 4 | 0,85 - 1,60 | 1,14 |
| Aufnehmer | Stck. | 5 | 5 | 0,75 - 0,80 | 0,77 |

(a) Berücksichtigt sind nur Artikel der gleichen Marke und Packungsgröße.
Quelle: Eigene Erhebung

Allerdings gibt Tabelle 24 auch Auskunft darüber, dass in einigen Läden verschiedene Artikel des Grundbedarfs ganz fehlen. In diesen Fällen handelt es sich zumeist um kleine Geschäfte mit einem eingeschränkten Warensortiment. Oft haben diese ausschließlich

Lebensmittel im Angebot, während eine andere, in unmittelbarer Nachbarschaft gelegene Verkaufsstelle nur Körperpflegeartikel führt. Sofern jedoch bestimmte Lebensmittel nicht angeboten werden, müssen die Konsumenten auf diese Produkte verzichten oder weite Wege zu anderen Anbietern in Kauf nehmen.

Insgesamt ist der Devisen-Einzelhandel in keiner Weise durch einen Wettbewerb um die Gunst der Kunden gekennzeichnet. Dies ist auch gar nicht nötig, denn eine Konkurrenz zwischen den unterschiedlichen Ladenketten, die den Verbrauchern eine echte Wahl zwischen verschiedenen Anbietern lassen würde, gibt es nicht. In allen Läden wird mehr oder weniger das Gleiche zum selben Preis angeboten. Der Konsument hat keine Marktmacht, weil der 'Markt' staatlich reguliert ist und damit weitestgehend unabhängig von Angebot und Nachfrage funktioniert. Die Marktanteile der am Devisen-Einzelhandel beteiligten quasistaatlichen Unternehmen sind mehr oder weniger fest abgesteckt.

Die Preisbildung erfolgt unter der Prämisse, dass die Dollarshops vor allem dazu eingerichtet worden sind, um die Devisen der Bevölkerung abzuschöpfen. Dementsprechend werden bei der Kommerzialisierung der Waren satte Preisaufschläge gemacht. Bei hochwertigen Konsumgütern beträgt der Aufschlag 130% auf den Einkaufspreis, bei Lebensmitteln und anderen Artikeln des Grundbedarfs (Hygiene- und Körperpflegeartikel, Kleidung etc.) werden sogar zwischen 200 und 270% aufgeschlagen (vgl. MARQUETTI 2000b: 103).[70] So erklärt sich dann auch das anhaltend hohe Preisniveau in den Dollarshops. Ein stichprobenartiger Vergleich zwischen den Produktpreisen von Oktober 1997 und März 1999 zeigt nur geringfügige Veränderungen im betrachteten Zeitraum, und auch in jüngerer Zeit sind in diesem Sektor keine signifikanten Preisbewegungen zu beobachten gewesen (vgl. TRIANA 2001: 4).

Die 'Politik der hohen Preise' ermöglicht dem kubanischen Staat über die Dollarshops große Mengen von Devisen einzunehmen, die dann nach offiziellen Angaben "teilweise wieder an bedürftigere Bevölkerungsteile verteilt (...) und außerdem zur Finanzierung der sozialen Sektoren eingesetzt würden" und dadurch "allen zugute käme[n]" (BURCHARDT 1996: 156). Jedoch hat die Preispolitik auch negative Konsequenzen, die MARQUETTI (2000b: 103) folgendermaßen beschreibt:

> Unabhängig von den Faktoren, die diese Politik rechtfertigen, wirkt sie sich in der Praxis als ein Faktor aus, der die Kaufkraft der Löhne mindert; insofern bilden die hohen Preisaufschläge eine direkte Steuer, die die Arbeiter monatlich zahlen müssen, weil sie darauf angewiesen sind, regelmäßig essentielle Produkte des täglichen Bedarfs wie Speiseöl, Körperpflegeartikel oder andere Artikel im Dollarshop zu besorgen.

---

[70] HENKEL (2001a: 23) gibt für Speiseöl sogar einen Preisaufschlag von 600% an. Allerdings kann nicht berechnet werden, wie viel Gewinn die Dollarshops mit einer derartigen Preispolitik machen, da die über den Wareneinkauf hinausgehenden Kosten (Transport, Lagerung, Unterhaltung der Läden) nicht bekannt sind.

Das hohe Preisniveau des Devisen-Einzelhandels geht also mit einem Realeinkommensverlust der Bevölkerung einher.

### 4.3.4 Mercados agropecuarios

Als eine der bedeutendsten Reformmaßnahmen der 1990er Jahre gilt neben der Legalisierung des Devisenbesitzes die Einrichtung der *mercados agropecuarios*. Schon in der vorangegangenen Dekade waren nichtstaatliche Agrarmärkte ins Leben gerufen worden, um so einen zusätzlichen Produktionsanreiz vor allem für die Kleinbauern zu schaffen und damit die Versorgung der Bevölkerung zu verbessern (vgl. CHARADÁN 1997; ROSENBERG 1992). Allerdings stieß schon damals die Eröffnung der *mercados campesinos* (Bauernmärkte) bei führenden Regierungsmitgliedern auf Kritik, deren Stoßrichtung HENKEL (1996: 146) treffend zusammenfasst:

> Der Revolutionsführer war es, der sich bereits 1981, ein Jahr nach der Eröffnung der freien Bauernmärkte, gegen diese aussprach. Die Profite der Zwischenhändler überstiegen, so Castro, jedes vertretbare Maß und könnten die Bildung einer neuen kleinkapitalistischen Klasse zur Folge haben (...). Diese in den folgenden Jahren erneut geäußerte Kritik führte 1986 zur Schließung der Bauernmärkte, welche auf wenig Verständnis in der Bevölkerung stieß. Gegen den von der Bevölkerung wiederholt vorgetragenen Wunsch nach deren Wiedereröffnung (...) sprach sich Castro aus. Insofern hat es den Anschein, daß Castro der größte Protagonist gegen die Einrichtung der freien Bauernmärkte war.

1986 passte sich die Schließung der *mercados campesinos* nahtlos in den ideologischen Rahmen der *rectificación* ein, ein Prozess, durch den 'Fehler' hinsichtlich des Abweichens von sozialistischen Prinzipien berichtigt werden sollten. Doch wenige Jahre später war die *rectificación* de facto obsolet und wurde von der *período especial* abgelöst, die Kuba vor eine vollkommen veränderte Situation stellte. Vor diesem Hintergrund kam es auf dem 1991 abgehaltenen IV. Parteitag der PCC zu breiten und kontroversen Diskussionen über die Vor- und Nachteile der erneuten Eröffnung nichtstaatlicher Agrarmärkte, welche die eingebrochene landwirtschaftliche Produktion wieder ankurbeln und eine Versorgungskrise abwenden sollten. Letztlich wurde diese Maßnahme aber abgelehnt, wobei Fidel CASTRO wiederum als "heftigster Kritiker von Marktstrukturen" auftrat (BURCHARDT 1996: 148; vgl. auch ESPINOSA 1995: 58f).

Im Frühjahr 1992 musste CASTRO der Öffentlichkeit bekannt geben, dass verschiedene Aktionen im Rahmen des *plan alimentario* gestoppt seien. Damit war das ehrgeizige Vorhaben gescheitert, die Nahrungsmittelproduktion trotz des Fehlens von Treibstoff und Maschinen und trotz der eingeschränkten Verfügbarkeit von Dünge- und Pflanzenschutzmitteln noch zu erhöhen. Der kubanische Agrarsektor drohte nun vollends zu kollabieren und die Versorgungskrise verschärfte sich zusehends. Doch CASTRO hielt an seinem Standpunkt fest und versicherte dem kubanischen Parlament im Dezember 1993, dass es kein Zurück zu den Bauernmärkten gäbe (vgl. MARSHALL 1998: 281).

Am 5. August 1994 geschah dann aber etwas, mit dem der Staatspräsident offensichtlich nicht gerechnet hatte und das ihn den bisherigen Reformkurs überdenken ließ: Die angespannte Situation schlug in den Straßen Havannas in offene Aggression um, und es kam zum ersten Mal seit dem Sieg der Revolution zu Unruhen und Plünderungen.[71] Die kubanische Führung wertete das Aufbegehren der Bevölkerung als Alarmsignal und suchte ein Ventil, um den sozialen Druck abzulassen, der sich in den Jahren der *período especial* allmählich aufgebaut hatte. Drei Tage nach der Demonstration in Havanna erklärte CASTRO, dass man nun die Grenze zu den USA nicht länger verteidigen könne. Damit stand die Flucht allen offen, die bereit waren, das Wagnis der lebensgefährlichen Fahrt auf nicht seetüchtigen, selbstgebauten Flößen einzugehen, um US-amerikanischen Boden zu erreichen. Der Massenexodus von mehr als 32.000 *balseros* begann (vgl. BÄHR & MERTINS 1999: 24f). Nach Verhandlungen mit den von der großen Zahl der Flüchtlinge überraschten USA wurden die Grenzen jedoch schon am 10. September wieder geschlossen, zumal die Flucht über das Meer angesichts der bevorstehenden Herbststürme zum Russischen Roulette zu werden drohte.

Zwar hatte sich die explosive Stimmung auf der Insel durch das kurzfristige Öffnen der Grenze etwas entspannt, der Reformdruck blieb angesichts der dramatisch schlechten Versorgungslage der Bevölkerung aber bestehen. In dieser Situation entschloss sich die politische Führung Kubas zur Flucht nach vorne und verabschiedete am 19. September 1994 das *Decreto-Ley No. 191*. Damit waren nichtstaatliche Agrarmärkte erneut legalisiert worden. Raúl CASTRO begründete diesen Schritt so: "Essen zu finden ist heute das politische, militärische und ideologische Problem dieses Landes. Dies ist die wesentliche Aufgabe" (zitiert nach HABEL 1997: 120). Zwar bestünde nach seiner Ansicht wiederum das Risiko, dass sich Kleinbauern und andere durch die Schaffung der *mercados agropecuarios* bereichern könnten, jedoch gab er zu bedenken: "Man muß sich über eine Sache im Klaren sein: Damit es Essen für die Bevölkerung gibt, sind uns keine Risiken zu hoch" (*Granma Internacional* (dt. Ausgabe), November 1994).

Mit der Öffnung der neuen *mercados agropecuarios* am 1. Oktober 1994 wurden erstmals seit 1986 wieder Marktmechanismen auf der Insel eingeführt, die zuvor als 'antisozialistisch' diffamiert worden waren. Die Vermarktung der Agrarprodukte erfolgt wie bei den Bauernmärkten der 1980er Jahre nach dem Prinzip von Angebot und Nachfrage. Im Gegensatz zu den *mercados campesinos*, auf denen keine staatlichen Anbieter agieren durften, ist der Marktzugang zu den *mercados agropecuarios* breiter gefasst. Im Prinzip stehen die Märkte allen Produzenten offen, wobei sich diese in drei Gruppen einordnen lassen (vgl. CHARADÁN 1997: 182; ESPINOSA 1995: 62):

---

[71] HOFFMANN (1996a: 107) beschreibt die Ereignisse des 5. August folgendermaßen: "Das Ausmaß der Krawalle war letztlich bescheiden. Es wurden Steine geworfen gegen Fensterscheiben von Hotels und Dollar-Shops, aber auch gegen Polizisten; aus der Menge wurden Anti-Castro-Parolen skandiert. Bereits nach zwei, drei Stunden hatte die Regierung die Lage wieder unter Kontrolle, ohne Panzer, ohne Blutvergießen. (...) Über die Zahl der an den Krawallen Beteiligten gehen die Angaben auseinander; zum Teil ist von 'Hunderten', zum Teil von 'Tausenden' die Rede."

- im privaten Bereich nicht organisierte Kleinbauern, die in den CCS[72] zusammengeschlossenen landwirtschaftlichen Produzenten sowie *parceleros*,[73]
- im kooperativen Bereich die neu geschaffenen UBPC und die CPA und
- im staatlichen Bereich die Staatsfarmen, das Innenministerium (MININT) sowie das der Armee unterstellte *Ejército Juvenil de Trabajo* (EJT).[74]

Ausgenommen vom Verkauf sind UBPC, die Zucker produzieren, sowie einige Staatsfarmen (z.B. solche mit intensivem Reisanbau).

Die staatlichen, privaten oder kooperativen Anbieter dürfen grundsätzlich nur das auf den *mercados agropecuarios* vermarkten, was über das Plansoll hinaus oder für den Eigenbedarf produziert worden ist. Die Abgabemengen und die Preise der planwirtschaftlichen Agrarproduktion werden von der dem Landwirtschaftsministerium unterstehenden UNA (*Union Nacional de Acopio*) festgesetzt, die für den Ankauf und die Verteilung von Agrarprodukten sowie für die Versorgung der landwirtschaftlichen Betriebe mit Saatgut, Dünger, Pflanzenschutzmitteln etc. zuständig ist. Da die Preise der UNA niedrig sind, sich hingegen auf den *mercados agropecuarios* gutes Geld verdienen lässt, sollen die Märkte als Anreiz dienen, mehr als das Plansoll zu produzieren und damit die Nahrungsmittelversorgung vor allem in den großen Städten zu verbessern. In der Praxis können jedoch nicht wenige Betriebe aufgrund der vielfältigen Defizite im primären Sektor nicht einmal den Plan erfüllen. Insgesamt wird nur ein Zehntel der in Kuba erzeugten landwirtschaftlichen Güter auf den *mercados agropecuarios* vermarktet (vgl. PÉREZ I. 2000b: 92).

Neben der Begrenzung durch die planwirtschaftlichen Vorgaben wird das Angebot zusätzlich beschränkt, indem bestimmte Produkte von der Vermarktung ausgeschlossen sind. Nicht verkauft werden dürfen (vgl. DÍAZ 2000c: 73; ESPINOSA 1995: 62; GARCÍA 1997: 163; GONZÁLEZ V. 2000: 137):

- Rindfleisch sowie das Fleisch von Pferden, Eseln und Maultieren (diese werden als Arbeitstiere gebraucht),
- Milch, Käse, Jogurt und andere Milchprodukte,

---

[72] In den CCS (*Cooperativas de Créditos y Servicios*; Landwirtschaftliche Kredit- und Dienstleistungsgenossenschaften) ist der überwiegende Teil der privaten Bauern organisiert. Die ersten CCS entstanden bereits vor dem Sieg der Revolution, als sich 1958 Tabakbauern in der Provinz Pinar del Rio zusammenschlossen (vgl. HERRERA 2001: 223). Die CCS tragen zwar den Begriff *Cooperativas* in ihrem Namen sind jedoch als "Form der einfachen Kooperativierung" (VALDÉS 2000: 113) nicht mit den UBPC oder CPA zu vergleichen. Zudem entsprechen sie "nicht dem sozialistischen Ideal einer kollektiven Landwirtschaft" (WEBER 2001: 213) und zählen deshalb nicht zum kooperativen, sondern zum privaten Sektor.

[73] *Parceleros* sind Personen, denen Land zur Selbstversorgung unentgeltlich, d.h. zum Nießbrauch, 'verpachtet' worden ist. Ende 1998 gab es in ganz Kuba 52.500 *parceleros*, die zumeist eine Parzelle von einem Viertel Hektar bewirtschafteten (vgl. VALDÉS 2000: 111).

[74] Die EJT ist eine Art Rekruteneinheit im Dienst der Landwirtschaft (vgl. RODRÍGUEZ 1999: 68f) und verfügt ebenso wie das MININT über eigene landwirtschaftliche Betriebe.

- Zucker,
- Kartoffeln (die bei Planübererfüllung zu einem höheren Preis von der UNA angekauft werden)
- Hühnerfleisch (lebende Hühner dürfen hingegen verkauft werden) und Eier sowie
- Genussmittel wie Kaffee, Kakao oder Tabak.

Auf alle vermarkteten Waren wird eine Steuer erhoben. Diese richtet sich nicht nach den tatsächlichen Umsätzen der jeweiligen Anbieter, sondern nach der Menge der zu Markte getragenen landwirtschaftlichen Produkte. Jeder Anbieter deklariert vor Beginn des Verkaufs die angebotenen Waren und setzt die Preise fest.[75] Auf der Basis dieser Deklaration werden dann die Steuern errechnet, die in Abhängigkeit der räumlichen Lage des Marktes bei fünf, zehn oder fünfzehn Prozent des potenziellen Umsatzes liegen. In jedem Fall wird die volle Produktmenge besteuert, auch wenn ein Händler nur einen Teil der Ware verkauft. Die von den Anbietern festgesetzten Preise dürfen im Laufe eines Tages gesenkt werden, beispielsweise um ein schlecht gehendes Produkt besser verkaufen zu können oder gegen Ende des Markttages die letzten Produkte loszuwerden. Die Erhöhung der Preise über den deklarierten Wert hinaus ist hingegen nicht möglich, weil dies die Steuerquote beeinträchtigen würde.[76] Zusätzlich zu den Steuern werden Standgebühren sowie Abgaben für die Reinigung des Marktes, für die Lagerung der Waren und für andere Dienstleistungen erhoben, falls diese Leistungen in Anspruch genommen werden. Die Höhe der Gebühren und Abgaben legen die lokalen Behörden fest, so dass von Markt zu Markt unterschiedliche Beträge bezahlt werden müssen.

Gelenkte Gespräche mit Verkäufern oder Produzenten auf drei *mercados agropecuarios* in Havanna (*Egido*, *Bahía* und *19 y B*)[77] legten verschiedene praktische Probleme bei der freien Vermarktung von landwirtschaftlichen Produkten offen. So gab es auf allen drei Märkten Schwierigkeiten mit der Lagerhaltung. Die meisten Gesprächspartner zogen es deshalb vor, die Preise abzusenken und sämtliche Produkte zu verkaufen, statt sie gegen Gebühr in zum Teil weit entfernt liegende Lagerhäuser transportieren zu lassen. Gelegentlich stellten einige Verkäufer auch nicht verkaufte Ware in Privathäusern unter, die in der Nähe des Marktes liegen, oder nahmen die am Ende eines Verkaufstages übrig gebliebenen Produkte mit nach Hause. Ein anderes Problem bestand beim Transport der Waren vom Erzeuger zum Markt, sofern kein eigenes Fahrzeug vorhanden war.[78] Als

---

[75] Bei der Preisbildung spielen die Transporteure eine entscheidende Rolle. Viele LKW-Fahrer beliefern mehrere Märkte und geben die jeweiligen Produktpreise der bereits angefahrenen *mercados* weiter, die den Händlern dann als Richtschnur für die eigenen Preise dienen.

[76] In der Literatur wird hin und wieder darauf hingewiesen, dass das Verbot der Preiserhöhung ein Eingriff in die Marktmechanismen sei. Allerdings ist es auch in anderen Ländern auf den 'freien Märkten' gängige Praxis, die Preise gegen Ende des Verkaufs abzusenken, und nicht zu erhöhen.

[77] Zu den Auswahlkriterien der Märkte vgl. Kapitel 2.3.

[78] Über Transport- und Lagerhaltungsprobleme berichten auch andere empirische Untersuchungen (vgl. GONZÁLEZ V. 1997).

weitere Kritikpunkte nannten einige Verkäufer das Verhalten der Inspekteure und die hohen Standgebühren, wo hingegen die fünfprozentige Steuer auf die Waren allgemein akzeptiert wurde.

Trotz aller gesetzlichen und praktischen Einschränkungen und Probleme bei der Vermarktung haben sich die *mercados agropecuarios* rasch zu einer festen Institution entwickelt, die sowohl für landwirtschaftliche Produzenten als auch für Konsumenten attraktiv ist. Schnell stieg die Zahl der Märkte im Land an. Gab es im Oktober 1994 lediglich 120 bis 130 Märkte in Kuba, so waren es ein halbes Jahr später bereits mehr als 200 und knapp zwei Jahre nach der Eröffnung über 300 (vgl. Tab. 25). Da bis zum Oktober 1999 nur einige wenige Märkte dazukamen, scheint mittlerweile ein der Kaufkraft entsprechendes Versorgungsnetz geknüpft zu sein.

Tab. 25:    Anzahl der *mercados agropecuarios* in Kuba zu verschiedenen Zeitpunkten

| Oktober 1994 | März 1995 | September 1996 | Oktober 1999 |
|---|---|---|---|
| 120-130 (a) | 211 | 319 | 325 |

(a) Für Oktober 1994 werden verschiedene Angaben gemacht, die sich zumeist zwischen einer Zahl von 120 und 130 Märkten bewegen; deutlich höher liegen die in zwei deutschen Zeitungen genannten Zahlen mit 150 (NZZ vom 5.10.95) respektive 160 Märkten (*ak* vom 21.7.95).

Quelle:  CHARADÁN 1997; DÍAZ 2000c; ESPINOSA 1995; HENKEL 1996; TORRES & PÉREZ 1997

Mit der steigenden Zahl der *mercados agropecuarios* stieg auch der Absatz von landwirtschaftlichen Produkten an. Die Tabellen 26 und 27 zeigen die Entwicklung der Absatzmenge von pflanzlichen Agrarprodukten und von Fleisch nach Produzentengruppen. Betrachtet man zunächst die pflanzlichen Agrarprodukte, so wird deutlich, dass sich das Absatzvolumen zwischen 1995 und 2000 nahezu vervierfacht hat, wobei vor allem 1999 und 2000 erhebliche Zuwächse zu verzeichnen waren. Diese Entwicklung geht hauptsächlich auf die stärkere Beteiligung staatlicher Produzenten zurück, deren Absatzmenge in den sechs Jahren fast um das Elffache gestiegen ist. Die privaten Produzenten konnten ihren Absatz im betrachteten Zeitraum immerhin verdoppeln, doch haben private und staatliche Anbieter ihre Rollen quasi vertauscht. War der staatliche Sektor 1995 nur zu einem Viertel am Absatz auf den *mercados agropecuarios* beteiligt, so stellte er 2000 zwei Drittel der vermarkteten Waren bzw. mehr als doppelt so viel wie der private Sektor. Nach offiziellen Verlautbarungen sollen sich staatliche Produzenten zukünftig noch stärker auf den Agrarmärkten engagieren (vgl. *Granma*, 25.12.01).

Die landwirtschaftlichen Kooperativen konnten zu keinem Zeitpunkt einen bedeutenden Marktanteil auf den *mercados agropecuarios* erlangen, eine Tatsache, die nicht gerade für das Funktionieren des Kooperativierungsprozesses spricht. Zwischen 1995 und 2000 haben sowohl UBPC als auch CPA hinsichtlich ihres Anteils am Absatzvolumen sogar an

Gewicht eingebüßt. Absolut gesehen unterlag die Absatzmenge erheblichen Schwankungen, erreichte aber im Jahr 2000 erstmals wieder das Niveau von 1995.

Im Gegensatz zu den pflanzlichen Agrarprodukten ist der Absatz von Fleisch zwischen 1995 und 2000 zurückgegangen (vgl. Tab. 27). Zwar machten auch hier staatliche Produzenten Boden gut und brachten vermehrt Fleisch und Fleischprodukte auf die Agrarmärkte, doch konnte der Rückgang der privaten Produktion damit nicht kompensiert werden. Denn nach wie vor stammen zwei Drittel des auf den *mercados agropecuarios* vermarkteten Fleisches von privaten Produzenten. In absoluten Zahlen sind das in den letzten Jahren jeweils über fünfeinhalbtausend Tonnen gewesen, während der staatliche Sektor zwischen zweieinhalbtausend und dreieinhalbtausend Tonnen vermarkten konnte. Die Kooperativen spielen mit einem jährlichen Absatz von weniger als einhundert Tonnen eine mehr als unbedeutende Rolle in der freien Vermarktung von Fleisch.

Tab. 26: Absatzvolumen von pflanzlichen Agrarprodukten auf den *mercados agropecuarios* nach Produzentengruppen (1.000 t und %)

| Art der Produzenten | 1995 | | 1996 | | 1997 | | 1998 | | 1999 | | 2000 | |
|---|---|---|---|---|---|---|---|---|---|---|---|---|
| | tsd. t | % | tsd. t | % | tsd. t | % | tsd. t | % | tsd. t | % | tsd. t | % |
| staatl. Produzenten | 39 | 23 | 73 | 37 | 81 | 41 | 123 | 54 | 382 | 75 | 422 | 66 |
| Kooperativen | 25 | 15 | 23 | 12 | 17 | 9 | 10 | 4 | 12 | 2 | 25 | 4 |
| davon UBPC | 12 | 7 | 14 | 7 | 10 | 5 | 5 | 2 | 7 | 1 | 16 | 3 |
| davon CPA | 13 | 8 | 9 | 5 | 7 | 4 | 5 | 2 | 5 | 1 | 9 | 1 |
| private Produzenten | 104 | 62 | 103 | 51 | 99 | 50 | 95 | 42 | 114 | 23 | 195 | 30 |
| gesamt | 168 | 100 | 199 | 100 | 197 | 100 | 228 | 100 | 508 | 100 | 642 | 100 |

Quelle: DÍAZ 2000c; MESSINA 1999; NOVA 2000; die Werte für 1999 und 2000 stammen aus einem Informationsschreiben von Julio DÍAZ, der in Havanna am Forschungszentrum für internationale Wirtschaft (CIEI) tätig ist.

Tab. 27: Absatzvolumen von Fleisch auf den *mercados agropecuarios* nach Produzentengruppen (1.000 t und %)

| Art der Produzenten | 1995 | | 1996 | | 1997 | | 1998 | | 1999 | | 2000 | |
|---|---|---|---|---|---|---|---|---|---|---|---|---|
| | tsd. t | % | tsd. t | % | tsd. t | % | tsd. t | % | tsd. t | % | tsd. t | % |
| staatl. Produzenten | 1,8 | 19 | 3,5 | 35 | 3,4 | 39 | 2,6 | 31 | 3,2 | 36 | 2,5 | 31 |
| Kooperativen | 0,1 | 1 | 0,1 | 1 | 0,1 | 1 | 0,1 | 1 | - | - | 0,1 | 1 |
| private Produzenten | 7,4 | 80 | 6,3 | 64 | 5,3 | 60 | 5,8 | 68 | 5,6 | 64 | 5,5 | 68 |
| gesamt | 9,3 | 100 | 9,9 | 100 | 8,8 | 100 | 8,5 | 100 | 8,8 | 100 | 8,1 | 100 |

Quelle: DÍAZ 2000c; NOVA 2000; die Werte für 1999 und 2000 stammen aus einem Informationsschreiben von Julio DÍAZ, der in Havanna am Forschungszentrum für internationale Wirtschaft (CIEI) tätig ist.

Betrachtet man die regionale Verteilung der Absatzmengen, so fällt ein deutliches Übergewicht Havannas auf, wo etwa ein Fünftel aller Kubaner lebt. Auf den 49 *mercados agropecuarios* der Hauptstadt werden etwa 28% der frei vermarkteten pflanzlichen Produkte bzw. 54% der Fleischprodukte verkauft; geht man nicht nach der Absatzmenge, sondern nach dem monetären Umsatz, so entfallen auf die kubanische Metropole sogar 48% bei pflanzlichen Produkten respektive 64% beim Fleisch (vgl. NOVA 2000: 143).[79] Der Anteil Havannas an den Gesamtumsätzen geht aus Tabelle 28 hervor. Es ist zu erkennen, dass der Umsatz auf den *mercados agropecuarios* auf nationaler Ebene seit 1997 stark gestiegen ist, während sich in Havanna nach jahrelanger Stagnation erst im Jahr 2000 wieder eine wesentliche Steigerung des Umsatzes abzeichnete. Doch obwohl der Anteil der Umsätze in Havanna an den Gesamtumsätzen der freien Agrarmärkte seit einigen Jahren kontinuierlich abnimmt, wird dort noch immer überproportional viel eingenommen.

Tab. 28: Anteil Havannas an den Umsätzen auf den *mercados agropecuarios*

|  | 1996 | 1997 | 1998 | 1999 | 2000 |
|---|---|---|---|---|---|
| Umsatz in Kuba (Mio. Peso) | 1.159 | 983 | 1.054 | 1.436 | 1.676 |
| Umsatz in Havanna (Mio. Peso) | 619 | 608 | 603 | 616 | 695 |
| Anteil Havannas am Gesamtumsatz | 53% | 62% | 57% | 43% | 41% |

Quelle: DÍAZ 2000c; PÉREZ V. 2001; einige Zahlen stammen aus einem Informationsschreiben von Julio DÍAZ, der in Havanna am Forschungszentrum für internationale Wirtschaft tätig ist.

Für die herausragende Stellung der hauptstädtischen *mercados agropecuarios* gegenüber denjenigen des *interior* gibt es verschiedene Gründe:

- In Havanna konzentrieren sich etwa 20% der kubanischen Bevölkerung. Im Gegensatz zu kleineren Städten oder zu ländlich geprägten Räumen können die Einwohner Havannas nur in begrenztem Maße landwirtschaftliche Produkte zur Selbstversorgung erzeugen, eine Tatsache, die sich nicht zuletzt in einer entsprechenden Größe der Agrarmärkte widerspiegelt.
- Um die Versorgung von mehr als zwei Millionen Menschen zu gewährleisten, gilt in Havanna mit 5% der niedrigste Steuersatz, während in den meisten Provinzhauptstädten 10% und in den kleineren Städten 15% Steuern auf die deklarierten Waren erhoben werden.[80]
- Die *habaneros* verfügen über eine höhere Kaufkraft, da in der Hauptstadt sowohl das Lohnniveau als auch das Niveau der informellen Einkünfte höher sind als im Rest des Landes.

---

[79] Der Autor verrät leider nicht, auf welches Jahr sich die Daten beziehen. Nach einem Artikel in der Zeitung *Granma* vom 27.4.96 gab es zum Erscheinungsdatum 49 Märkte in der Hauptstadt. DÍAZ (2000c: 76) nennt eine Zahl von 54 Märkten im Juli 1998. Die Daten von NOVA beziehen sich also vermutlich auf einen Zeitpunkt zwischen dem Beginn des Jahres 1996 und der Mitte des Jahres 1998.

[80] TORRES et al. (1997: 204) haben bei der Untersuchung dreier *mercados agropecuarios* in den Provinzen *La Habana* (angrenzend an das Hauptstadtterritorium, die Provinz *Ciudad de La Habana*), *Villa Clara* und *Las Tunas* herausgefunden, dass die im Vergleich zu Havanna höheren Steuern "einer der wichtigsten Faktoren für die niedrige Aktivität auf den untersuchten Agrarmärkten" war.

- Aus diesem Grund ist auch das Preisniveau auf den *mercados agropecuarios* der Hauptstadt höher.

Insgesamt wird Havanna damit zum attraktivsten Standort für die Anbieter landwirtschaftlicher Produkte, so dass "zu den Agrarmärkten der Hauptstadt Bauern und Kooperativisten von den verschiedensten Orten der Nation kommen" (TORRES & PÉREZ 1997: 219). Nicht selten stammen die Anbieter sogar aus den Provinzen *Camagüey* oder *Las Tunas* und müssen eine Strecke von 500 bis 700 Kilometern zurücklegen, um ihre Produkte in Havanna zu vermarkten.

Ein Vergleich der Produktpreise auf den *mercados agropecuarios* der Hauptstadt mit denen an anderen Standorten erklärt, weshalb sich der lange Transport trotz allem lohnt. Ein derartiger Preisvergleich ist allerdings nicht einfach zu bewerkstelligen. Zwar gibt es in der Literatur sowie in Zeitungsmeldungen eine Fülle von Angaben über die Höhe und Entwicklung der Preise auf den Agrarmärkten des Landes oder der Hauptstadt, doch sind die Daten sehr widersprüchlich (vgl. CHARADÁN 1997; DÍAZ 2000c; GARCÍA 1997; MESSINA 1999; NOVA 1998; NOVA 2000; *Trabajadores* vom 1.3.99, vom 7.6.99 und vom 14.6.99). Die teilweise erheblichen Abweichungen erklären sich durch die schwierige methodische Erfassung, da die Preise von Anbieter zu Anbieter, von Markt zu Markt und von Stadt zu Stadt sehr unterschiedlich sein können. Zudem unterliegen viele Produkte starken saisonalen Schwankungen. Da aber ein Großteil der Preiserhebungen nicht über das ganze Jahr hindurch geführt wird, sondern nur in einigen wenigen Wochen oder Tagen, wirken sich saisonale Schwankungen erheblich auf die Aussagefähigkeit der Preisstatistiken aus.

Trotz der widersprüchlichen Datenlage lassen sich jedoch einige Tendenzen hinsichtlich der Preisunterschiede und der Preisentwicklung erkennen. Ein Beispiel dafür gibt Tabelle 29. Dort wird für die am häufigsten verkauften Produkte (vgl. DÍAZ 2000c: 76)[81] die Höhe des durchschnittlichen Preisniveaus auf den *mercados agropecuarios* in Havanna im Vergleich zu den Durchschnittspreisen auf nationaler Ebene angegeben. Die Tabelle zeigt hinsichtlich der beiden Quellen für 1998 zwar zum Teil große Unterschiede in den Prozentwerten (z.B. bei Weißkohl oder bei Orangen), die grundsätzliche Tendenz stimmt jedoch in beiden Quellen überein: Mit Ausnahme von Knoblauch lagen 1998 die Preise auf den *mercados agropecuarios* in Havanna wesentlich über denjenigen auf nationaler Ebene. 1999 hat sich der Preisunterschied zwischen Havanna und dem *interior* bei fast allen Produkten sogar noch verschärft. Das bedeutet, dass die *habaneros* in diesem Jahr für pflanzliche Agrarprodukte nicht selten mehr als doppelt so viel bezahlen mussten wie die übrigen Kubaner.

---

[81] Die Haushaltsbefragung hat ergeben, dass neben den in Tabelle 29 genannten Produkten auch Taro (*malanga*), Paprika (*ají*), Lauchzwiebeln, Gurke, Avocado und passierte Tomate häufig gekauft werden.

Tab. 29: Vergleich des Preisniveaus besonders nachgefragter Produkte der *mercados agropecuarios* in Kuba und in Havanna nach unterschiedlichen Quellen

|  | Preisniveau in Havanna gegenüber dem Landesdurchschnitt | | |
|---|---|---|---|
|  | 1998 (a) | 1998 (b) | 1999 (b) |
| *boniato* | + 25% | + 24% | + 45% |
| *yuca* (Maniok) | + 71% | + 73% | + 138% |
| Tomate | + 44% | + 44% | + 43% |
| Knoblauch | -14% | -18% | + 50% |
| Zwiebeln | + 57% | + 45% | + 81% |
| Kürbis | + 88% | + 64% | + 115% |
| Weißkohl | + 125% | + 173% | + 135% |
| Reis | + 8% | + 14% | + 25% |
| Bohnen | + 14% | + 11% | + 18% |
| Bananen | + 113% | + 99% | + 173% |
| Orangen | + 125% | + 93% | + 192% |
| Papaya | + 64% | + 79% | + 101% |
| Schweinefleisch | + 7% | k.A. | k.A. |
| Geflügelfleisch | + 43% | | |
| Schaffleisch | + 17% | | |

Quelle: (a) DÍAZ 2000c
(b) berechnet nach Daten aus der Zeitung *Trabajadores* vom 7.6.99 und vom 14.6.99

Preisunterschiede gab es jedoch nicht nur zwischen der Hauptstadt und den anderen Provinzen, sondern auch zwischen den Märkten Havannas sowie zwischen verschiedenen Anbietern auf dem selben Markt. Eine im Zeitraum vom 16. bis zum 25. März 1999 durchgeführte Preisstudie des Autors auf fünf verschieden großen und unterschiedlich gelegenen *mercados agropecuarios* belegt dies (vgl. Tab. 30). Häufig sind die Produkte auf ein und demselben Markt an einem Stand 25% bis 50%, im Extremfall sogar 100% teurer als an einem anderen. Vergleicht man die Preise verschiedener Märkte, so können sogar Unterschiede von bis zu 400% beobachtet werden. Hier spielen neben Qualitätsunterschieden und der Tatsache, dass Preise von Tag zu Tag variieren können, in besonderer Weise auch die Zugehörigkeit des Angebots zu einer bestimmten Produzentengruppe eine Rolle. Staatliche Anbieter und Kooperativen bieten meist nur wenige, zuweilen sogar nur ein einziges Produkt an, dieses dann aber in großer Menge.[82] Um möglichst viel verkaufen zu können, bleiben sie mit dem Preis unterhalb der privaten Anbieter, die besonders zahlreich auf den Märkten Havannas vertreten sind.[83] Auch unter den privaten Anbietern gibt es eine gewisse Konkurrenz, die aber nur teilweise Preisdifferenzen nach sich zieht, da es immer wieder zu Preisabsprachen kommt (vgl. BURCHARDT 1996: 150).

---

[82] Ergebnisse von Beobachtungen und aus den gelenkten Gesprächen.

[83] Nach DÍAZ (2000c: 78) entfielen in der Hauptstadt in den Jahren 1996 bis 1998 86%, 88% bzw. 89% des Umsatzes auf den *mercados agropecuarios* auf den privaten Sektor.

Tab. 30: Vergleich der Preise für besonders nachgefragte Produkte auf fünf *mercados agropecuarios* in Havanna (März 1999)

| Produkt | Einheit | Preis bzw. Preisspanne auf den jeweiligen Märkten (in Peso) | | | | | Abweichung (a) |
|---|---|---|---|---|---|---|---|
| | | 17 y G | 19 y B | Cuadro Caminos | Egido | Alamar | |
| Schweinefleisch | | | | | | | |
| Rücken (*lomo*) | lb | 22 | 25 | 20-25 | 23-40 | 20 | 100% |
| Bein (*pierna*) | | 20 | 25 | 20-25 | 23 | 23 | 25% |
| Rippe (*costilla*) | | 18 | 20 | 17-18 | 20 | 20 | 18% |
| Schaffleisch | | | | | | | |
| Rücken (*lomo*) | lb | | 20 | 15-18 | 18-20 | 23 | 53% |
| Bein (*pierna*) | | (-) | 25 | (-) | 23 | 23 | 9% |
| Rippe (*costilla*) | | | 15 | 18-20 | 13-15 | 20 | 33% |
| Süßkartoffel (*boniato*) | lb | 1,00 | 1,00-1,50 | 1,00-1,50 | 1,00-1,50 | 1,00-1,50 | 50% |
| Maniok (*yuca*) | lb | 1,00 | 2,00 | 1,00-1,50 | 1,50-2,00 | 1,50 | 100% |
| Taro (*malanga*) | lb | 3,50 | 2,50-4,00 | 3,00-3,50 | 3,00-4,00 | 4,00-5,00 | 100% |
| Reis | lb | (-) | 5,00 | 3,50-4,00 | 4,00-5,00 | 5,00 | 43% |
| schwarze Bohnen | lb | 9,00 | 8,00-9,00 | 8,00 | 8,00-9,00 | 10,00 | 25% |
| Kürbis | lb | 1,40 | 2,00 | 1,50 | 1,50-2,00 | 2,00 | 43% |
| Papaya | lb | 2,00 | 2,00-4,00 | 3,00 | 2,00-3,00 | 3,00 | 100% |
| Gurke | lb | 1,00-1,50 | 1,50-3,00 | 1,50-2,00 | 1,50-2,00 | 2,00 | 300% |
| Tomate | lb | 0,50-1,00 | 1,00-2,00 | 0,50-1,50 | 0,80-2,00 | 0,80-1,50 | 400% |
| passierte Tomate | 0,35 l | 6,00 | 8,00 | 5,00-7,00 | 5,00-7,00 | (-) | 60% |
| Knoblauch | Knolle | 2,00 | 1,50-3,00 | 1,00-2,00 | 1,00-2,00 | 1,50-2,50 | Mengen nicht vergleichbar |
| Zwiebel | Bund | 6,00 | 4,00-5,00 | 3,00-6,00 | 5,00-10,00 | 3,00-6,00 | |
| Lauchzwiebel | Bund | (-) | 3,00 | 2,00 | 2,00 | (-) | |
| Paprika (*ají*) | Becher | 3,00-5,00 | (-) | 1,00-2,00 | 1,00-2,00 | 1,00 | |
| Kochbanane (*plátano burro*) | Stück | 0,33 | 0,50 | 0,50 | 0,33 | 0,50 | |
| Fruchtbanane | Stück | (-) | 0,50-1,00 | 0,50 | 0,50-1,00 | 0,50-1,00 | |
| Orange | Stück | (-) | 0,50-1,00 | 1,00 | 1,00-1,50 | (-) | |
| Weißkohl | Kopf | (-) | 3,00-5,00 | 1,00-1,50 | 3,00-5,00 | 1,50-4,00 | |

(a) Abweichung des jeweils höchsten vom niedrigsten Produktpreis
(-) Produkt nicht im Angebot oder ausverkauft
Quelle: Eigene Erhebung

Hinsichtlich der Preisentwicklung der letzten Jahre gibt es in der Literatur widersprüchliche Angaben. Während einige Autoren ein Sinken der Preise beobachten (vgl. CHARADÁN 1997: 190; MARSHALL 1998: 282), machen andere keine signifikante Änderung oder gar Preiserhöhungen aus (vgl. NOVA 2000: 145; MESSINA 1999: 440). Eine Überschrift aus der kubanischen Zeitung *Trabajadores* titelte am 14.6.99: "Sind die Preise gestiegen oder gefallen?", und verdeutlicht damit die allgemeine Preisverwirrung. Jüngst mischte sich sogar der Staatschef persönlich in die Debatte ein, sorgte damit jedoch für weitere Konfusion. Er gab an, dass seit der Eröffnung der *mercados agropecuarios* die Preise um 84% gesunken seien (vgl. CASTRO 2001b) – eine eher zweckoptimistische Sichtweise, für die CASTRO jeden Beleg schuldig bleibt. Selbst wenn man das extreme Ausgangsniveau der Preise vom Oktober 1994 zu Grunde legt (vgl. NOVA 2000: 144), so ist eine derartige Verbilligung der landwirtschaftlichen Güter auf den *mercados agropecuarios* unmöglich. In der Hauptstadt müsste Reis demnach nur noch 1,70 Peso und schwarze Bohnen knapp vier Peso pro *libra* kosten. Das Pfund *boniato* wäre sogar für sagenhafte 17 *centavos* pro *libra* zu haben. Das entspricht etwa der Hälfte des *libreta*-Preises.

Abb. 14: Umsätze und Absatzvolumen auf den *mercados agropecuarios* in Kuba

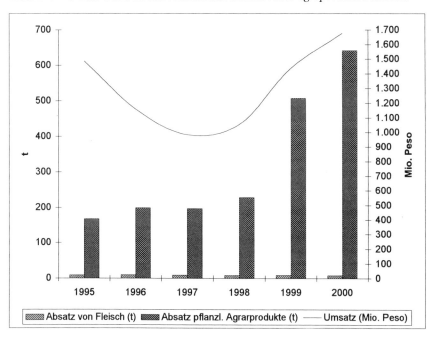

Quelle: Eigener Entwurf nach Daten von DÍAZ 2000c; MESSINA 1999 sowie einem Informationsschreiben von Julio DÍAZ, der in Havanna am Forschungszentrum für internationale Wirtschaft (CIEI) tätig ist.

Ein wenig Licht ins Dunkel bringt die Gegenüberstellung der zeitlichen Entwicklung von Absatzmenge und Umsätzen auf den *mercados agropecuarios*. Abbildung 14 zeigt, dass von 1995 bis 1997 die Umsätze auf nationaler Ebene um mehr als ein Drittel zurückgingen. Da sich die Absatzmenge im betrachteten Zeitraum nur wenig verändert hat, ist das Preisniveau im Landesdurchschnitt gesunken. 1998 zogen die Umsätze bei nur leicht gestiegenem Absatz pflanzlicher Agrarprodukte und bei leicht gesunkenem Absatz von Fleisch wieder an, und die Waren auf den Agrarmärkten verteuerten sich. Ursächlich sind hier vermutlich die Auswirkungen der "schlimmste[n] Dürre seit 40 Jahren" (*taz*, 1.9.98), die im Land als Folge des Klimaphänomens *El Niño* in der ersten Jahreshälfte herrschte und die im Zusammenspiel mit dem im gleichen Jahr auf der Insel wütenden Hurrikan

'George' erhebliche Ernteeinbußen verursachte (vgl. EPS 23/98). Zwar führten die Trockenheit und der Wirbelsturm nicht zur Einschränkung des Angebots auf den nichtstaatlichen Agrarmärkten, beeinträchtigten jedoch indirekt die Preise, da sich trotz der Lebensmittelhilfe durch die Vereinten Nationen in Kuba viele Agrarprodukte verknappt hatten. In den Jahren 1999 und 2000 stiegen – bei annähernd gleichem Fleischabsatz – sowohl die Absatzmenge für pflanzliche Agrarprodukte als auch die Umsätze sprunghaft an. Im Vergleich mit den Werten des Vorjahres ist 1999 der Absatz um 211%, der Umsatz aber nur um 36% gestiegen, so dass von einem allgemeinen Absinken des Preisniveaus ausgegangen werden kann. Im Jahr 2000 lag die Zuwachsrate der Umsätze geringfügig über derjenigen der Absatzmenge.

Insgesamt sind die Preise auf den Agrarmärkten in der zweiten Hälfte der 1990er Jahre stark gesunken. Besonders deutlich wird dies bei einem Vergleich der Jahre 1995 und 1999: Bei annähernd identischen Umsätzen wurde 1999 ein Vielfaches des Warenvolumens von 1995 verkauft. Ob der Trend zum Preisrückgang zukünftig anhalten wird, bleibt abzuwarten. Zumindest für das Jahr 2000 beobachtet TRIANA (2001: 4) noch "eine sehr langsame Abnahme der Preise", konstatiert aber, dass "dessen ungeachtet die Preise im Verhältnis zum Einkommen der Mehrheit der Bevölkerung hoch bleiben".[84] Im Herbst 2001 richtete 'Michelle', der heftigste Wirbelsturm, der Kuba seit 1952 heimgesucht hat und der mit einer Geschwindigkeit von bis zu 250 Stundenkilometern über die Insel fegte (vgl. LAGE 2001; *Granma* vom 5.11.01), Schäden in der Höhe von mehr als 1,5 Mrd. US-$ an (vgl. CEPAL 2001c: 100) und vernichtete einen bedeutenden Teil der Ernte. Zumindest kurzfristig ist deshalb zu erwarten, dass die Preise auf den *mercados agropecuarios* erneut anziehen werden.

Trotz der positiven Entwicklungen, die sich in den letzten Jahren hinsichtlich der wachsenden Absatzmenge an pflanzlichen Agrarprodukten und der Verbilligung der Waren abzeichneten, ist das Angebot auf den Bauernmärkten immer noch defizitär – eine Tatsache, die vor allem im Preisniveau der Märkte zum Ausdruck kommt. Die Ursache hierfür ist in der zu geringen landwirtschaftlichen Produktion in Verbindung mit der Aushebelung von Marktmechanismen zu suchen. Die Monopol- (vgl. DÍAZ 2000c: 80; NOVA 2000: 145f) bzw. Oligopolstellung (vgl. BURCHARDT 1996: 150), die der private Sektor und dessen 'Verkaufsrepräsentanten'[85] auf den *mercados agropecuarios* nach wie vor inne haben, führt zum Marktversagen. Aufgrund des geringen Angebots bei hoher Nachfrage können die privaten Anbieter hohe Preise verlangen. Sie brauchen also nur wenig Ware abzusetzen, um einen sehr guten Verdienst zu erzielen. Für eine Ausweitung von

---

[84] DÍAZ (2000c: 78f) bezeichnet in diesem Zusammenhang die Preise als neuralgischen Punkt der *mercados agropecuarios* und gibt zu bedenken, dass sie auf eine für die Konsumenten akzeptable Höhe sinken müssen.

[85] Um die aus der Sicht der kubanischen Führung schlechten Erfahrungen der *mercados campesinos* zu vermeiden, wurden Zwischenhändler auf den *mercados agropecuarios* offiziell verboten. Statt dessen dürfen Kleinbauern (wie auch Kooperativen und staatliche Produzenten) einen *representante-vendedor* benennen, der den Bauern auf dem Markt repräsentiert und die von ihm erzeugten Waren verkauft (vgl. *Granma* vom 3.9.96).

Produktion und Absatz besteht kein Anreiz, weil im Zuge eines größeren Warenangebots die Preise fallen würden. Im Endeffekt wäre der Verdienst aufgrund der niedrigeren Preise nicht höher oder sogar niedriger als unter den Bedingungen eines knappen Warenangebots. In der Folge bleiben die Preise hoch, die Verdienste der Kleinbauern und ihrer Repräsentanten stabil, das Angebot beschränkt und die Einkaufstaschen der Bevölkerung leer.

Nicht wenige suchen die Schuld für diese Entwicklung vor allem bei den Repräsentanten. Theoretisch sind sie zwar nur Vertreter der Bauern, faktisch jedoch "wahrhaftige 'Zwischenhändler', die vor dem Hintergrund des Mangels des normierten Angebots [gemeint ist die *libreta*, S.W.] ihre Monopolregeln einführen" (DÍAZ 2000c: 80). Häufig kaufen sie bei mehreren Bauern Produkte und setzen im Einvernehmen mit anderen Marktverkäufern einen Preis fest, der für alle Händler die größten Gewinne abzuwerfen verspricht. NOVA (2000: 145f) verdeutlicht dies:

> Die gegenwärtige Situation des mercado agropecuario führt zu einer monopolartigen Funktion desselben, weil die Preise nicht durch das Verhältnis von Angebot und Nachfrage gebildet werden, sondern auf der Grundlage von Vereinbarungen zwischen den Anbietern, insbesondere denen des privaten Sektors. (...) Das Angebot auf dem freien Agrarmarkt befindet sich unter der Kontrolle eines einzigen Produktionssektors (des privaten), der hohe Gewinne erhält, für die [aber] nicht der notwendige materielle Gegenwert vorhanden ist (...).

Aufgrund der zum Teil außerordentlichen Gewinne von Zwischenhändlern und privaten Bauern wurden wieder rasch Vorwürfe über die 'Bereicherung' derselben sowie Gerüchte laut, man wolle – ähnlich wie in den 1980er Jahren – die Märkte bald schließen.[86] Auch Fidel CASTRO hielt sich nicht mit Kritik zurück und bezeichnete die Zwischenhändler als "Plage und Quelle von Verbrechen und Korruption" (zitiert nach *taz*, 5.6.98). Doch der Staatschef weiß, dass die Versorgung der Bevölkerung ohne die Märkte ungleich schwieriger wäre und stellte deshalb mittlerweile klar: "Die Revolution garantiert mit aller moralischen Autorität, die sie besitzt, allen Bürgern: (...) Die mercados agropecuarios werden erhalten bleiben" (CASTRO 2001b). Ungeachtet dessen läuft die politische Kampagne gegen Marktverkäufer und andere Selbständige trotzdem weiter.

Die Kritik der Politik und der Bevölkerung an dem hohen Preisniveau auf den Agrarmärkten ist zum Teil verständlich, wenngleich sich die betroffenen *representantes-vendedores* häufig ungerecht behandelt fühlen, vor allem durch die öffentliche Diffamierungskampagne. Charakteristisch dafür ist die Aussage einer Marktverkäuferin, die GONZÁLEZ V. (1997) folgendermaßen wiedergibt:

> Diese (...) erklärte auch, dass sie nicht versteht, warum die Arbeiter auf eigene Rechnung [zu denen sich die Verkäuferin zählte, S.W.] behandelt werden, als wären sie Konterrevolu-

---

[86] Solche Gerüchte wurden beispielsweise von der Parteizeitung *Granma* geschürt, die am 27.4.1996 titelte: "Wird man die *mercados agropecuarios* schließen?"

tionäre, was nicht stimmt, weil sie – wie sie sagt – Arbeiter wie alle anderen sind, die eine vom Staat gebotene Möglichkeit wahrgenommen haben.

Aller Kritik und Rechtfertigungsversuche zum Trotz verhalten sich die privaten Anbieter letztlich gemäß dem ökonomischen (Minimal-)Prinzip, ein gegebenes Ziel mit möglichst wenig Mitteleinsatz zu erreichen. Angesichts dessen scheint es aussichtslos zu sein, mittels Diffamierung und Kontrolle das Problem der hohen Preise in den Griff zu bekommen. Das Einzige, was der Bevölkerung wirklich dazu verhelfen würde, sich mehr Produkte auf den Märkten leisten zu können, wäre die Erhöhung des Warenangebots auf den *mercados agropecuarios*. Erste Erfolge in dieser Richtung waren bereits in den Jahren 1999 und 2000 zu beobachten, in denen staatliche Anbieter vermehrt Waren auf den Markt brachten und die Preise fielen. Allerdings war der Preisrutsch eher gradueller als substanzieller Natur, da sich die staatlichen Anbieter wegen des defizitären Angebots an den überhöhten Preisen der privaten Anbieter orientierten (vgl. NOVA 2000: 145). Um substanzielle Veränderungen hervorzurufen, müssten die *mercados agropecuarios* und mit ihnen der gesamte landwirtschaftliche Sektor weiter dereguliert werden. Insbesondere sollte das Verkaufsverbot für bestimmte Produkte aufgehoben und die Marktchancen der Kooperativen verbessert werden, die einen beträchtlichen Teil der landwirtschaftlichen Nutzfläche bewirtschaften, am Markt aber praktisch nicht präsent sind. Letzteres könnte durch die Beteiligung der Zucker produzierenden UBPC, eine massive Reduzierung des Plansolls für den kooperativen Sektor sowie durch die Stärkung der Autonomie dieser Betriebsform erreicht werden.

Trotz aller Probleme und Unzulänglichkeiten gibt es kaum jemanden, der die *mercados agropecuarios* missen möchte. HOFFMANN (2000: 117) resümiert: "In der Tat haben die Märkte die Versorgungslage spürbar verbessert." Dies gilt vor allem für die Versorgung der Großstädte. Bedenkt man, wie arm das *libreta*-Angebot an frischem Obst und Gemüse ist, so leisten die nichtstaatlichen Agrarmärkte nicht nur in quantitativer, sondern auch in qualitativer Hinsicht einen bedeutenden Beitrag zur Verbesserung der Ernährungslage in Kuba.

### 4.3.5 Der Schwarzmarkt

Neben der *libreta*, den Dollarshops und den *mercados agropecuarios* existiert noch eine vierte Angebotsform, die für die Versorgungssicherheit der kubanischen Bevölkerung unverzichtbar ist: der Schwarzmarkt. Den Schwarzmarkt "gab es schon immer in Kuba" (BURCHARDT 1996: 110). Auf ihm werden praktisch alle Güter und Dienstleistungen angeboten, die auch im formellen Sektor zu haben sind und "nahezu alle KubanerInnen sind auf diesen illegalen Markt angewiesen" (*taz*, 17.11.01). Es liegt in der Natur des Schwarzmarktes, dass er sich verdeckt abspielt. Deshalb ist die Datenlage zu diesem Thema denkbar schlecht, zumal die Existenz einer Schattenwirtschaft auf der Insel auf die Defizite im kubanischen Versorgungssystem hinweist und damit zum Politikum wird. Dennoch können einige grundsätzliche Aussagen über die Funktionsweise und die Entwicklung des Schwarzmarktes getroffen werden.

Der Schwarzmarkt in Kuba zeichnet sich weniger durch die Produktion von Waren aus als vielmehr durch deren Umverteilung.[87] Die Waren müssen also irgendwo abgezweigt werden, bevor sie auf den Schwarzmarkt kommen. Dieses Abzweigen kann einerseits zu Lasten des Staates oder andererseits zu Lasten der Bevölkerung gehen. Der erste Fall ist in den meisten Betrieben des staatlichen Sektors gang und gäbe. HENKEL (2001b: 21) gibt an, dass im Jahr 2000 bei Kontrollen des kubanischen Rechnungshofes in 54% der überprüften Betriebe Unregelmäßigkeiten nachgewiesen werden konnten, wobei Veruntreuung das häufigste Delikt war. Die Dunkelziffer dürfte allerdings deutlich höher liegen, denn das Entwenden von Produkten und Rohmaterial am Arbeitsplatz wird gesellschaftlich nicht etwa geächtet, sondern vor dem Hintergrund der schwierigen Wirtschaftslage sogar allgemein akzeptiert. Augenzwinkernd sprechen die Kubaner nicht von Diebstahl, sondern davon, sich 'seinen Anteil zu nehmen', weil im sozialistischen Kuba ja sowieso alles dem Volk gehöre. KAYSER (2001: 7) mutmaßt, dass angesichts der niedrigen Löhne im Staatssektor viele staatlich Beschäftigte ihren Arbeitsplatz nur deshalb behalten, um "die Beziehungsnetze aufrechtzuerhalten und das eine oder andere abzweigen zu können".

Weniger Akzeptanz als dem Entwenden von Staatseigentum wird dem Abzweigen von Ware im Einzelhandel entgegengebracht, da hier die Bevölkerung direkt betroffen ist. Die Möglichkeiten zum Betrug der Kunden sind vielfältig und wurden nicht erst in der *período especial* erfunden. BENJAMIN et al. (1984: 34) schildern solch einen Fall aus den 'fetten'[88] 1980er Jahren, als von einer Wirtschaftskrise keine Spur zu sehen war:

> Abuela used to shop for the meat, until she got into a fight with the butcher for shortweighing her. So now Carmen goes. 'If there's anyone to humor, it's the butcher,' she laughs. 'If you're on his bad side or he thinks he can rook you, he'll pawn off the worst cuts or clip off a few ounces here and there. So I bring him a sip of hot coffee now and then and we got along fine,' she winks.
> Butchers are notorious for cheating their consumers. By snipping an ounce of meat from each household's ration and selling it on the black market at 8 peso a pound, a butcher could easily double his salary. Another trick is to trim second-class meat and sell it as first class, pocketing the extra 11 cents a pound, plus winding up with more first-class meat to sell on the black market.

Obwohl die Verdienstmöglichkeiten durch Schwarzhandel mittlerweile deutlich höher sind als die angegebenen acht Peso, ist die Geschichte ein gutes Beispiel für die sozialen Verflechtungen auf dem Schwarzmarkt. Zwar ist die Familie vom Schlachter betrogen worden, doch muss sie sich dennoch gut mit ihm stellen. Denn der Schlachter ist ebenso wie der *bodeguero* (Verkäufer in einer *bodega*) und andere, die Produkte der *libreta* verkaufen, eine Schlüsselfigur auf dem lokalen Schwarzmarkt. Viele Schwarzmarktge-

---

[87] Die im informellen Sektor erbrachten Dienstleistungen sollen an dieser Stelle ausgeblendet werden, da sie für die in der vorliegenden Arbeit untersuchte Grundversorgung unwichtig sind.

[88] Die Dekade der 1980er Jahre wird von den Kubanern mit einem gewissen Wehmut gemeinhin als die *vacas gordas* (fette Kühe respektive Jahre) bezeichnet, denn die Versorgungslage auf der Insel war zumindest bis zur Schließung der *mercados campesinos* ausgesprochen gut.

schäfte werden nämlich direkt in der Verkaufsstelle für *libreta*-Artikel abgewickelt – allerdings nur, wenn man ein vertrauensvolles Verhältnis zum Verkäufer hat. In diesem Fall kann man nachfragen, ob von einem Produkt mehr als die zugeteilte Menge vorhanden ist und kauft dieses dann *sobre precio* (über dem Preis). Für die jedem Kubaner täglich zustehenden 80g Brot muss man dann beispielsweise statt der staatlich festgesetzten fünf *centavos* einen Peso – also das zwanzigfache – bezahlen. Der Bäcker holt die fehlende Menge dadurch wieder rein, dass einigen der Weg zur Bäckerei für nur 80g Brot zu weit ist und sie die ihnen zugeteilte Menge nicht abholen. Doch auch das sprichwörtliche Backen von kleineren, dafür aber einer größeren Anzahl von Brötchen, ist gängige Praxis. Da die Kunden die Brötchen nicht nachwiegen können, werden sie beim Gewicht geprellt.

Die Beispiele für Tricks und Betrügereien im Umfeld des Schwarzmarktes könnten schier endlos weitergeführt werden. Letztlich unterscheiden sie sich hauptsächlich hinsichtlich ihres Organisationsgrades bzw. der kriminellen Energie, die für die Schwarzmarktgeschäfte aufgewandt werden muss. So zeugen Berichte von illegalen Fabriken, in denen gleich mehrere Personen beschäftigt sind, die aus gestohlenem Rohmaterial Seife und andere Körperpflegeartikel herstellen oder Zigarren für den Schwarzmarkt produzieren (vgl. FR, 5.5.97; FR, 21.05.02), zumindest von einer gewissen Professionalität der Beteiligten. Doch insgesamt ist das gern von offiziellen Stellen gezeichnete Bild des sich skrupellos auf Volkskosten bereichernden Schwärzhändlers eher die Ausnahme. Im Gegenteil sind die meisten Kubaner, die illegal Waren verkaufen, unprofessionell, wie auch GONZÁLEZ G. (1997: 245) feststellt:

> Das Auseinanderklaffen von Löhnen und Preisen führt dazu, dass Lohnempfänger, die üblicherweise einige Bedürfnisse durch die Untergrundwirtschaft befriedigt haben, von einem gewissen Punkt an nicht mehr nur Käufer bleiben konnten, sondern sich in Verkäufer verwandelt haben.

GONZÁLEZ G. ist einer der wenigen kubanischen Wissenschaftler, die sich in den 1990er Jahren mit dem Phänomen des Schwarzmarktes auseinander gesetzt haben. Bei seiner Analyse unterscheidet er vier verschiedene Entwicklungsphasen des Schwarzmarktes (vgl. GONZÁLEZ G. 1997: 240):

- die latente Phase (vor 1989), in der die Bevölkerung etwa ein Fünftel ihres Einkommens auf dem Schwarzmarkt ausgab;[89]
- die Phase der Entwicklung (1989 bis 1992), in der vor dem Hintergrund der Güterverknappung im staatlichen Sektor die Schwarzmarktaktivitäten sprunghaft anstiegen und illegale Transaktionen den gleichen monetären Umfang hatten wie legale Einzelhandelstransaktionen;

---

[89] BURCHARDT (1996: 110) gibt an, dass die Ausgaben in dieser Zeit hauptsächlich für Dienstleistungen und nicht für Waren bestimmt waren.

- die Hochphase (1993 bis Mai 1995), in der der Mangel im Rationierungssystem dazu führte, dass mehr Waren und Dienstleistungen auf dem Schwarzmarkt umgesetzt wurden als im staatlichen Einzelhandel;[90]
- die Phase des Schrumpfens der Schwarzmarktaktivitäten (seit Mai 1995), in der durch den Erfolg verschiedener Reformmaßnahmen der Schwarzmarkt eingeschränkt wurde, aber parallel zum formellen Sektor weiterbesteht.

In der Phase der Entwicklung und in der Hochphase stiegen die Schwarzmarktpreise derart an, dass ein wachsender Teil der Kubaner und Kubanerinnen gezwungen wurde, "sich selbst über den Schwarzmarkt neue Einkommensquellen zu erschließen, allein (...) um die Grundversorgung ihrer Familien sichern zu können" (BURCHARDT 1996: 112). Ein Blick auf die Entwicklung der Preise auf dem Schwarzmarkt verdeutlicht dies. Zwischen 1989 und 1993 ist der Preisindex in diesem Sektor um mehr als das 15-fache gestiegen (vgl. Tab. 31). Da die *mercados agropecuarios* zu diesem Zeitpunkt noch nicht existierten und das Rationierungssystem sich vor allem durch das Fehlen von Produkten auszeichnete, gab es zur Versorgung auf dem Schwarzmarkt keine wirkliche Alternative.

Tab. 31: Preisindex auf dem kubanischen Schwarzmarkt (1989 = 100)

| Jahr | 1986 | 1987 | 1988 | 1989 | 1990 | 1991 | 1992 | 1993 | 1994 | 1995 | 1996 |
|---|---|---|---|---|---|---|---|---|---|---|---|
| Preisindex | 90 | 100 | 98 | 100 | 102 | 263 | 510 | 1.553 | 1.397 | 740 | 555 |

Quelle: GONZÁLEZ M. 1999; U-ECHEVARRÍA 1997

Nach der Öffnung der nichtstaatlichen Agrarmärkte änderte sich die Situation rasch. Als unmittelbare Folge der Marktöffnung sank der informelle Wechselkurs des US-$ – die einzige Währung, in der vor Oktober 1994 noch etwas außerhalb des Rationierungssystems zu haben war – rapide ab. Der Dollarkus fiel zunäht von 120 auf 70 Peso (vgl. FR vom 10.10.94) und halbierte sich bis zum Ende des Jahres sogar noch einmal auf 35 Peso (vgl. RICH 1995: 9). Außerdem wurde ein bedeutender Teil des Schwarzmarktes ausgetrocknet, weil viele Waren jetzt legal und im Verhältnis zu den Schwarzmarktpreisen von 1993 und 1994 wesentlich günstiger gekauft werden konnten. Die Schwarzmarkthändler mussten deshalb ihre Preise dem Preisniveau auf den legalen Märkten angleichen. Dadurch und aufgrund der Tatsache, dass sich die Geldumlaufmenge deutlich reduziert hatte (vgl. Kap. 1.2), verringerte sich der Preisindex für Schwarzmarktware bis 1996 erheblich (vgl. Tab. 31).

Die Phase, in der der Schwarzmarkt die zentrale Versorgungsquelle für die Bevölkerung war, ist mittlerweile überwunden. Das darf jedoch nicht darüber hinwegtäuschen, dass unrechtmäßiges Abzweigen und illegales Verkaufen von Produkten noch immer zum kubanischen Alltag gehören. 'Krumme Geschäfte' werden sowohl im privatwirtschaftlichen als auch im staatlichen Bereich, sowohl im Devisen- als auch im Pesosektor der Ökono-

---

[90] Nach BURCHARDT (1996: 111) wurden 1993 60% der Warenzirkulation auf der Insel über den Schwarzmarkt abgewickelt.

mie und sowohl von einfachen Angestellten als auch von Führungskräften getätigt.[91] Aus der Sicht der Anbieter stellt der Schwarzmarkt eine willkommene und oftmals unerlässliche Einkommensaufbesserung dar, aus der Sicht der Nachfrageseite werden die Waren billiger als in den Dollarshops oder auf den *mercados agropecuarios* angeboten. Darüber hinaus gibt es auf dem Schwarzmarkt eine ganze Reihe von Produkten des täglichen und periodischen Bedarfs, die sonst nicht oder nur schwer zu beschaffen sind. Denn insgesamt ist die Versorgungssituation auf der Insel nach wie vor durch Güterknappheit gekennzeichnet. Ein ausreichendes Warenangebot kann weder der staatliche Sektor zur Verfügung stellen, der vor allem mit Ineffizienz im Produktionsprozess zu kämpfen hat, noch die nichtstaatlichen Märkte, die aufgrund ihrer Monopolstruktur versagen. Solange diese Situation sich nicht ändert, wird der Schwarzmarkt ein integraler Bestandteil des kubanischen Versorgungsystems bleiben, ohne den die Deckung des Grundbedarfs wohl kaum möglich wäre.

### 4.3.6 Andere Angebotsformen

Bisher sind die vier wichtigsten Angebotsformen behandelt worden, über die sich die Bevölkerung mit Artikeln des Grundbedarfs versorgen kann. Daneben gibt es noch andere Angebote, die in quantitativer Hinsicht für die Grundversorgung von untergeordneter Bedeutung sind, aber dennoch den Speiseplan einiger Bevölkerungsteile bereichern oder zumindest ergänzen. Diesbezüglich sind die *organopónicos*, die Eigenversorgung, der staatliche Parallelmarkt, der Straßenverkauf von Speisen und Getränken sowie der so genannte soziale Konsum zu nennen.

Die *organopónicos* wurden in den 1990er Jahren ins Leben gerufen, um die Versorgung der städtischen Bevölkerung mit frischem Obst und Gemüse zu verbessern. Sie bilden zusammen mit den bereits erwähnten *parceleros* (vgl. Kap. 4.3.4) und den *huertos intensivos* (intensive Nutzgärten) den Sektor der städtischen Landwirtschaft, der von der kubanischen Regierung stark gefördert wird und im Jahr 2001 mehr als 2,3 Millionen Tonnen landwirtschaftliche Produkte erzeugte (vgl. *Granma*, 3.2.02).[92] *Organopónicos* sind zumeist kollektiv organisiert, wobei die UBPC als Vorbild dienen, können jedoch im Einzelfall auch andere Eigentumsformen haben (vgl. RODRÍGUEZ 1999: 69). Die von den *organopónicos* bewirtschafteten Parzellen sind im Landesdurchschnitt gut 2.000 Quadratmeter groß und liegen in der Nähe von Wohnsiedlungen. Täglich werden die angebauten Produkte frisch geerntet und direkt am *organopónico* an die Bevölkerung verkauft, wobei die Preisgestaltung durch das jeweilige Angebot und die Nachfrage geregelt wird.

---

[91] Nicht umsonst ist in Kuba ein neues Ministerium für Rechnungsprüfung und Kontrolle (*Ministerio de Auditoría y Control*) gegründet worden, das Korruption und Veruntreuung bekämpfen soll (vgl. HENKEL 2001b).

[92] Die Parteizeitung *Granma* (vom 13.2.02) titelte in diesem Zusammenhang: "Städtische Landwirtschaft: effiziente Lokomotive in der Lebensmittelproduktion". Und in der Tat hat die Produktion von Lebensmitteln im urbanen und suburbanen Raum mittlerweile einen beeindruckenden Umfang erreicht. 2001 konnten aus diesem Sektor pro Kopf und Tag rund 580g Obst, Gemüse oder Wurzel- und Knollenfrüchte zur Verfügung gestellt werden.

Gelegentlich werden auch Produkte verkauft, die nicht auf dem Grundstück des *organopónicos* wachsen. Dies gilt vor allem für Obst, da die meisten *organopónicos* erst wenige Jahre bestehen und deshalb noch über keine eigenen Obstbäume verfügen. Eigene Erhebungen haben ergeben, dass die Preise der *organopónicos* in der Regel geringfügig, zum Teil aber auch deutlich unter denen der benachbarten *mercados agropecuarios* liegen. Im Jahr 2001 erzeugten die 3.500 *organopónicos*, die mittlerweile im ganzen Land existieren, 188.000 Tonnen pflanzliche Agrarprodukte[93] und boten damit der urbanen Bevölkerung eine willkommene Ergänzung und qualitative Bereicherung des Speiseplans.

Eine in der Literatur oft vernachlässigte Angebotsform ist die Eigenversorgung. Der Anbau von pflanzlichen Agrarprodukten im eigenen Garten oder auf Parzellen, die den Nutzern vom Staat zum Nießbrauch überlassenen worden sind, wird vielfach praktiziert. Ähnliches gilt für das Halten von Nutztieren, die selbst in kleinen Etagenwohnungen zu finden sind. Das in der Badewanne gemästete Schwein bildet zwar eher die Ausnahme, doch halten sich zahlreiche Kubaner Hühner oder anderes Geflügel. Der Vorteil der Eigenversorgung liegt auf der Hand: Alles, was man selbst erzeugt, muss nicht teuer auf dem Agrar- oder auf dem Schwarzmarkt gekauft werden. MOSKOW (1999: 130), die eine empirische Studie zu diesem Thema in Havanna durchführte, gibt das durch die Subsistenzproduktion eingesparte Geld mit durchschnittlich 50 Peso in der Woche an. Der monatlich eingesparte Betrag entspricht damit fast dem Durchschnittslohn des staatlichen Sektors. Zudem können einige der selbst erzeugten Produkte auf dem Schwarzmarkt abgesetzt oder gegen andere, nicht im eigenen Garten wachsende Obst- und Gemüsesorten eingetauscht werden. Der Schwarzmarktverkauf bleibt allerdings eher die Ausnahme, da es zumeist genügend bedürftige Mitglieder der (erweiterten) Familie gibt, die Lebensmittel gerne annehmen.[94] Dies gilt umso mehr, wenn Städter *familia en el campo* (Familienmitglieder auf dem Lande) haben, die dann besonders häufig Nahrungsmittel schicken.

Eine hauptsächlich in den Städten vorkommende Angebotsform für Nahrungsmittel ist der Straßenverkauf von Speisen und Getränken, der ursprünglich von *cuentapropistas* etabliert worden ist und mittlerweile staatliche Konkurrenz erhalten hat (vgl. Kap. 3.3). Doch auch wenn die Kubaner gerne eine Handpizza, ein Sandwich oder ein Erfrischungsgetränk zwischendurch genießen würden, so können sich viele die begehrten Snacks nicht leisten. Insofern spielt diese Angebotsform für den Großteil der Bevölkerung keine bedeutende Rolle bei der Grundversorgung.

Ganz anders verhält es sich hingegen beim *consumo social* (sozialer Konsum). Der *consumo social* umfasst stark subventionierte Mahlzeiten, die Kindergarten- und Schulkindern, Studenten, einigen Sozialhilfeempfängern sowie sämtlichen staatlichen Beschäftigten zustehen. Letztere können sich in der örtlichen 'Arbeiter-Kantine' an jedem Arbeitstag

---

[93] Berechnet nach Daten aus der *Granma* (vom 13.02.02). Zum Vergleich: Auf den *mercados agropecuarios* wurden im Vorjahr 642.000 t pflanzlicher Agrarprodukte abgesetzt.

für einen Peso eine warme Mahlzeit abholen, die üblicherweise auf Reis und Bohnen basiert und gelegentlich mit ein wenig Fleisch, Fisch oder Eiern angereichert ist. Auch die Essensversorgung in den kubanischen Krankenhäusern wird zum *consumo social* gezählt, wobei in der Praxis die Versorgung der Patienten von deren Angehörigen zu gewährleisten ist.[95] Trotz der Defizite in einigen Bereichen und trotz der Eintönigkeit des wenig vitamin- und proteinhaltigen Kantinenessens stellt der *consumo social* für einen bedeutenden Teil der Bevölkerung einen nicht unerheblichen Anteil der täglichen Kalorienversorgung.

Als letzte Angebotsform zur Deckung des Grundbedarfs ist der staatliche Parallelmarkt zu nennen. Der *mercado paralelo*, wie er im Spanischen heißt, wurde in Kuba bereits in den 1970er Jahren eingeführt. Damals begann der Staat parallel zu den rationierten Gütern verschiedene Produkte frei zu verkaufen, allerdings zu einem höheren Preis als im hochsubventionierten *libreta*-System (vgl. BENJAMIN et al. 1984: 42ff). In den 'goldenen 80ern' verbreitete sich das Angebot frei verkäuflicher Ware erheblich, und es entstanden zahlreiche neue Geschäfte, die ihre Produkte zu staatlich festgesetzten und für die meisten Kubaner erschwinglichen Preisen verkauften. Doch in der *período especial* schrumpfte der freie Verkauf immer mehr zusammen. Große Warenhäuser hatten nur wenige Produkte im Angebot, die aufgrund ihrer schlechten Qualität praktisch unverkäuflich waren. Kleinere Läden wurden aufgrund des Mangels an Ware sogar ganz geschlossen. Nur einige wenige Geschäfte konnten sich bis ins neue Jahrtausend retten, wobei deren Produktpalette doch eher spärlich ist und die Preise, obgleich in Peso ausgezeichnet, sich nur wenig vom Preisniveau der Dollarshops unterscheiden.[96] Der *mercado paralelo* schrumpfte zu einem *micromercado paralelo* zusammen.

Dieser insgesamt negativen Tendenz stand aber auch eine positive gegenüber: die Erweiterung des *micromercado paralelo* durch die Eröffnung neuer staatlicher Angebote. So wurden staatliche Fischgeschäfte (*pescaderías*) oder Bäckereien ins Leben gerufen, die ihre Produkte in nationaler Währung verkaufen. Vor allem die insgesamt zahlreicheren Fischgeschäfte können in den wenigen Stadtteilen, in denen sie eingerichtet worden sind, einen Beitrag zur Verbesserung der Ernährung leisten und die Proteinlücke im Speiseplan einiger Kubaner schließen helfen. Das Angebot der Fischgeschäfte ist so gestaltet, dass für jeden Geldbeutel etwas dabei ist. Langustenschwänze sind für 40 bis 45 Peso pro *libra* zu haben, Shrimps für 25 Peso und Fischfilet für 20 Peso, Fischkroketten kosten hingegen nur 30 *centavos* und die etwas größeren Fischfrikadellen einen Peso pro Stück. Da Kuba über fischreiche Gewässer und eine eigene Fischfangflotte verfügt, wäre es

---

[94] In Kuba ist der Familienzusammenhalt gemeinhin größer als hierzulande. Der Familienbegriff ist deshalb recht ausgedehnt und schließt auch entfernte Verwandte und teilweise sogar Personen ein, die einem besonders nahe stehen, ohne dass ein Verwandtschaftsverhältnis im eigentlichen Sinne vorliegt.

[95] Das gilt nicht nur für das Essen, sondern auch für das Bettzeug und teilweise sogar für Medikamente (vgl. HENKEL 2001c: 367).

[96] So kostete im März 1999 die Flasche siebenjähriger Rum in einem Laden des Parallelmarktes mit 200 Peso genauso viel wie im Dollarshop bzw. entsprach der Preis in etwa dem durchschnittlichen Monatslohn eines staatlich Beschäftigten.

wünschenswert, zukünftig diese Angebotsform in ausreichender Dichte auf der ganzen Insel zu etablieren.

### 4.4 Die Nachfragestruktur für Güter des Grundbedarfs auf Haushaltsebene

Nachdem im vorangegangen Kapitel unterschiedliche Möglichkeiten vorgestellt worden sind, Güter des Grundbedarfs zu erwerben, stellt sich nun die Frage, welche Bedeutung die einzelnen Angebotsformen für die Versorgung der Bevölkerung haben. Diese Thematik ist bereits von verschiedenen Autoren aufgegriffen worden. Es wurden sogar konkrete Prozentwerte über den Anteil der jeweiligen Marktformen an der Lebensmittelversorgung der Kubaner angegeben, die allerdings in keiner Weise belegt sind und teilweise unplausibel erscheinen. Einige Beispiele sollen dies verdeutlichen.

Die kubanischen Forschungsinstitute INIE & CIEM (1997)[97] untersuchten in einer gemeinsamen Studie zur Sozialpolitik auch die Versorgungslage der Bevölkerung mit Lebensmitteln. Demnach gingen im Jahr 1995 73% des Kalorienverbrauchs der Kubaner auf die *libreta* oder den *consumo social* zurück, also auf den staatlich subventionierten Bereich, 13% beruhten auf der Selbstversorgung der Bevölkerung und die übrigen 14% stammten von "den Märkten mit freier Preisbildung und Dienstleistungen im Ernährungsbereich" (INIE & CIEM 1997, o.S.). Eine Berechnungsgrundlage für diese Werte wird nicht angegeben. Darüber hinaus bleibt unklar, welche Angebotsformen zu den jeweils genannten Kategorien gehören. Während sich die Dienstleistungen im Ernährungsbereich noch als (Straßen-)Verkauf von Speisen und Getränken interpretieren lassen, bleibt der Begriff 'Märkte mit freier Preisbildung' unscharf. Neben den *mercados agropecuarios* könnten hier die Dollarshops gemeint sein, obwohl die Preisbildung in diesem Sektor keineswegs 'frei' ist, wie in Kapitel 4.3.3 bereits herausgearbeitet worden ist. Durch die definitorische Unschärfe büßt die Auflistung erheblich an Aussagekraft ein. Übrig bleibt die Feststellung, dass der kubanische Staat fast drei Viertel der Versorgung seiner Bürger sicherstellt – eine stark vereinfachte Aussage, die Rückschlüsse auf die Intention der Autoren zulässt.

Ein übereinstimmendes, aber etwas detaillierteres Bild zeichnet TOGORES (2000: 122), die sich ebenfalls auf die Situation des Jahres 1995 bezieht. Sie gibt an, dass rund 58% der Kalorienversorgung auf dem Einzelhandel (die Autorin meint damit vermutlich die *libreta*) und weitere 15% auf dem *consumo social* beruhen, so dass in der Summe die 73% der vorherigen Quelle bestätigt werden. Auch der Anteil der Selbstversorgung der Bevölkerung ist in den beiden Quellen mit 13% identisch. Die restlichen 14% werden von TOGORES genauer aufgeschlüsselt. Demnach lagen die Anteile der *mercados agropecuarios* und der Dollarshops an der Kalorienversorgung der Bevölkerung jeweils unter 2%. 11% des Kalorienverbrauchs werden schließlich unter dem Begriff *alimentación*

---

[97] Das INIE (*Instituto Nacional de Investigaciones Económicas*) untersteht dem kubanischen Wirtschaftsministerium und befasst sich mit ökonomischer und sozialer Forschung; das CIEM (*Centro de Investigaciones de la Economía Mundial*) ist das kubanische Weltwirtschaftsinstitut.

*publica* (öffentliche Ernährung) zusammengefasst, was mutmaßlich den "Dienstleistungen im Ernährungsbereich" der ersten Quelle entspricht.

Zu den genannten Daten ist einiges zu bemerken. Die Angaben zum Anteil der *libreta* an der Kalorienversorgung erscheinen zwar einigermaßen plausibel, doch sind sie völlig veraltet.[98] Denn im Zuge des in den letzten Jahren auf der Insel gestiegenen durchschnittlichen Kalorienverbrauchs sank der Anteil der *libreta* an der Kalorienversorgung der kubanischen Bevölkerung auf nur noch 44% ab (vgl. Kap. 4.3.1). Unabhängig von der zeitlichen Dimension wird zudem der Beitrag des *consumo social* zur Ernährung überschätzt. NOVA (2000: 146) geht davon aus, dass nicht 15%, sondern lediglich 7% bis 9% des Kalorienverbrauchs auf diese Angebotsform zurückgehen.[99]

In Wirklichkeit stellte (und stellt) der Staat also nicht 73% der verbrauchten Kalorien zur Verfügung, sondern erheblich weniger. Dies wird umso deutlicher, wenn man bedenkt, dass der Schwarzmarkt als eine wichtige Versorgungsquelle der kubanischen Bevölkerung sowohl von INIE & CIEM als auch von TOGORES vollkommen ausgeblendet wird. Auch andere kubanische Quellen erwähnen die Existenz des Schwarzmarktes – wenn überhaupt – nur am Rande. So berichtet die *Bohemia* (Dez. 1998), dass im Jahr 1996 85% der verfügbaren Kalorien auf dem staatlichen Rationierungssystem und 3% auf den *mercados agropecuarios* basierten. Hinsichtlich der Dollarshops und des Schwarzmarktes wurden lediglich deren hohe Preise, nicht aber ihr Beitrag zur Ernährungssicherheit thematisiert. Der Tenor des *Bohemia*-Artikels ist somit der gleiche, wie in den beiden anderen kubanischen Quellen: Der Staat sorgt für seine Bürger. Doch eine derartig zweckgefärbte Darstellung kann die Tatsache nicht kaschieren, dass zwischen 1992 und 1999 die kubanischen Ernährungsrichtlinien nicht mehr erfüllt werden konnten (vgl. Tab. 13) oder, anders ausgedrückt, dass die Kubaner in dieser Zeit trotz aller staatlichen Fürsorge nicht genug zu Essen hatten.

Angesichts der unbelegten, unvollständigen, widersprüchlichen und zum Teil geschönten Daten lässt sich die Frage nach der Bedeutung der einzelnen Angebotsformen für die Grundversorgung der Bevölkerung auf der Makroebene nicht beantworten. Deshalb soll im Folgenden die Haushaltsbefragung herangezogen werden, um auf der Mikroebene untersuchen zu können, wo die Menschen welche Artikel des Grundbedarfs herbekommen und welche Bedeutung sie den verschiedenen Märkten beimessen.

---

[98] Geht man davon aus, dass der für 1998 ermittelte Kalorienwert der *libreta* von 1.130 kcal pro Kopf und Tag (vgl. Kap. 4.3.1) auch für 1995 gültig ist, so ergibt sich für dieses Jahr ein Anteil der rationierten Produkte von 57% am Gesamtverbrauch. Nahezu ein Fünftel des täglichen Angebots von damals 1.993 kcal pro Kopf (vgl. Tab. 13) gingen dabei allein auf die Zuckerlieferungen der *libreta* zurück.

[99] In absoluten Zahlen würde nach TOGORES (2000) der durchschnittliche Beitrag des *consumo social* bei 300 kcal pro Kopf und Tag liegen. Nach NOVA (2000), der sich mit seinen Angaben auf das Jahr 1997 bezieht, wären es hingegen weniger als 200 kcal. Diese Rechenbeispiele berücksichtigen allerdings nicht, dass ein Teil der Bevölkerung keinen Zugang zu den (Arbeiter-)Kantinen hat, so dass der tatsächliche Kalorienwert einer *consumo-social*-Mahlzeit höher liegen dürfte.

Den Ausgangspunkt für die Versorgung bildet für alle Haushalte die *libreta*, da über das Rationierungssystem ein Teil der Bedürfnisse extrem kostengünstig befriedigt werden kann. Die über die *libreta* abgegebenen Grundnahrungsmittel werden zwar teilweise von der Bevölkerung als qualitativ mäßig bis schlecht bewertet, decken aber immerhin die Hälfte des empfohlenen Kalorienverbrauchs bzw. mehr als 40% des tatsächlichen Durchschnittsverbrauchs. Damit bietet die *libreta* einen wichtigen Versorgungsgrundstock, der aber weder quantitativ noch hinsichtlich der Breite des Angebots den Grundbedarf an Nährstoffen abdeckt. Versorgungsmängel gibt es vor allem hinsichtlich pflanzlicher oder tierischer Fette, tierischen Proteins, Vitaminen und anderer nichtenergieliefernder Nährstoffe sowie hinsichtlich sämtlicher *nonfood*-Produkte.

Um die Versorgungslücke zu schließen, müssen die Kubaner auf andere, teurere Angebotsformen zurückgreifen. Auf einer gedachten Rankingskala des Preisniveaus der vier wichtigsten Angebotsformen stünde die *libreta* ganz unten, die *mercados agropecuarios* in der Mitte und die Dollarshops oben. Das Niveau der Schwarzmarktpreise läge deutlich über dem der *libreta* und – je nach Produktart – knapp unterhalb der Preise in den Dollarshops bzw. auf den Agrarmärkten. Allerdings gibt es kaum Produkte, die auf sämtlichen Märkten zu erhalten sind.[100] Vielmehr sind die meisten Artikel bestimmten Märkten zugeordnet. Z.B. kann Speiseöl, dessen Zuteilungsmenge außerordentlich gering ist und das selbst auf dem Schwarzmarkt schwer zu beschaffen ist, fast ausschließlich im Dollarshop erworben werden. Schweinefleisch hingegen wird hauptsächlich auf den *mercados agropecuarios* angeboten.

In der Haushaltsbefragung ist erhoben worden, welche Produkte die Befragten üblicherweise in den Dollarshops kaufen. Abbildung 15 zeigt die zehn am häufigsten genannten Artikel.[101] Es wird deutlich, dass neben dem schon erwähnten Speiseöl, das 80% der Befragten regelmäßig erwarben, besonders Körperpflege- und Hygieneartikel auf den Einkaufszetteln für die Dollarshops standen. 79% der Befragten gaben an, Seife zur Körperpflege zu kaufen, 69% besorgten in den Dollarshops regelmäßig Seife zur Kleiderwäsche und 74% Waschpulver. Deutlich weniger als die Hälfte der Befragten konnte sich Shampoo (42%) und Deodorant (35%) leisten. Nur ein Viertel der Gesprächspartner nannte Würstchen, 14% nannten Milchpulver als häufig gekauftes Produkt.

Ein differenziertes Bild ergibt sich bei der Analyse der monatlichen Ausgaben der einzelnen Haushalte in den Dollarshops. Um das Bild nicht zu verzerren, wurden die 20 Haushalte aus der Betrachtung ausgeschlossen, in denen *cuentapropistas* leben, da diese nicht nur für den Eigenbedarf, sondern auch für gewerbliche Zwecke in den Dollarshops ein-

---

[100] Eine Ausnahme bilden beispielsweise Reis oder Bohnen, deren Preise sich im März 1998 in Havanna folgendermaßen gestalteten (jeweils in der Reihenfolge *libreta*, Schwarzmarkt, *mercados agropecuarios*, Dollarshops genannt): für Reis 0,24; 4,00; 4,00 bis 5,00; 9,50 Peso pro *libra* und für schwarze Bohnen 4,80; 7,00; 8,00 bis 12,00; 25,50 Peso pro *libra*.

[101] Weitere besonders häufig in den Dollarshops gekaufte Produkte wurden bereits in Tabelle 24 zusammengestellt.

kaufen. Tabelle 32 zeigt die Verteilung der Pro-Kopf-Ausgaben für die übrigen 120 Fälle.

Abb. 15: In den Dollarshops erworbene Produkte (nach Anteil der Befragten, die das jeweilige Produkt regelmäßig kaufen)

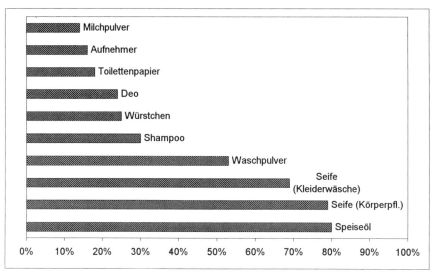

Quelle: Eigener Entwurf nach Daten der Haushaltsbefragung

Tab. 32: Durchschnittliche monatliche Pro-Kopf-Ausgaben der befragten Haushalte in den Dollarshops (ohne Haushalte, in denen *cuentapropistas* leben)

| Ausgaben (US-$) | Anzahl der Haushalte | Anteil an allen Haushalten |
|---|---|---|
| keine | 10 | 8% |
| unter 1,00 | 15 | 13% |
| 1,00 bis unter 2,50 | 46 | 38% |
| 2,50 bis unter 5,00 | 29 | 24% |
| 5,00 bis unter 10,00 | 13 | 11% |
| über 10,00 | 5 | 4% |
| keine Angaben | 2 | 2% |
| gesamt | 120 | 100% |

Insgesamt zehn Haushalte gaben an, überhaupt nicht in den Dollarshops einzukaufen, sei es, weil sie es sich nicht leisten konnten oder weil sie andere, zumeist informelle Quellen zur Bedarfsdeckung hatten. Zwei weitere Haushaltsvorstände machten keine Angaben über ihre Ausgaben in den Dollarshops. Die monatlichen Ausgaben der übrigen Haushalte lagen im Mittel bei knapp drei Dollar pro Haushaltsmitglied, wobei die Spannweite von 33 Cent bis 15 Dollar reichte. Die überwiegende Mehrheit der befragten Haushalte gab in den Devisenläden monatlich normalerweise weniger als fünf Dollar pro Kopf aus. Bei mehr als der Hälfte der Haushalte, die überhaupt in den Dollarshops einkaufen, lagen die Ausgaben sogar unter 2,50 US-$. Für diesen Betrag erhält man gerade einmal eine Flasche Sonnenblumenöl oder ein Stück Seife und eine Tube Zahncreme – viel zu wenig, um einen ganzen Monat lang über die Runden zu kommen.

Die begrenzte Kapazität der Konsummöglichkeit in den Dollarshops verdeutlicht sich besonders hinsichtlich der Frage, wie oft dort Kleidung und Schuhe gekauft werden (vgl. Tab. 33).[102] Hinsichtlich dieser Artikel haben die Dollarshops fast eine Monopolstellung inne. Zwar werden auf einigen Handwerkermärkten, die nach dem gleichen Prinzip wie die *mercados agropecuarios* funktionieren, und auf dem Schwarzmarkt ebenfalls Bekleidung und Schuhe angeboten, jedoch nur in äußerst geringem Umfang. Die in den Dollarshops angebotene Bekleidung ist fast immer Importware, deren Qualität nicht selten minderwertig ist. Trotzdem ist das Preisniveau für die Textilien und Lederwaren nicht eben niedrig.[103] Vor diesem Hintergrund wundert es kaum, dass nahezu ein Drittel der Befragten angab, überhaupt keine Kleidung in den Dollarshops zu kaufen. Ein weiteres Drittel konnte sich die begehrten Artikel nur einmal im Jahr leisten. Lediglich eine Minderheit kaufte häufiger als zweimal jährlich Schuhe oder Kleidungsstücke in den Dollarshops.

Tab. 33: Häufigkeit des Kaufs von Bekleidung oder Schuhen in Dollarshops

| Bekleidung oder Schuhe werden gekauft: | Anzahl der Haushalte | Anteil an allen Haushalten |
|---|---|---|
| gar nicht | 43 | 31% |
| einmal im Jahr | 47 | 34% |
| zweimal im Jahr | 32 | 23% |
| dreimal im Jahr | 13 | 9% |
| mehr als dreimal im Jahr | 5 | 3% |
| gesamt | 140 | 100% |

Quelle: Haushaltsbefragung

Bei der abschließenden Bewertung der Dollarshops durch die Befragten waren 93% der Gesprächspartner der Meinung, dass die Preise 'hoch' seien, während sie lediglich von zwei Personen als 'akzeptabel' bezeichnet wurden. Hinsichtlich der Angebotsbreite und der Qualität fielen die Stellungnahmen differenzierter aus: Mehr als zwei Drittel hielten das Angebot für 'gut', ein gutes Fünftel für 'mittelmäßig' oder 'variabel' und nur vier Prozent für 'schlecht'. Die Qualität der angebotenen Waren bewerteten 43% als 'gut', 39% als 'akzeptabel', 'mittelmäßig' oder 'variabel' und 12% als 'schlecht'. Insgesamt acht Personen äußerten keine Meinung hinsichtlich der Bewertung der Dollarshops.

---

[102] Tabelle 33 schließt die 20 Haushalte ein, in denen *cuentapropistas* leben, weil Kleidung und Schuhe nicht zu kommerziellen Zwecken, sondern zum persönlichen Gebrauch gekauft werden.

[103] Nach eigenen Erhebungen in verschiedenen Dollarshops in Havanna kostete ein einfaches T-Shirt im März 1999 sechs bis acht Dollar, lange Hosen waren nicht unter 15 US-$ zu haben und für geschlossene Schuhe musste man 20 bis 25 US-$ bezahlen. Legt man den damaligen CADECA-Wechselkurs von 1:19 zu Grunde, kostete ein Paar Schuhe das doppelte eines durchschnittlichen Monatsgehaltes im Staatssektor.

Tab. 34: Einfluss der Legalisierung des Devisenbesitzes und der Eröffnung neuer Dollarshops auf die Ernährungslage in den befragten Haushalten

| Die persönliche Ernährungslage... | Anzahl der Haushalte | Anteil an allen Haushalten |
|---|---|---|
| ... hat sich verbessert. | 87 | 62% |
| ... hat sich etwas verbessert. | 10 | 7% |
| ... hat sich nicht verbessert. | 43 | 31% |
| gesamt | 140 | 100% |

Trotz der hohen Preise, der geringen Kaufkraft und der nur teilweise befriedigenden Produktqualität stellen die Dollarshops in den Augen vieler Befragter eine wichtige Versorgungsquelle dar. Die überwiegende Mehrheit (62%) war der Meinung, dass sich ihre persönliche Versorgungssituation mit Lebensmitteln durch die Legalisierung des Devisenbesitzes und den Ausbau des Dollarshopnetzes verbessert hat (vgl. Tab. 34). Dem gegenüber stehen 31% der Interviewpartner, die meinten, dass sich ihre Situation nicht verbessert habe. Die unterschiedliche Einschätzung der Bedeutung der Dollarshops für die eigene Nahrungsmittelversorgung geht nicht so sehr auf verschiedene Bewertungsmaßstäbe der einzelnen Befragten zurück, sondern spiegelt vor allem die differenzierte ökonomische Lage in den Haushalten wider. Wer nicht über ein gewisses Maß an Devisen verfügt, kann gar keine oder nur wenige Produkte in den Dollarshops kaufen.

Tab. 35: Durchschnittliche monatliche Pro-Kopf-Ausgaben der befragten Haushalte auf den *mercados agropecuarios* für pflanzliche Agrarprodukte (ohne Haushalte, in denen *cuentapropistas* leben)

| Ausgaben (Peso) | Anzahl der Haushalte | Anteil an allen Haushalten |
|---|---|---|
| keine | 1 | 1% |
| unter 10 | 33 | 27% |
| 10 bis unter 25 | 63 | 53% |
| 25 bis unter 50 | 14 | 12% |
| 50 bis unter 75 | 3 | 2% |
| 75 bis unter 100 | 3 | 2% |
| über 100 | 2 | 2% |
| keine Angaben | 1 | 1% |
| gesamt | 120 | 100% |

Die ungleiche Kaufkraft der Haushalte kommt nicht nur im Devisensektor zum Ausdruck, sondern auch auf den *mercados agropecuarios*. Von den 140 Befragten gaben 138 an, regelmäßig auf den Märkten einzukaufen.[104] Eine Person machte keine Angaben, und eine weitere kaufte nicht auf den *mercados agropecuarios*. Schließt man wiederum die 20 Haushalte aus, in denen Selbständige wohnen, so lagen die monatlichen Ausgaben der Haushalte für Produkte der nichtstaatlichen Agrarmärkte zwischen 10 und 662 Peso.

---

[104] Die typischerweise auf den Agrarmärkten gekauften Produkte sind bereits in den Tabellen 29 und 30 zusammengestellt und ergänzende Erkenntnisse aus der Haushaltsbefragung in Fußnote 81 erwähnt worden.

Allerdings kann man in einigen Fällen, in denen die Ausgaben besonders hoch sind, eine informelle Tätigkeit einiger Haushaltsmitglieder im Bereich der Gastronomie oder des Straßenverkaufs von Speisen und Getränken unterstellen, da der Warengegenwert der von jenen Interviewpartnern genannten Beträge wesentlich mehr als nur den Eigenbedarf abdeckt. Zudem besteht die Möglichkeit, dass sich einige Gesprächspartner bei der Kalkulation der Ausgaben auf den Agrarmärkten verschätzt haben. Denn während die Mehrheit der Befragten (insgesamt 83 der 120 in die Betrachtung einbezogenen Haushalte) nur ein- oder zweimal monatlich die Dollarshops besucht hat und dort nur wenige Produkte kaufte, wurden die *mercados agropecuarios* von den meisten Haushalten (insgesamt 96) zwei- bis viermal im Monat besucht und auch eine größere Zahl von Produkten erworben, so dass die Ausgaben sich weniger übersichtlich gestalten.

Tab. 36: Durchschnittliche monatliche Pro-Kopf-Ausgaben der befragten Haushalte auf den *mercados agropecuarios* für Fleisch (ohne Haushalte, in denen *cuentapropistas* leben)

| Ausgaben (Peso) | Anzahl der Haushalte | Anteil an allen Haushalten |
|---|---|---|
| keine | 28 | 24% |
| unter 10 | 9 | 8% |
| 10 bis unter 25 | 36 | 30% |
| 25 bis unter 50 | 23 | 19% |
| 50 bis unter 75 | 11 | 9% |
| 75 bis unter 100 | 4 | 3% |
| über 100 | 5 | 4% |
| keine Angaben | 4 | 3% |
| gesamt | 120 | 100% |

Trotz dieser potenziellen Fehlerquellen lässt sich aus der nach pflanzlichen Agrarprodukten und nach Fleisch aufgeschlüsselten Struktur der Pro-Kopf-Ausgaben einiges ablesen (vgl. Tab. 35 und 36). Betrachtet man zunächst die pflanzlichen Agrarprodukte, so sieht man, dass ein gutes Viertel der Haushalte unter 10 Peso und über die Hälfte zwischen 10 und 25 Peso pro Person und Monat auf den *mercados agropecuarios* ausgegeben hat. Etwa ein Fünftel der Befragten war in der Lage, sich für mehr als 25 Peso pro Kopf auf den Agrarmärkten mit Obst, Gemüse oder Wurzel- und Knollenfrüchten einzudecken. Die Ungleichheit hinsichtlich der Versorgungsmöglichkeiten auf den *mercados agropecuarios* wird noch klarer, wenn man die durchschnittlichen Ausgaben der drei unteren Ausgabengruppen in Beziehung zueinander setzt, die zusammen 92% der Befragten umfassen und die die potenziell verzerrten Extremwerte nicht einschließen. Während die monatlichen Pro-Kopf-Ausgaben der ersten Gruppe im Mittel 5,67 Peso betrugen, lagen sie bei der zweiten Gruppe um das Zweieinhalbfache höher (14,35 Peso). Die dritte Gruppe gab mit rund 35 Peso wiederum das Zweieinhalbfache der zweiten Gruppe aus. Anhand der bereits in Tabelle 30 dargestellten Produktpreise kann man sich ausrechnen, was und wie viel die Haushalte der verschiedenen Gruppen auf den Märkten einkaufen können. Aber auch ohne solche Rechenbeispiele ist erkennbar, dass die Kaufkraft der einzelnen Haushalte die entscheidende Determinante dafür ist, welchen Ernährungsbeitrag die *mercados agropecuarios* jeweils leisten.

Noch offensichtlicher als bei den pflanzlichen Agrarprodukten treten die Kaufkraftunterschiede beim Fleisch zu Tage. 43 Befragte gaben an, sich einmal im Monat Fleisch auf den Agrarmärkten zu kaufen, 32 Befragte taten dies zweimal monatlich und 16 Befragte dreimal oder öfter. Die letztgenannte Gruppe steht auch hinsichtlich der Ausgaben für Fleisch und Fleischprodukte im krassen Gegensatz zu 28 Haushalten, die sich überhaupt kein Fleisch auf den *mercados agropecuarios* kaufen konnten (vgl. Tab. 36).

Bei der abschließenden Bewertung der *mercados agropecuarios* gaben bis auf eine Person alle Befragten eine Stellungnahme ab. Mit der Breite des Angebots auf den Märkten waren drei Viertel der Gesprächspartner zufrieden, während nur sechs Prozent unzufrieden waren. Die restlichen Interviewten beurteilten die Angebotsbreite als 'mittelmäßig' oder 'variabel'. Hinsichtlich der Produktqualität sind die Meinungsäußerungen unterschiedlich. 59% bezeichneten die Qualität als 'gut' oder 'akzeptabel', 32% als 'mittelmäßig' oder 'variabel' und 8% als 'schlecht'. Große Einigkeit herrschte hingegen hinsichtlich der Preise auf den Agrarmärkten, die 94% der Interviewpartner als 'hoch' bezeichneten.

In der Tat steht das Preisniveau, in dem sich die defizitäre Angebotssituation auf den nichtstaatlichen Agrarmärkten widerspiegelt, im Missverhältnis zur Kaufkraft der Bevölkerung. Rechnet man beispielsweise die in Tabelle 36 aufgelisteten monetären Ausgaben in Gramm um, so zeigt sich, dass sich die Mehrheit der Befragten pro Person gerechnet nicht einmal ein Pfund Fleisch im Monat leisten konnte. Ähnlich gestaltet sich auch die Situation bei pflanzlichen Agrarprodukten, wobei deren quantitativer Beitrag zum Speiseplan bedeutender ist als der des Fleisches. Doch trotz aller Defizite waren 96% der Gesprächspartner der Überzeugung, dass sich ihre persönliche Ernährungslage durch die Öffnung der *mercados agropecuarios* verbessert hat (vgl. Tab. 37).

Tab. 37: Einfluss der Einrichtung von *mercados agropecuarios* auf die Ernährungslage in den befragten Haushalten

| Die persönliche Ernährungslage... | Anzahl der Haushalte | Anteil an allen Haushalten |
|---|---|---|
| ... hat sich verbessert. | 134 | 96% |
| ... hat sich etwas verbessert. | 2 | 1% |
| ... hat sich nicht verbessert. | 4 | 3% |
| gesamt | 140 | 100% |

Diese Einschätzung kann als repräsentativ für Havanna angenommen werden. In manchen anderen und insbesondere in ländlichen Regionen würde die Frage nach dem Beitrag der Märkte zur persönlichen Ernährungssituation sicherlich anders bewertet werden, da die Menschen dort eher auf die Selbstversorgung mit Lebensmitteln setzen können. Betrachtet man die durchschnittlichen Absatzmengen der *mercados agropecuarios* in den Jahren 1999 und 2000 auf der Landesebene (vgl. Tab. 26 und 27) und setzt diese ins

Verhältnis zu der Bevölkerungszahl Kubas, so wird die Bedeutung der *mercados agropecuarios* für die Ernährungssicherheit der kubanischen Bevölkerung zurechtgerückt. Rein rechnerisch entfallen nämlich pro Monat auf jeden der rund 11,2 Millionen Kubaner und Kubanerinnen nur 4,28 kg pflanzliche Agrarprodukte und gerade einmal sechs Gramm Fleisch. Aufgrund der regionalen Unterschiede können aber einige (zumeist städtische) Haushalte in besonderem Maße von dieser Angebotsform profitieren, sofern sie über die entsprechenden finanziellen Ressourcen verfügen.

Eine Alternative zu den *mercados agropecuarios* bieten die *organopónicos*. Dort kauften die Interviewpartner der Haushaltsbefragung im Prinzip die gleichen Artikel wie auf den Agrarmärkten, mit dem einzigen Unterschied, dass auf den *organopónicos* keine Fleischprodukte angeboten werden. Allerdings gaben nur 41 der 140 Befragten an, überhaupt einen *organopónico* zu besuchen. Von denjenigen, die nicht auf den *organopónicos* einkauften, lebten 46 in einem Stadtviertel, das keine solche Einrichtung hat. Dort und auch in den anderen Untersuchungsregionen wurden zu weite Wege als Grund genannt, nicht auf den *organopónicos* einzukaufen. Erstaunlich ist in diesem Zusammenhang allerdings die Tatsache, dass in einem der drei Stadtteile nur neun der 40 Gesprächspartner das Angebot eines besonders schön gestalteten *organopónico* wahrnahmen, obwohl dieser in der Nähe des lokalen *mercado agropecuario* liegt, den sämtliche Befragte dieses Gebiets ohnehin regelmäßig besuchten. Ganz offensichtlich hat diese Angebotsform noch nicht den Ruf, den sie haben könnte. Denn in der Bewertung der Befragten schneiden die *organopónicos* wesentlich besser ab als die Agrarmärkte oder die Dollarshops. 35 Personen äußerten sich zufrieden über die Angebotsbreite in dieser Einrichtung, zwei Personen hielten sie für 'mittelmäßig' und sechs für 'defizitär'. Die Qualität der angebotenen Produkte hielten 40 Personen für 'gut', fünf für 'akzeptabel oder 'mittelmäßig' und lediglich eine für 'schlecht'. Sogar hinsichtlich der Preise fielen die Stellungnahmen positiv aus. Nur dreimal wurden die Preise als zu hoch kritisiert, während sie 36-mal als 'akzeptabel' und fünfmal sogar als 'niedrig' bezeichnet wurden. Die Tatsache, dass mehr als zwei Drittel der Befragten jedoch überhaupt keine Meinung zu den *organopónicos* hatten, weist darauf hin, wie wenig bekannt diese alternative Versorgungsquelle ist.

Die vergleichsweise niedrigen Preise auf den *organopónicos* kommen auch in der Ausgabenstruktur zum Ausdruck. Die Mehrheit derjenigen, die diese Angebotsform nutzten, gab dort weniger als fünf Peso pro Kopf und Monat aus (vgl. Tab. 38). Insgesamt stellten die *organopónicos* für einen Teil der befragten Haushalte eine billige und qualitativ hochwertige Bereicherung des Speiseplans dar.

Ähnlich wie die *organopónicos* wurden auch die staatlichen Fischgeschäfte nur von einer Minderheit der Befragten regelmäßig besucht. 47 Personen gaben an, in den *pescaderías* einzukaufen. Dabei gestaltete sich die Nachfrage der Kunden ganz unterschiedlich. Der Großteil der Befragten nahm lediglich die billigsten Angebote wahr, wie beispielsweise Fischkroketten oder Fischfrikadellen. Nur wenige leisteten sich dagegen richtigen Fisch oder gar Krustentiere (vgl. Abb. 16).

Tab. 38: Durchschnittliche monatliche Pro-Kopf-Ausgaben der befragten Haushalte auf den *organopónicos* (ohne Haushalte, in denen *cuentapropistas* leben)

| Ausgaben (Peso) | Anzahl der Haushalte | Anteil an allen Haushalten |
|---|---|---|
| keine | 85 | 71% |
| unter 5 | 25 | 21% |
| 5 bis unter 10 | 4 | 3% |
| über 10 | 4 | 3% |
| keine Angaben | 2 | 2% |
| gesamt | 120 | 100% |

Entsprechend der unterschiedlichen Nachfragestruktur gestaltet sich auch die Ausgabenstruktur heterogen (vgl. Tab. 39). Die Mehrheit der Befragten, die nur minderwertige Produkte kaufte, gab weniger als zehn Peso pro Kopf und Monat aus. Wer sich hochwertigere Produkte oder sogar Delikatessen wie Langustenschwänze und Shrimps leistete, musste entsprechend mehr ausgeben. Im Durchschnitt wurden von denjenigen, die in der *pescadería* einkauften, monatlich 14 Peso pro Kopf ausgegeben. Die Spannweite der Ausgaben reichte dabei von 1,25 Peso bis 90 Peso pro Person und Monat – ein weiterer Hinweis auf die Kaufkraftunterschiede zwischen den Haushalten.

Abb. 16: In den *pescaderías* erworbene Produkte (nach Zahl der Befragten, die das jeweilige Produkt regelmäßig kaufen)

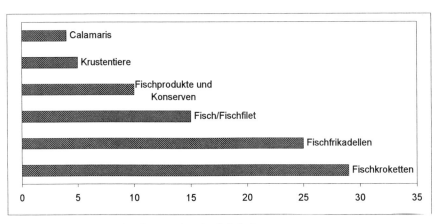

Quelle: Eigener Entwurf nach Daten der Haushaltsbefragung

Die Bewertung des Angebots in den *pescaderías* fiel allgemein gut aus, wobei wiederum annähernd zwei Drittel der Befragten keine Meinung zu diesem Thema hatten. Die Angebotsbreite wurde in 39 Fällen als 'gut' bezeichnet, in einem Fall als 'mittelmäßig', in neun Fällen als 'variabel' und in zwei Fällen als 'schlecht'. Besonders auffällig ist, dass niemand die Qualität der in den *pescaderías* verkauften Waren als 'schlecht' beurteilte, aber 42 Gesprächspartner als 'gut' und weitere sieben als 'akzeptabel', 'mittelmäßig' oder 'variabel'. Die Preise der staatlichen Fischgeschäfte hielten hingegen 39 Befragte für 'hoch', was angesichts der Tatsache, dass die meisten sich nur Kroketten oder Fischfrikadellen leisten konnten, nicht verwunderт. Insgesamt 11 Personen meinten, dass die Preise 'akzeptabel' oder sogar 'niedrig' seien, und eine Person bewertete sie als 'variabel'.

Tab. 39: Durchschnittliche monatliche Pro-Kopf-Ausgaben der befragten Haushalte in den *pescaderías* (ohne Haushalte, in denen *cuentapropistas* leben)

| Ausgaben (Peso) | Anzahl der Haushalte | Anteil an allen Haushalten |
|---|---|---|
| keine | 80 | 67% |
| unter 10 | 26 | 22% |
| 10 bis unter 20 | 7 | 6% |
| 20 bis unter 50 | 3 | 2% |
| über 50 | 4 | 3% |
| gesamt | 120 | 100% |

Genauso wie die *organopónicos* führen die *pescaderías* eine Art Nischendasein, das sie trotz des überwiegend positiven Images bei ihren Kunden bisher nicht überwinden konnten. Damit bleiben zwei wichtige Angebotsquellen deutlich hinter ihren Möglichkeiten zurück, einen Beitrag zum Speiseplan der Bevölkerung zu leisten. Eine verbesserte Informationspolitik, z.B. in Gestalt von Werbung für die Qualität der angebotenen Waren, könnte sicherlich den Bekanntheitsgrad dieser Einrichtungen und damit auch deren Kundenkreis vergrößern. Allerdings darf man gerade im Fall der *pescaderías* nicht vergessen, dass viele Kubaner eine Abneigung gegen Fisch haben (vgl. Kap. 4.1).

Neben den bereits aufgezählten Angebotsformen wurde in der Erhebung auch nach anderen Möglichkeiten gefragt, an Güter des Grundbedarfs zu gelangen. Insgesamt 77% der Befragten verfügten über eine oder mehrere solcher Möglichkeiten. So wurde 50-mal erwähnt, dass es Verwandte auf dem Lande gäbe, die regelmäßig Lebensmittel schickten. 28 Befragte bauten selbst Gemüse an, hatten Obstbäume im Garten oder besaßen Geflügel und andere Tiere. 17 Personen tauschten bestimmte Produkte der *libreta* (z.B. Tabakwaren und Kaffee) gegen Lebensmittel ein, und zwei Personen meinten, dass sie weitere Möglichkeiten hätten, ohne diese jedoch zu nennen.

Im Zusammenhang mit der Frage nach anderen Möglichkeiten der Grundbedarfsdeckung ist auch explizit nach dem Schwarzmarkt gefragt worden. 76 Gesprächspartner gaben offen zu, sich gelegentlich oder häufig auf dem Schwarzmarkt zu versorgen. Allerdings ist davon auszugehen, dass sich auch die übrigen 64 Haushalte auf die eine oder andere Weise an Schwarzmarktgeschäften beteiligen. Eine Quantifizierung der Ausgaben auf dem Schwarzmarkt und eine Bewertung des Beitrags von Schwarzmarktware zur Grundversorgung ist nicht möglich. Dies liegt zum einen daran, dass aufgrund des illegalen Charakters dieses Wirtschaftssektors kaum jemand bereit ist, im Rahmen einer Befragung mit einem Fremden über solche Dinge zu sprechen. Zum anderen konnte der Autor in zahlreichen Gesprächen mit ihm vertrauten Personen feststellen, dass auf dem Schwarzmarkt sehr unregelmäßig und spontan gekauft wird, so dass eine Einschätzung der durchschnittlichen Ausgaben nur schwer möglich ist. Denn nicht immer ist in der *bo-*

*dega* oder in anderen Einrichtungen des staatlichen Einzelhandels 'abgezweigte' Ware erhältlich. Und auch die Schwarzhändler, die an die Tür kommen, besuchen die Haushalte nur sporadisch. Trotz fehlender empirischer Daten kann jedoch auf der Grundlage von Beobachtungen davon ausgegangen werden, dass der Schwarzmarkt zumindest in Havanna eine wichtige Versorgungsquelle für die ansässige Bevölkerung darstellt.

Aus den bisherigen Ausführungen ist bereits hervorgegangen, dass der Beitrag der verschiedenen Angebotsformen zur Grundversorgung recht unterschiedlich ist. Aus quantitativer Sicht sind – neben der Basisversorgung durch die *libreta* – die *mercados agropecuarios* am wichtigsten, da dort fast alle Befragten einkaufen und auch am meisten Ware umgesetzt wird. Aufgrund ihrer spezifischen Angebotsstruktur kommt aber auch den Dollarshops eine besondere Bedeutung zu, wenngleich sich die meisten Befragten dort nur wenige Produkte kaufen können.

Im Gegensatz zu den einheitlichen und fixen Kosten für die rationierten Waren der *libreta*, für die jeder Kubaner monatlich etwa 15 Peso aufwenden muss, hat sich in den Dollarshops, auf den Agrarmärkten und auch bei den staatlichen Fischgeschäften eine starke Differenzierung der Ausgabenstruktur gezeigt, die – vor dem Hintergrund der ungleichen Struktur der Einkünfte (vgl. Kap. 3.4.2) – auf die unterschiedliche Kaufkraft der einzelnen Haushalte hinweist. Die Summe der Beträge, die jeweils von den Haushalten in den genannten Einrichtungen und auf den *organopónicos* ausgegeben wurde, ist in Tabelle 40 zusammengefasst.

Tab. 40: Durchschnittliche monatliche Pro-Kopf-Ausgaben der befragten Haushalte außerhalb des Rationierungssystems für Grundbedarfsarikel (ohne Ausgaben auf dem Schwarzmarkt und ohne Haushalte, in denen *cuentapropistas* leben)

| Ausgaben (Peso) | Anzahl der Haushalte | Anteil an allen Haushalten |
|---|---|---|
| keine | 1 | 1% |
| unter 25 | 14 | 12% |
| 25 bis unter 50 | 21 | 17% |
| 50 bis unter 100 | 36 | 30% |
| 100 bis unter 150 | 20 | 17% |
| 150 bis unter 300 | 15 | 12% |
| über 300 | 5 | 4% |
| keine oder unvollständige Angaben | 8 | 7% |
| gesamt | 120 | 100% |

Die Ausgaben auf den nichtsubventionierten 'Märkten' betrugen im Durchschnitt der 120 Haushalte rund 107 Peso pro Kopf und Monat. Die Abweichungen von diesem Mittelwert sind allerdings erheblich und reichen von Null bis 775 Peso. Selbst wenn man den Haushalten mit extrem hohen Ausgaben eine über den Eigenbedarf hinausgehende Versorgung für informelle oder illegale Geschäfte unterstellt und sie deshalb aus der Analyse ausschließt, bleibt das Auseinanderklaffen der Ausgabenstruktur deutlich sichtbar. Während die 15 Haushalte der beiden unteren Ausgabengruppen im Schnitt nur Waren im

Wert von 16,37 Peso pro Person und Monat erwerben konnten, gaben die 15 Haushalte der zweitobersten Ausgabengruppe mit annähernd 206 Peso mehr als das Zwölffache aus.

Bedenkt man, dass es sich bei den Ausgaben nicht um Aufwendungen für Luxusgüter handelt, sondern für Nahrungsmittel und andere Produkte, die jeder Mensch braucht, und bedenkt man ferner, dass es in Kuba offensichtlich Personengruppen gibt, deren Zugang zu Artikeln des Grundbedarfs stark eingeschränkt ist, so lässt sich die soziale Dimension des Versorgungsproblems erkennen, zumal die politische Elite des Landes sich nach wie vor auf Werte wie Gleichheit und Gerechtigkeit beruft. Die gesellschaftlichen Konsequenzen der Versorgungsungleichheit werden noch an späterer Stelle behandelt werden (vgl. Kap. 6).

## 5 Der Wohnsektor

### 5.1 Wohnen als soziales Gut – eine Bilanz von drei Jahrzehnten sozialistischer Wohnungspolitik (1959-1989)

Die Verbesserung der Wohnsituation für die Bevölkerung gehört zu den traditionellen Anliegen der kubanischen Revolution. Schon im Moncada-Programm der 1950er Jahre galt 'Wohnen' als eines der sechs zentralen Probleme, die nach dem Sieg der Revolution mit Nachdruck angegangen werden sollten.[105] Fidel CASTRO selbst präzisierte dieses Anliegen in seiner berühmten Verteidigungsrede "Die Geschichte wird mich freisprechen", die er am 16. Oktober 1953 vor Gericht gehalten hatte, als er sich wegen des Angriffs auf die Moncada-Kaserne (vgl. Fußnote 3) verantworten musste. Damals sagte er (zitiert nach HAMBERG 1994: 13):

> A revolutionary government would solve the housing problem by cutting all rents in half, by providing tax exemptions on homes inhabited by owners, by tripling taxes on rented apartment buildings, and by financing housing all over the island on a scale heretofore unheard of, with the criterion that, just as each rural family should possess its own tract of land, each city family should own its own home apartment. There is plenty of building material and more than enough manpower to make a decent home for every Cuban.

Die Forderung, jeder Familie zu einem eigenen Zuhause zu verhelfen, scheint keineswegs populistisch, sondern aus der Sicht der Grundbedürfnisbefriedigung durchaus erstrebenswert zu sein. Die praktische Umsetzung dieser Forderung stellte die neue 'revolutionäre Regierung' jedoch vor erhebliche Probleme, weil dazu neben *building material* und *manpower* vor allem die Investition von Kapital nötig war, das gerade in den ersten Jahren nach dem Sieg der Revolution dringender in anderen Bereichen gebraucht wurde.

---

[105] Die Problemfelder Landverteilung, Industrialisierung, Arbeit, Bildung sowie Gesundheit bildeten die übrigen Bereiche, in denen es revolutionäre Veränderungen geben sollte (vgl. HAMBERG 1994: 13).

Deshalb versuchte man zunächst, mit kostenneutralen Maßnahmen die Situation für Mieter im Allgemeinen – damals wohnten etwa drei Viertel der Haushalte zur Miete – und für Bewohner von Substandard-Behausungen im Besonderen zu verbessern.[106]

Schon in den ersten Monaten nach dem Sieg der Revolution wurden die Mieten um 30 bis 50 Prozent gesenkt und die Kündigung von Mietverträgen sowie die Vertreibung der Bewohner aus ihren Wohnungen aufgrund anderer Gründe stark eingeschränkt. Außerdem begann man, die leer stehenden und zumeist in den besseren Wohnvierteln liegenden Häuser von Revolutionsgegnern, die fluchtartig das Land verlassen hatten, an Bewohner von Slums und Substandard-Behausungen umzuverteilen.[107] Neben diesen ad-hoc-Lösungen wurde ein übergreifendes Gesetz ausgearbeitet, das schließlich im Oktober 1960 als *Ley de la Reforma Urbana* (Gesetz zur Stadtreform) in Kraft trat.

Das Gesetz erkennt ein 'Grundrecht auf Wohnen' explizit an und benennt den Staat als Hauptakteur bei der Lösung des Wohnungsproblems. Privatwirtschaftliche Eingriffe in den Immobiliensektor wurden mit dem Gesetz erheblich eingeschränkt. Insbesondere unterband man die in den 1950er Jahren blühende Spekulation mit Wohnungen und sonstigen Immobilien. Niemand durfte mehr als eine Wohnung sowie ein Wochenendhaus besitzen. Auch die Mieten, die jetzt nur noch an den Staat zu zahlen waren, wurden auf ein sozial verträgliches Maß gesenkt und waren seitdem auf maximal 10% des Haushaltseinkommens festgesetzt (vgl. HAMBERG 1994; WIDDERICH 1997). Das Fernziel des Stadtreformgesetzes ging aber noch wesentlich weiter, wie GLAZER (1992: 77f) feststellt:

> The 1960 Reform Law also established the ideal of housing becoming eventually available at no cost to the occupants. This was based on the belief that housing, like health care and education, should be a social service provided by all Cubans without direct cost to the recipient.

'Wohnen' sollte also zum sozialen Gut werden – ein hehres Ziel, das angesichts der tatsächlichen Zustände im Wohnungssektor kaum umsetzbar schien. Denn trotz aller konkreten Verbesserungen, die das *Ley de la Reforma Urbana* für den Großteil der Bevölkerung mit sich brachte, löste es ein Problem nicht: das enorme Wohnungsdefizit, das mit 700.000 Wohneinheiten etwa halb so groß war, wie der gesamte damalige Wohnungsbestand (vgl. WOLFF et al. 1993: 21). Zwar konnten schon zu Beginn der 1960er Jahre die meisten Slumviertel beseitigt und ihre Bewohner in besseren Wohnbedingungen untergebracht werden, doch verminderte sich der Mangel an Wohnraum nur sehr langsam, da die kubanische Regierung andere Prioritäten hatte und kaum in den Wohnungssektor investierte. Von 1959 bis 1970 wurden gerade einmal 99.400 Wohnungen vom Staat errichtet,

---

[106] Nach MATHÉY (1994a: 128) waren 1959 50% aller Wohnungen Substandard-Wohnungen, 30% der Bevölkerung lebte in Slums.

[107] In Miramar, einem Oberschichtviertel der Hauptstadt, hatten etwa 90% der Besitzer ihre Häuser aufgegeben und die Insel verlassen (vgl. BLUME 1968: 117). MATHÉY (1994a: 128f) berichtet, dass in den Jahren 1961 und 1962 allein in Havanna 20.000 Wohnungen leer standen, wovon die Hälfte an *ciudadela*-Bewohner verteilt worden ist.

der im Sinne des Gesetzes für den Wohnungsbau 'verantwortlich' war, während mehr als die dreifache Zahl in privater Initiative entstand (vgl. HAMBERG 1994: 315).

Tab. 41: Zahl der durchschnittlich pro Jahr fertig gestellten Wohnungen in Kuba

| Zeitraum | vom Staat gebaute Wohnungen (a) | in privater Initiative gebaute Wohnungen | gesamt |
|---|---|---|---|
| 1959-1970 | 8.300 | 26.400 | 34.700 |
| 1971-1975 | 15.900 | 26.500 | 42.400 |
| 1976-1980 | 16.500 | 32.300 | 48.800 |
| 1981-1985 | 27.000 | 41.400 | 68.400 |

(a) einschließlich landwirtschaftlicher Kooperativen

Quelle: CEE 1991; HAMBERG 1994; ONE 1998

Dem (ost-)europäischen Vorbild folgend, das 'Modernität' mit 'Industrialisierung' gleichsetzte, versuchte man in den beiden darauf folgenden Dekaden (1970 bis 1989) das Wohnungsdefizit durch eine stärkere Standardisierung des Bausektors in den Griff zu bekommen. Es wurden zahlreiche Fabriken errichtet, die Beton-Fertigteile produzierten. Überall im Land entstanden gleichförmige Plattenbausiedlungen, die aufgrund der "Verkörperung fast aller vorstellbaren Planungsfehler in Hinsicht auf Programm, Gestaltung und Ökologie" (RODRÍGUEZ 1994: 36) mittlerweile jedoch auch von kubanischen Fachleuten heftig kritisiert werden.[108] Doch zumindest erhöhte sich die Quantität der von staatlichen Baubrigaden und von Mikrobrigaden[109] gebauten Wohneinheiten kontinuier-

---

[108] Die wohl deutlichste Kritik äußert COYULA (1994: 49f): "Auch in der cubanischen Architektur der vergangenen zwanzig Jahre läßt sich der Verlust traditioneller ästhetischer Qualitäten aufzeigen. Wie auch anderswo, hatte man sich dem trügerischen Diktat quantitativer Zuwachsraten und technischer Perfektion unterworfen, und dabei nur häßliche, oder zumindest in höchstem Maße langweilige, Architektur produziert, welche darüberhinaus keinerlei Bezug zu ihrer räumlichen Umgebung erkennen ließ. Zahlreiche bauliche Mängel wie nach wie vor defizitäre Produktivität straften die zugrundeliegenden Versprechen Lügen. Engstirnige und übertriebene Auslegungen einer sicherlich notwendigen Industrialisierung und Standardisierung des Bauwesens bescherten uns riesige Ansammlungen von Häusern, die trotz ihrer Menge nie zur Stadt wurden. (...) Die Argumentation gipfelte in der Etablierung des Hochhauses als Fetisch des Fortschritts – obgleich dieses einzig und allein der eindimensionalen Logik der Geschoßflächen-Maximierung gehorchte. Besonders deutlich wird die Zweifelhaftigkeit dieses Prestige-Symbols in der Multiplikation, beim Zupflastern ganzer Nachbarschaften oder Städte. Der evidente Bruch mit dem historischen Stadtbild ist dabei ein zwar wichtiges, aber nicht das gravierendste Problem. Für Gesellschaft und Nutzer entscheidend dürften primär die hohen Kosten der Errichtung, Instandhaltung und Bewirtschaftung derartiger Gebäude sein, der Verlust des Kontaktes der Bewohner mit dem Erdboden, und die Abhängigkeit von einer aufgezwungenen, und darüberhinaus unzuverlässigen Technik."

[109] Mikrobrigaden setzen sich nicht aus professionellen Bauarbeitern zusammen, sondern aus Beschäftigten eines Betriebes, die von ihrer Arbeit frei gestellt werden, um Wohnungen oder soziale Einrichtungen zu bauen. Ein Teil der fertiggestellten Wohnungen wird dann an die Mikrobrigadisten vergeben. Eine ähnliche Form der kollektiven Selbsthilfe sind die 1988 eingeführten sozialen Mikrobrigaden, die sich nicht mehr aus den Kollegen eines Betriebes, sondern aus Bewohnern des selben Stadtviertels zusammensetzten. Die ersten Mikrobrigaden sind 1971 gegründet worden. Bis zum Ende der 1980er Jahre errichteten sie insgesamt 100.000 Wohnungen (vgl. MATHÉY 1994b: 178), wobei es bis zum Ende der 70er Jahre bereits mehr als 80.000 durch Mikrobrigaden gebaute Wohnungen gab (vgl. MATHÉY 1994c: 134). Eine detaillierte Auseinandersetzung zum Thema 'Mikrobrigaden' findet sich bei MATHÉY (1993).

lich. So lag die Zahl der jährlich fertig gestellten Wohnungen im Mittel der 1970er Jahre fast doppelt so hoch wie im Durchschnitt der zwölf vorangegangen Jahre (vgl. Tab. 41). In der ersten Hälfte der 1980er Jahre konnte im Vergleich zum vorigen Jahrfünft abermals ein Zuwachs des Wohnungsbaus von 64% erreicht werden, wobei trotz der gesetzlich verankerten staatlichen Verantwortung in diesem Bereich noch immer deutlich mehr Wohnraum durch private Initiative entstand als unter staatlicher Regie.

Der gestiegenen Aktivität im Neubausektor stand die vollkommene Vernachlässigung der Instandhaltung oder -setzung des älteren Baubestandes gegenüber. Weder der Staat noch die Bewohner fühlten sich für Reparatur- und Sanierungsarbeiten an den Gebäuden verantwortlich, da

> mit der Ausschaltung des Immobilien- und Bodenmarktes (...) nicht nur die Immobilien-'Spekulanten' (d.h. die auf kurzfristige und hohe Gewinne ausgerichteten Käufer und Verkäufer) und die Übergewinne der Haus- und Grundbesitzer abgeschafft worden [waren], sondern auch die Verantwortlichkeit und die Wertschätzung für die Erhaltung von Bauten generell (HARMS 2001: 143).

Aufgrund der baulichen Vernachlässigung verschlechterte sich der Bauzustand älterer Gebäude zusehends, viele wurden sogar unbewohnbar, weil Gebäudeteile einfach in sich zusammenfielen. In anderen Häusern minderten bauliche Mängel und Bauschäden erheblich die Wohnqualität, vor allem, wenn Wasser durch die Dächer und Decken eintreten konnte. Doch nach wie vor wurde die Bestandserhaltung vom Staat "als nicht-produktive Investition angesehen" (HARMS 2001: 143) und damit kaum betrieben.

Eine "salomonische Lösung" (MATHÉY 2001b: 30) für das Instandhaltungsproblem fand sich 1984 durch die Verabschiedung des *Ley General de la Vivienda* (allgemeines Wohnungsgesetz), das im Jahr 1988 noch einmal novelliert worden ist. Das Gesetz übereignete sämtliche Mietwohnungen den jeweiligen Nutzern, deren bisherige Mietzahlungen auf den Kaufpreis – in der Regel das Zwanzigfache einer Jahresmiete – anzurechnen waren. Die Höhe der sozial gestaffelten Abzahlungsraten für den Restbetrag wurde auf maximal 25% des Haushaltseinkommens festgelegt (vgl. WIDDERICH 1997: 23f). Durch das *Ley General de Vivienda* stieg der Anteil der Eigentumswohnungen am gesamten Wohnungsbestand, der damals immerhin schon 50% betrug (vgl. MATHÉY 1993: 26), bis zur Mitte der 1990er Jahre auf 80% an (vgl. PÉREZ I. 1998: 72). Doch mit den Besitzurkunden erhielten die neuen Eigentümer auch die Verantwortung für die Instandhaltung und für Reparaturen an den Gebäuden.[110]

---

[110] Eine Ausnahme bilden große Mehrfamilienhäuser mit mehr als vier Stockwerken, die nach wie vor staatlich verwaltet werden, da die Wohnungseigentümer nicht für die realen Instandhaltungskosten von Fahrstühlen, Steigleitungen und Ähnlichem aufkommen können, sondern nur einen geringen Betrag für die Wartungs- und Reparaturarbeiten bezahlen müssen (vgl. WOLFF et al. 1993: 29). Allerdings sind und bleiben gerade die erwähnten Fahrstühle oft genug außer Betrieb, da auch dem Staat das nötige Geld für den Import von Ersatzteilen fehlt.

In der Abwälzung der Verantwortlichkeit für die Erhaltung und Sanierung des Gebäudebestandes sieht HAMBERG (1994: 225) die Hauptmotivation für die Umwandlung der Miet- in Eigentumsverhältnisse. Den Hintergrund für diesen Schritt bildet nicht zuletzt eine für die Verantwortlichen schmerzliche Einsicht: "the difficulty of changing human behavior in a single generation" (GLAZER 1992: 78). Die revolutionäre Führung hatte gehofft, dass sich im Zuge der veränderten Produktionsverhältnisse auch ein Wertewandel vollzieht, der das Verhalten der Menschen beeinflusst. Soziales Verhalten sollte sich fortan stärker am Gemeinwohl und insbesondere am Ideal des 'Neuen Menschen' orientieren. Die erhoffte Verhaltensänderung beinhaltete auch die Vorstellung, dass öffentliches Gut bzw. Volkseigentum mit der selben Sorgfalt und dem selben Respekt behandelt wird wie privater Besitz. Es stellte sich jedoch heraus, dass in einer Kultur, in der es eine lange Tradition des privaten Eigentums gibt, mit öffentlichem Eigentum weniger gut umgegangen wurde. Dies galt auch für die Instandhaltung von Mietwohnungen (vgl. GLAZER 1992: 94).

Neben der Veränderung der Besitzverhältnisse traten mit *dem Ley General de la Vivienda* noch andere Bestimmungen in Kraft (vgl. GLAZER 1992: 92ff; HAMBERG 1994: 225ff; WOLFF et al. 1993: 28ff). So wurden der Selbsthilfe-Wohnungsbau in geregelte Bahnen gelenkt, die meisten der bisher noch nicht legalen Wohnverhältnisse legalisiert und mit dem *Instituto Nacional de Vivienda* auf nationaler Ebene eine Behörde geschaffen, die sich ausschließlich dem Wohnungswesen widmen sollte. Zwei weitere Bestimmungen ließen erstmals seit dem Sieg der Revolution wieder einen begrenzten Wohnungsmarkt entstehen, wobei die Regelung beibehalten wurde, dass niemand mehr als eine Hauptwohnung besitzen durfte. Erstens konnten aufgrund der Unterbelegung zahlreicher Altbauwohnungen einzelne Zimmer untervermietet werden, allerdings höchstens sechs Monate lang. Und zweitens war es den Wohnungseigentümern erlaubt, ihre Wohnungen zu verkaufen. Zwar sicherte sich der Staat das Vorkaufsrecht, machte davon aber kaum Gebrauch, so dass der Preis zwischen Käufer und Verkäufer zunächst frei ausgehandelt werden konnte.

Die Einführung eines begrenzten Wohnungsmarktes hatte unerwartete Folgen und führte innerhalb kurzer Zeit "zu offener Immobilienspekulation" (WOLFF et al. 1993: 30). HAMBERG (1994: 257f) berichtet, dass aufgrund der Schieflage zwischen der steigenden Nachfrage nach Wohnraum und dem begrenzten Angebot die Immobilienpreise explodierten. Besonders in der Hauptstadt erzielten attraktive Eigentumswohnungen und Einfamilienhäuser Höchstpreise und wechselten für 80.000 Peso und mehr den Besitzer, und schnell tauchten informelle Makler auf, die sich ihren Teil solch lukrativer Geschäfte sichern wollten.[111] Doch die Spekulationsphase währte erwartungsgemäß nicht lange, denn mit wenigen Ausnahmen machte der Staat nun von seinem Vorkaufsrecht Gebrauch, ein Vorgang, bei dem die Preise nicht mehr frei ausgehandelt wurden. Im Mai 1986 brach

---

[111] Zum Vergleich: der durchschnittliche Monatslohn lag damals in der Hauptstadt bei gerade einmal 194 Peso (vgl. CEE 1991: 115). Der angegebene Kaufpreis entsprach damit 34 Jahresgehältern.

dann der Wohnungsmarkt gänzlich zusammen. In den folgenden 18 Monaten wurden gerade einmal 2.000 Wohnungen verkauft.

In der 1988 in Kraft getretenen Neuauflage des *Ley General de la Vivienda*, die ganz im Kontext des Prozesses der *rectificación* stand, strich man schließlich alles aus dem Gesetzestext, was als 'liberalistisch' angesehen wurde und 'die soziale Funktion' des Wohnens zu korrumpieren drohte (vgl. HAMBERG 1994: 227). Zugleich wurde die staatliche Verantwortlichkeit für die Lösung des Wohnungsproblems wieder stärker betont und staatliche Baubrigaden sowie Mikrobrigaden als die maßgeblichen Träger des Wohnungsbaus benannt. Letztere waren nach dem Einschlafen der Mikrobrigaden-Bewegung Ende der 1970er Jahre im Juni 1986 von Fidel CASTRO persönlich wieder ins Leben gerufen worden. Bis Ende 1988 stieg die Zahl der Mikrobrigaden auf 10.000, die bereits 3.000 Wohnungen fertig gestellt hatten und mit dem Bau weiterer 25.000 beschäftigt waren (vgl. MATHÉY 1994c: 145). Die rasche Wiederbelebung der Mikrobrigaden war allerdings nicht im laufenden Fünfjahresplan vorgesehen gewesen, so dass nicht genügend Baumaterial zur Verfügung stand und in der Folge die Arbeiten immer wieder unterbrochen werden mussten, wodurch sich die Fertigstellung der Wohnungen erheblich verzögerte. Der chronische Baustoffmangel lähmte auch staatliche und private Bauvorhaben. Dadurch blieb insbesondere die Instandhaltung von Gebäuden und Wohnungen auf der Strecke, da privaten und öffentlichen Trägern zu diesem Zweck seit jeher kaum Baumaterial zugeteilt worden war – eine Tatsache, die für die Degradierung bedeutender Teile des Baubestandes verantwortlich ist.

Zieht man eine Bilanz der Wohnungspolitik der ersten drei Dekaden nach dem Sieg der Revolution, so ergibt sich ein geteiltes Bild. Unstrittig sind die guten Absichten der Regierenden, die sich im Unterschied zur vorrevolutionären Zeit und im krassen Kontrast zu den meisten anderen lateinamerikanischen Ländern vor allem im sozialen Charakter der Wohngesetzgebung manifestierten, auf deren Basis sich seit 1959 verschiedene positive Entwicklungen vollziehen konnten. So war

- Wohnraum praktisch unkündbar,
- der Kostenfaktor für den Bereich 'Wohnen' aufgrund der hohen staatlichen Subvention vernachlässigbar gering,
- wegen der Neutralisierung des Kostenfaktors das Einkommen nicht mehr der entscheidende Faktor für den Zugang zu Wohnraum, wodurch der vor 1959 stark ausgeprägten sozialräumlichen (und ethnischen) Segregation entgegengewirkt wurde,
- Obdachlosigkeit als soziales Phänomen vollkommen verschwunden und
- es fehlten ausgedehnte *Squatter*-Gebiete im Umfeld der großen Städte.

Dennoch ist es der kubanischen Führung in drei Jahrzehnten nicht gelungen, das Wohnungsproblem zufriedenstellend zu lösen und das im Moncada-Programm gegebene Versprechen umzusetzen, jeder Familie eine Wohnung zur Verfügung zu stellen. Im Gegenteil führte das Wohnungsdefizit vor allem im urbanen Raum dazu, dass viele Wohnungen überbelegt waren. Auch das Problem der Bestandserhaltung wurde nicht in geeigneter Weise angegangen, wodurch in zahlreichen Gebäuden aufgrund ihres beklagenswerten baulichen Zustandes der Wohnwert erheblich gemindert war. Gemessen an ihren eigenen Ansprüchen ist die kubanische Wohnungspolitik zwischen 1959 und 1989 damit nur teilweise erfolgreich gewesen, zum Teil ist sie gescheitert. Die Hauptursache für das partielle Scheitern lag in der Tatsache begründet, dass "sich die volkswirtschaftlichen Anstrengungen in der (immerwährenden) Aufbauphase [des Sozialismus] auf den produktiven Sektor, zu dem die Wohnungsversorgung allgemein nicht gezählt wurde", konzentriert hatten (MATHÉY 2001a: 83). Musste sich der Wohnungssektor schon unter normalen wirtschaftlichen Rahmenbedingungen anderen, prioritären Bereichen unterordnen, so verengte sich der Spielraum für Bau- und Sanierungsmaßnahmen in der *período especial* noch einmal.

## 5.2 Der Wohnsektor in der *período especial*

Die Verkündung der Sonderperiode im August 1990 wirkte sich unmittelbar auf den Bausektor aus. Durch den akuten Devisenmangel Kubas wurden auf der Insel auch Baustoffe knapp, weil sie entweder importiert oder aber zu ihrer Erzeugung Rohstoffe auf dem Weltmarkt gekauft werden mussten. Dies galt vor allem für die besonders energieintensive Zementproduktion, die durch den Einbruch der Erdölimporte um die Hälfte zurückging. Zeitweise mussten sogar fünf der sechs Zementfabriken des Landes aufgrund von Rohstoffmangel geschlossen werden (vgl. WIDDERICH 1997: 29). Zwar investierte man weiterhin in den Bau von touristischer Infrastruktur, um dadurch Devisen erwirtschaften zu können, und setzte auch den umstrittenen Bau von Bunkern fort, doch kam es im Bereich des Wohnungsbaus zu erheblichen Einschränkungen. In den Jahren 1991 und 1992 wurden alle Mikrobrigaden beurlaubt, deren Rohbauten noch nicht die letzte Geschossdecke erreicht hatten (vgl. MATHÉY 1994b: 183). Und auch der private Wohnungsbau wurde aufgrund der Materialknappheit nahezu unmöglich.[112] In der Folge sank die Zahl der fertig gestellten Wohnungen, die im jährlichen Mittel der zweiten Hälfte der 1980er Jahre noch bei über 40.000 Wohneinheiten gelegen hatte, bis 1992 auf 20.000 ab (vgl. Abb. 17).

Erst mit der wirtschaftlichen Erholung des Landes nahmen ab Mitte der 1990er Jahre auch die Aktivitäten im Wohnungsbau wieder zu. In den Jahren 1996 und 1997 erreichte die Zahl der Neubauwohnungen sogar Rekordwerte, denn in dieser Zeit wurden die Rohbauten fertig gestellt, die durch den Baustopp der Vorjahre betroffen und jahrelang bewacht worden waren, damit sie niemand als 'Steinbruch' missbrauchen und Baumaterialien entwenden konnte.[113] Doch auch nach den Rekordjahren hielt sich die Zahl der

---

[112] MATHÉY (1994b: 183) berichtet, dass den 150.000 Einwohnern von Marianao, einem Stadtviertel in der Peripherie Havannas, im Jahr 1992 nur 450 Sack Zement zugeteilt worden sind, die für sämtliche Neubau- und Renovierungsprojekte reichen mussten.

[113] Aufgrund der allgemeinen Baumaterialknappheit waren nach dem Motto 'Not kennt kein Gebot'

jährlich fertig gestellten Wohnungen auf höherem Niveau, als es vor der *período especial* der Fall war.

Abb. 17: Zahl der jährlich fertig gestellten Wohnungen (1990 bis 2000 und Durchschnitt der Jahre 1985-1989)

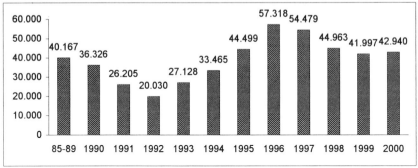

Quelle: CEE 1991; ONE 2001

Allerdings sind die Zahlen aus der zweiten Hälfte der 1980er Jahre mit denen der 1990er Jahre nur eingeschränkt vergleichbar, weil die Normen im staatlichen Wohnungsbau in der Krisenzeit angepasst werden mussten. Vor dem Hintergrund der begrenzten Verfügbarkeit von Baustoffen entschloss man sich dazu, den Standard von Neubauwohnungen zu verringern und führte die *vivienda de bajo consumo* ein (Wohnung des niedrigen Verbrauchs), die auch als *vivienda de bajo costo* (Niedrigkostenwohnung) oder *vivienda económica* (wirtschaftliche Wohnung) bezeichnet wird. Niedrigkostenwohnungen sind von der pro Person gerechneten Wohnfläche und zum Teil auch von der Deckenhöhe her kleiner als herkömmliche Wohnungen, sind weniger gut ausgestattet und 'verbrauchen' deshalb auch weniger Baumaterial. Ferner sollten hinsichtlich der benötigten Baustoffe Importe durch lokal vorhandene Stoffe (z.B. recycelte Trümmerteile von eingestürzten Gebäuden) substituiert werden. Trotz beträchtlicher Bedenken in Fachkreisen[114] sind zwischen 1990 und 1996 insgesamt 105.000 *bajo-consumo*-Wohneinheiten entstanden (vgl. FERRIOL et al. 1999: 112). Mittlerweile wurde jedoch die Billigbauweise aufgrund technischer Mängel und wegen der geringen Haltbarkeit der Gebäude wieder erheblich zurückgefahren (vgl. MATHÉY 2001a: 89).

---

nicht einmal mehr die Monumente von Nationalhelden sicher. So wurden, wie sich der Autor später selbst überzeugen konnte, vom Denkmal des berühmten Generals Calixto GARCÍA, der gegen die spanische Kolonialherrschaft kämpfte, zahlreiche wertvolle Marmorplatten abmontiert, um sie einem scheinbar nützlicheren Zwecke zuzuführen.

[114] Auf dem *día del urbanismo* (Tag des Urbanismus), den der kubanische Architektenverband UNAICC am 7. November 1994 in Havanna veranstaltete, wurde der Autor Zeuge einer leidenschaftlich geführten Auseinandersetzung zwischen Befürwortern und Gegnern des *bajo-consumo*-Konzeptes. Während die einen sich darauf beriefen, dass nur mit dem geringen Materialverbrauch des neuen Konzeptes überhaupt noch Wohnungen gebaut werden könnten, kritisierten die anderen vor allem die geringe Wohnqualität sowie die vermeintliche Hässlichkeit der Häuser, die – einmal errichtet – über Jahre hinweg das Stadtbild stören würden.

Unabhängig von den zeitweise geänderten Baunormen zeigte eine genauere Analyse hinsichtlich der 'Bauherren' neuer Wohnungen, dass der Beitrag des Staates zum Wohnungsbau in der vergangenen Dekade stetig abgenommen hat. Nachdem private Aktivitäten im Zuge der *rectificación* auch im Bausektor beschränkt worden waren, wurden mehr als zwei Drittel aller Wohnungen von staatlichen Baubrigaden gebaut (vgl. Tab. 42). Eine wesentliche Änderung dieser Situation zeigte sich 1995. Vermutlich spielte hier die bereits im Herbst 1993 eingeleitete Umwandlung von Staatsfarmen in UBPC eine Rolle, da im kooperativen Sektor Mitte der 1990er Jahre eine verstärkte Bauaktivität zu beobachten war. Aber auch in den folgenden Jahren nahm der Anteil des staatlich errichteten Wohnraums weiter ab und liegt seit 1997 unter 50%. Die Zeiten, in denen der überwiegende Teil der Wohnungen von der Bevölkerung selbst gebaut worden ist (vor 1986; vgl. Tab. 41), scheinen jedoch trotz der Krise vorerst vorbei zu sein.

Tab. 42: Anteil des staatlichen, kooperativen und privaten Sektors am Wohnungsbau

| Jahr (a) | Anteil an allen im Kalenderjahr fertig gestellten Wohnungen | | | gesamt |
|---|---|---|---|---|
| | staatliche Baubrigaden | landwirtschaftliche Kooperativen (b) | private Initiative | |
| 85-89 | 68% | 8% | 24% | 100% |
| 1990 | 62% | 5% | 33% | 100% |
| 1991 | 64% | 3% | 33% | 100% |
| 1992 | 62% | 2% | 36% | 100% |
| 1993 | 62% | 8% | 30% | 100% |
| 1994 | 65% | 10% | 25% | 100% |
| 1995 | 54% | 25% | 21% | 100% |
| 1996 | 53% | 22% | 25% | 100% |
| 1997 | 49% | 17% | 34% | 100% |
| 1998 | 47% | 21% | 32% | 100% |
| 1999 | 46% | 15% | 39% | 100% |
| 2000 | 48% | 14% | 38% | 100% |

(a) 1985 bis 1989: Durchschnittswerte des Jahrfünfts
(b) inklusive CCS

Quelle: CEE 1991; ONE 2001

Insgesamt reichten bisher alle staatlichen, kollektiven oder privaten Anstrengungen im Wohnungsbau nicht aus, um genügend Wohnraum zu schaffen. Die Zahl von 100.000 Wohneinheiten, die eigentlich pro Kalenderjahr fertig gestellt werden sollten (vgl. EPS 11/97), konnte zu keinem Zeitpunkt auch nur annähernd erreicht werden. Deshalb leidet Kuba noch immer unter einem gewaltigen Wohnungsdefizit, das gegenwärtig 600.000 Einheiten umfasst und damit etwa einem Fünftel des gegenwärtigen Wohnungsbestandes von 3,1 Mio. Wohnungen entspricht (vgl. MATHÉY 2001a: 88). Die Folgen des Wohnraummangels für die Bevölkerung sind gravierend. FERRIOL et al. (1999: 112) sind der Meinung, dass "dieser Bereich (...) für zahlreiche Familien eines der sensibelsten Probleme" darstellt.

Und auch Carlos LAGE, der kubanische Chefökonom, musste den Ernst der Situation eingestehen, wie die *Granma Internacional* (dt. Ausgabe vom Okt. 1999) berichtet:

> Die Wohnungslage, eines der größten Probleme der Kubaner, ließ in letzter Zeit keine Verbesserung erkennen. Die Wohnungen befinden sich allgemein in einem schlechten Zustand.

Besonders drastisch ist die Situation in der Hauptstadt, die Jahrzehnte lang bewusst baulich vernachlässigt worden ist, um ländliche und periphere Räume besser entwickeln und dem in den Ländern der Dritten Welt verbreiteten Phänomen der Metropolisierung entgegenwirken zu können (vgl. WIDDERICH 1997: 16ff). Esteban LAZO, der Parteivorsitzende Havannas, bezeichnete die Situation des Wohnsektors in seiner Stadt als "fürchterlich" (zitiert nach EPS 11/97). Vergegenwärtigt man sich die Verhältnisse, in denen ein Großteil der Hauptstadtbevölkerung leben muss, so kann man wohl kaum zu einer anderen Einschätzung kommen. Gegenwärtig hat Havanna einen Wohnungsbestand von etwa 575.000 Einheiten.[115] Die Hauptprobleme, die im Folgenden stichwortartig beleuchtet werden sollen, sind das hohe Wohnungsdefizit, die häufig prekären Wohnverhältnisse sowie der schlechte bauliche Zustand vieler Wohnungen.

Zum Problemfeld Wohnungsdefizit:
- 88.000 Personen (23.000 Haushalte) warten darauf, dass ihnen eine Wohnung zugewiesen wird. D.h., sie wohnen gegenwärtig noch bei Verwandten, in Notunterkünften oder in anderen unzumutbaren Verhältnissen.
- Statt dem ursprünglich geplanten Bau von 20.000 Wohnungen pro Jahr ist in den Jahren 1999 und 2000 mit 3.982 respektive 4.831 Wohneinheiten jeweils weniger als ein Viertel der beabsichtigten Zahl fertig gestellt worden.

Zum Problemfeld Wohnverhältnisse:
- 76.000 Personen (23.000 Haushalte) leben in slumähnlichen Zuständen (*barrios insalubres*).
- 72.000 Personen (7.000 Haushalte) wohnen in den häufig nur aus einem einzigen Raum bestehenden und provisorisch durch Zwischendecken und Trennwände unterteilten *ciudadelas*, die mit durchschnittlich 10,3 Personen pro Wohneinheit hoffnungslos überbelegt sind.

Zum Problemfeld baulicher Zustand:
- 75.000 Wohnungen sind provisorisch mit Holzbalken abgestützt, damit dort die Dächer, Decken und die Außenwände nicht einstürzen; weitere 5.000 Wohnungen müssten eigentlich abgestützt werden, was aus unterschiedlichen Gründen bisher nicht geschehen ist.

---

[115] Die im Folgenden genannten Daten sind verschiedenen Quellen entnommen (EPS 11/97, EPS 2/98, PÉREZ V. 2001 und ZABALA 1999) und beziehen sich auf unterschiedliche Zeitpunkte zwischen 1996 und 1999. Da sich die Situation im Wohnungssektor nur extrem langsam verändert, dürften sie trotz der unterschiedlichen Bezugsjahre miteinander vergleichbar sein und auch heute noch Gültigkeit besitzen.

- 53.000 Wohnungen müssen dringend instandgesetzt werden, um sie vor dem Einsturz zu bewahren.
- 27.000 zumeist noch bewohnte Wohneinheiten sind abrissreif.
- Jährlich stürzen zwischen 1.300 und 1.500 Gebäude teilweise oder vollständig ein. Dabei sind immer wieder Tote und Verletzte zu beklagen.[116]

Es liegt in der Natur der Sache, dass die drei genannten Problemfelder in einer engen Wechselwirkung zueinander stehen. Oft genug wird der Bauzustand eines Hauses von den (durch das Wohnungsdefizit hervorgerufenen) beengten Wohnverhältnissen verschlechtert, da illegale Dachaufbauten oder andere provisorische Konstruktionen errichtet werden, welche die ohnehin schon marode Bausubstanz noch zusätzlicher statischer Belastung aussetzen.

Die aufgezeigten Probleme sind nicht havannaspezifisch. Zwar kristallisieren sie sich dort besonders deutlich heraus, doch können schlechte Bausubstanz und Wohnraummangel auch in anderen Landesteilen beobachtet werden. Beispielsweise führt das Wohnungsdefizit auch außerhalb Havannas immer wieder zu der paradoxen Situation, dass geschiedene Ehepartner nicht auseinander ziehen können. Ferner wird frisch verheirateten Paaren nur selten eine eigene Wohnung zugewiesen. Sie müssen deshalb zunächst im Haushalt der Eltern respektive Schwiegereltern wohnen und oft sogar ihre Kinder dort großziehen – ein Zustand, der dem sogar in der Verfassung[117] verankerten Ziel der Bereitstellung einer Wohnung für jede (Basis-)Familie entgegensteht und die Diskrepanz zwischen Anspruch und Realität der kubanischen Wohnungspolitik verdeutlicht.

Es darf allerdings nicht vergessen werden, dass der Wohnungsbau dem kubanischen Staat enorme Kosten verursacht. Bedenkt man, dass für den Bau einer neuen Wohnung 15.000 Peso zuzüglich 3.000 Dollar für importabhängige Komponenten veranschlagt werden müssen, der Verkaufspreis einer typische 60-Quadratmeter-Wohnung sich jedoch je nach Ausstattung und Qualität zwischen 4.500 und 10.500 Peso bewegt (vgl. MATHÉY 2001a: 94), so wird einem angesichts von über 20.000 vom Staat fertig gestellten Wohneinheiten pro Jahr die Dimension der Subventionierung bewusst. Vor allem der Devisenanteil der Subventionen – etwa 60 Millionen Dollar jährlich – führt dazu, dass die staatliche Wohnungsbaukapazität eingedenk der ökonomischen Dauerkrise schnell an ihre Grenze stößt. Eine Erhöhung der Investitionen im Wohnungssektor scheint daher kaum realisierbar zu sein.

Doch auch wenn die vorhandenen Finanzmittel nicht erhöht werden können, so besteht zumindest die Möglichkeit, sie umzuverteilen und dadurch effizienter zu nutzen. Dies be-

---

[116] So berichtete die *Granma Internacional* (span. Ausgabe vom 6.12.01) über den Einsturz eines fünfgeschossigen Gebäudes im Stadtteil Centro Habana, bei dem vier Menschen verletzt worden sind und vier weitere starben. Die übrigen 129 Personen, die zuvor in den 43 Wohnungen des vollkommen zerstörten Gebäudes gewohnt hatten, müssen jetzt auf unabsehbare Zeit in Notunterkünften leben.

[117] In Artikel 9 der *costitucion* heißt es: "Der Staat (...) arbeitet darauf hin, [das Ziel] zu erreichen, dass es keine Familie gibt, die keine bequeme Wohnung hat."

trifft vor allem die immer noch vorherrschende Neubauphilosophie. Denn bisher verfolgen die Verantwortlichen die "flache Logik 'es fehlen Wohnungen – deshalb müssen neue zusätzlich gebaut werden' " (MATHÉY 2001a: 90). Zwar zeichnete sich in den letzten Jahren ein gewisses Umdenken ab, das sich in der starken Zunahme von Sanierungsaktivitäten ausdrückt, doch könnten sich die Anstrengungen in diesem Bereich noch erheblich vergrößern. Denn nach offiziellen Angaben ließe sich das Wohnungsdefizit durch die Instandsetzung unbewohnbar gewordener Wohnungen um 60% verringern (vgl. MATHÉY 2001a: 90). Man müsste also ermitteln, in welchen Fällen die Instandsetzung billiger wäre als der Neubau. Zudem müsste eine weitsichtige Wohnungspolitik auch die Erhaltung des jetzigen Wohnungsbestandes berücksichtigen. Das würde vor allem bedeuten, mehr Baumaterial an die Bevölkerung zu verkaufen, da größtenteils die Bewohner selbst für Instandhaltungs- und Reparaturarbeiten verantwortlich sind, aber nur sehr schwer und oft nur illegal an Baumaterial gelangen können.

Vergleicht man die gegenwärtige Situation mit der Lage gegen Ende der 1980er Jahre, so erhält man zunächst den Eindruck, dass sich im Wohnsektor wenig geändert hat. Prinzipiell sind bei unveränderten gesetzlichen Rahmenbedingungen sowohl die Erfolge als auch die Probleme dieselben geblieben. Eine genauere Betrachtung lässt allerdings erkennen, dass sich der Transformationsprozess auch in diesem Bereich niederzuschlagen beginnt.

### 5.3 Zwischen Stillstand und Wandel – Wohin entwickelt sich der Wohnsektor?

Im Umfeld des Wohnsektors gab es in der letzten Dekade vergleichsweise wenige Reformen. Bereits erwähnt worden ist die privatwirtschaftliche Zimmervermietung, die sich vor allem in Tourismusregionen abspielt (vgl. Kap. 3.3). Eine andere Reformmaßnahme, deren Tragweite für die Bevölkerung jedoch eher gering ist, war die Liberalisierung des Immobilenmarktes. Seit dem In-Kraft-Treten des neuen Investitionsgesetztes im Jahr 1995 können ausländische Unternehmen wieder in den Immobiliensektor investieren. Von dieser Möglichkeit wird hauptsächlich in Havanna Gebrauch gemacht, wo sich verschiedene Joint Ventures gründeten, um vor allem im Botschafts- und ehemaligen Oberschichtviertel Miramar Bürogebäude und Luxusapartments mit Meeresblick, Swimmingpool, Videoüberwachung und Tiefgarage zu errichten.[118] Die Kubaner setzen dabei jedoch alles daran, nicht wieder vorrevolutionäre Verhältnisse zu schaffen. Damals war die Hälfte des Bodens der Hauptstadt in ausländischer Hand (vgl. SACK 1998: 41). In der Regel hält die kubanische Seite deshalb zumeist 50% oder mehr der gemischten Unternehmen, um nicht die Entscheidungsbefugnis aus der Hand zu geben. Zudem wird der

---

[118] Neben Miramar ist die 1982 zum Weltkulturerbe erklärte Altstadt Havannas ein zweiter Focus des neuen Immobilienmarktes, der dort von dem Unternehmen FENIX S.A. kontrolliert wird. FENIX ist eine einhundertprozentige Tochtergesellschaft des für die Altstadtsanierung verantwortlichen 'Büro des Stadthistorikers' und aufgrund der besonderen Struktur des Büros bei vielen Projekten nicht auf die Beteiligung ausländischer Kapitalgeber angewiesen.

Boden nicht verkauft, sondern für einen befristeten Zeitraum verpachtet oder aber zum Nießbrauch überlassen.[119]

Die Wiedereinführung eines begrenzten Immobilienmarktes zielte ausschließlich auf das Devisensegment der dualen kubanischen Ökonomie ab und wirkt sich damit nicht auf den einheimischen Wohnsektor aus. Das Investitionsgesetz bestimmt sogar explizit, dass die mit ausländischer Kapitalbeteiligung gebauten Wohnungen nur an Ausländer verkauft werden dürfen (vgl. *Ley No. 77*, Art. 16). Dabei wären die Kaufpreise, die sich zwischen Hunderttausend und einer halben Million Dollar bewegen, für Kubaner ohnehin kaum erschwinglich. Vor dem Hintergrund des gesetzlichen und faktischen Ausschlusses der kubanischen Bevölkerung vom neuen Immobilienmarkt kommt SCARPACI (1996: 200), der im Sommer 1996 in einer empirischen Studie 60 Baublöcke des symbolträchtigen Stadtteils Miramar untersucht hat, zu folgendem Schluss:

> The out-migration of a large bourgeoisie left a huge housing stock in Miramar and adjacent districts for the revolutionary government to use. Government leaders took pride in promoting the new social integration taking place in this corner of the city. Soldiers, literacy campaign volunteers, students, and government officials were often rewarded with homes or apartments in this coveted section of Havana. If any section of the city represented a radical transformation, it was Miramar. Class, race, and occupational skill mattered little when it came to assigning housing. Since the foreign investment 'boom' of the 1990s, Miramar is again becoming a highly segregated social space.

Ob sich in diesem Zusammenhang tatsächlich schon von sozialräumlicher Segregation sprechen lässt, ist fraglich. Denn bisher ist es in Miramar sowohl im Wohn- als auch im Dienstleistungssektor lediglich zu einer Durchmischung des Pesosegmentes mit dem Devisensegment gekommen. Eine Verdrängung der Wohnbevölkerung ist hier – ebenso wie in anderen Stadtteilen und Städten – nicht erfolgt. Ein solcher Schritt liefe auch der offiziellen politischen Linie diametral entgegen, da die kubanische Führung ihre Legitimation aus der Erhaltung der sozialen Gleichheit und aus der Verteidigung der sozialen Errungenschaften zieht. Die inselartig im Stadtbild entstehenden Dollar-Wohnkomplexe können dabei ähnlich wie die zahlreichen Tourismuseinrichtungen, zu denen Kubaner in der Regel ebenfalls keinen Zugang haben, als Begleiterscheinungen der notwendigen Devisenerwirtschaftung gerechtfertigt werden. Zudem ist davon auszugehen, dass der bisher geringe quantitative Umfang des neuen Immobilienmarktes sich in absehbarer Zeit nicht allzu sehr ausdehnen wird, da die Zahl der ausländischen Geschäftsleute und Führungskräfte, auf die das Angebot der Luxuswohnungen hauptsächlich ausgerichtet ist, begrenzt ist und sich zukünftig vermutlich nur unwesentlich erhöhen wird.

Auch wenn die Existenz eines Marktes für Luxusimmobilien keine konkreten Auswirkungen auf den einheimischen Wohnsektor hat, so spielt doch ein gewisses psychologisches Moment eine Rolle, da das Stereotyp des Ausländers, der sich alles leisten kann, einmal mehr reproduziert wird. Für die Kubaner hingegen bleiben die Komfortwohnun-

---

[119] Informationen aus verschiedenen vom Autor geführten Expertengesprächen.

gen ein unerreichbarer Wunschtraum. Die Möglichkeiten, eine eigene Wohnung zu bekommen, sind vor dem Hintergrund des Wohnungsdefizits und der zu geringen Bauaktivität stark eingeschränkt. Wer sich nicht an einer Mikrobrigade beteiligen oder aus eigener Kraft ein Haus bauen kann und weder von seinem Arbeitgeber eine Wohnung zugewiesen bekommt noch eine Immobilie erbt, muss sich bei der zuständigen Behörde auf eine Warteliste setzen lassen.[120] Die Behörden entscheiden dann auf der Basis von einem Punktesystem über die Wohnungsvergabe, in das neben der Wartezeit auch die Bedürftigkeit einfließt (vgl. MATHÉY 2001a: 93). Zwar wird auf diese Weise der Mangel sozialverträglich verwaltet, doch müssen Wohnungssuchende extrem lange Wartezeiten in Kauf nehmen.[121]

Wer bereits eine Wohnung besitzt, aufgrund veränderter Familienverhältnisse, wegen eines Ortswechsels oder aus sonstigen Gründen jedoch eine andere Wohnung braucht, ist auf den Wohnungstausch (*permuta*) angewiesen. Die *permuta* "ist die häufigste Form, die Wohnsituation zu verändern" (WOLFF et al. 1993: 30). Dabei ist es nicht immer ganz einfach, einen Tauschpartner zu finden, weil der Tauschwille nur über Mundpropaganda, über Schilder an den betreffenden Objekten oder über Tauschbörsen[122] kundgetan werden kann. Haben sich zwei oder mehrere Tauschpartner schließlich gefunden, müssen sie eine Tauschgenehmigung am *Instituto Nacional de Vivienda* (der nationalen Behörde für Wohnungswesen) einholen. Bis Mitte 2000 reichte für den Wohnungstausch eine notarielle Abwicklung, die "in der Praxis sehr flexibel gehandhabt wurde" (MATHÉY 2001a: 93).[123] Doch neuerdings versucht der kubanische Staat – nicht ohne Grund – diesen Sektor und vor allem den nur schwer zu verfolgenden Kettentausch (*permuta multiple*) von Immobilien stärker zu kontrollieren.

Ein grundsätzliches Problem bei der *permuta* besteht darin, dass die getauschten Wohnungen hinsichtlich ihrer Größe, ihres baulichen Zustandes, ihrer Ausstattung und ihrer Lage selten gleichwertig sind. Deshalb wurden schon immer Nachteile beim Wohnungstausch mit monetären oder gelegentlich auch materiellen Leistungen verrechnet, die allerdings unter der Hand abgewickelt werden mussten. Denn offiziell sind solche Aus-

---

[120] Für den Bau eines Hauses sowie für den Erwerb der benötigten Baumaterialien braucht man eine behördliche Genehmigung, woran manche Bauvorhaben schon scheitern. Die Beteiligten einer betrieblichen Mikrobrigade brauchen sich zwar über Genehmigungen keine Gedanken zu machen, erwerben durch ihre Tätigkeit aber nicht automatisch den Anspruch auf eine Wohnung. Zunächst werden 20% der fertiggestellten Wohneinheiten von den zuständigen Behörden an Bedürftige außerhalb des Betriebes vergeben. Über die Vergabe der restlichen Wohnungen entscheidet dann der Betrieb, wobei neben den Brigadisten auch andere Betriebsangehörige berücksichtigt werden.

[121] Der Autor sprach in Havanna mit ehemaligen Bewohnern des historischen Zentrums, die aus ihren eingestürzten Häusern evakuiert worden sind und jetzt in der Peripherie der Hauptstadt in sogenannten Übergangswohnungen (*viviendas transitorias*) leben. Einige Bewohner wohnten schon mehr als zehn Jahre in den provisorischen Unterkünften und warten seitdem auf die Zuweisung einer Wohnung.

[122] Beispielsweise treffen sich in Havanna Personen, die eine Wohnung tauschen möchten, regelmäßig am Prado.

[123] Dabei flossen oft genug Schmiergelder an den Notar, der auf diese Weise auch halblegale oder illegale Transaktionen ermöglichte.

gleichszahlungen illegal, wurden jedoch vom Staat lange Zeit geduldet. Im Grunde genommen stellten sie auch kein wirkliches Problem dar, weil nur so ungerechte Tauschkonditionen kompensiert werden konnten. Durch das einheitliche Lohnsystem verfügten die Tauschwilligen nur über ein begrenztes Budget für Ausgleichszahlungen, und damit hatten alle die selben 'Markt'chancen.

Doch gerade diese egalitären Ausgangsbedingungen für die *permuta* haben sich im Zuge des Transformationsprozesses gewaltig verändert. Die zunehmenden Einkommensunterschiede der Bevölkerung (vgl. Kap. 3.4.2) spalten die Gruppe der Tauschinteressenten in zwei Personenkreise auf: solche, die vergleichsweise hohe Ausgleichszahlungen leisten können und solche, die auf der Strecke bleiben. Längerfristig ist zu befürchten, dass die ungleiche Zahlungsfähigkeit einen Segregationsprozess in Gang setzt, der vom Staat nur sehr schwer zu beeinflussen wäre und alle Bemühungen um eine sozial ausgewogene Verteilung von Wohnraum konterkarieren würde.

Bisher gibt es noch keine eindeutigen Hinweise auf einen Trend zur sozialräumlichen Segregation. Im Gegenteil ist vor allem in den neueren, zumeist von Mikrobrigaden gebauten Stadtvierteln die Bevölkerungszusammensetzung ausgesprochen heterogen.[124] Da die Mikrobrigaden aus den unterschiedlichsten wirtschaftlichen und gesellschaftlichen Sektoren stammten, ist auch die Bewohnerschaft einer Mikrobrigadensiedlung stark durchmischt. Auf eine Durchmischung der verschiedenen Wohnquartiere weisen auch die Daten aus der Haushaltsbefragung hin, da in jedem der vier in die Untersuchung einbezogenen Gebäudetyp (Einfamilienhaus, Mehrfamilienhaus, Plattenbau und *ciudadela*) sowohl Personen der unteren als auch der gehobenen Einkommensgruppen lebten.[125] Doch auch wenn sich derzeit noch keine sozialräumliche Segregation abzeichnet, muss man bedenken, dass sich derartige Prozesse gerade unter den erschwerten Rahmenbedingungen der eingeschränkten Verfügbarkeit von Wohnungen sowie aufgrund verschiedener bürokratischer und praktischer Hemmnisse nur extrem langsam vollziehen können.

Es ist also offen, wohin sich der kubanische Wohnsektor entwickeln wird. Nach wie vor ist der kubanische Staat bemüht, "die Gewährleistung des Rechts auf Wohnung im Sinne der Erfüllung eines Grundbedürfnisses" umzusetzen (MATHÉY 2001a: 88), doch zugleich stellt der Bereich 'Wohnen' noch immer einen beträchtlichen Teil der Bevölkerung vor unlösbare Probleme. Die drohende sozialräumliche Segregation rückt den Wohnsektor dabei wieder stärker in den Kontext der gesamtgesellschaftlichen Entwicklung, denn

---

[124] In älteren, gewachsenen Stadtteilen ist die Situation etwas anders. Teilweise kann hier eine ethnische Segregation beobachtet werden. So ist beispielsweise in der Altstadt Havannas der Anteil von Schwarzen überproportional hoch. Dies ist aber weniger auf die vermeintliche Diskriminierung dieser Bevölkerungsgruppe zurückzuführen, sondern hat mit der historischen Entwicklung des Stadtteils zu tun (vgl. WIDDERICH 1997) und ist damit kein transformationsbedingtes Phänomen.

[125] Eine Überprüfung dieser Erkenntnisse mit aussagekräftigerem empirischen Material wäre wünschenswert, denn in der Befragung konnte nur in 52 der 140 ausgewählten Fälle das vollständige Haushaltseinkommen ermittelt werden. Um eine gesicherte Aussage hinsichtlich der sozialräumlichen Segregation zu erhalten, müsste eine umfangreiche repräsentative Befragung durchgeführt werden – ein Vorhaben, das gegenwärtig in Kuba sicherlich nicht zu realisieren ist.

letztlich drückt sich in der Möglichkeit, dass der Zugang zu Wohnraum in Zukunft von der ökonomischen Potenz des Einzelnen abhängen könnte, nichts anderes als der sich gegenwärtig vollziehende Wandel der kubanischen Gesellschaft aus.

## 6. Die kubanische Gesellschaft im Wandel
### 6.1 Die Zunahme sozialer Ungleichheit und ihre Auswirkungen

> Soziale Ungleichheit ist eine von Menschen gemachte und somit auch von Menschen veränderbare Grundtatsache heutigen gesellschaftlichen Lebens.

Dieses von KRECKEL (1997: 13) auf den Punkt gebrachte Faktum könnte ein Leitsatz der politischen Führung Kubas sein, denn die kubanische Revolution trat mit dem erklärten Ziel an, die sozialen Gegensätze auf der Insel zu verringern und auf die Schaffung einer 'klassenlosen Gesellschaft' hinzuwirken. Inwiefern der Transformationsprozess diesen Bestrebungen zuwiderläuft und in welchen Bereichen soziale Ungleichheit in den letzten Jahren zugenommen hat, soll im Folgenden diskutiert werden. Soziale Ungleichheit wird dabei im KRECKELschen Sinne als distributive Ungleichheit verstanden:

> Sozial strukturierte Verteilungsungleichheit (distributive Ungleichheit) liegt überall dort vor, wo die Möglichkeiten des Zugangs zu allgemein verfügbaren und erstrebenswerten sozialen Gütern in dauerhafter Weise eingeschränkt sind und dadurch die Lebenschancen der betroffenen Individuen [oder] Gruppen (...) beeinträchtigt bzw. begünstigt werden (KRECKEL 1997: 20).

Distributive Ungleichheit kann auf verschiedenen Ebenen vorliegen. Am offensichtlichsten wird sie zumeist in der ungleichmäßigen Verteilung von materiellen Gütern. Diese sozioökonomische Ungleichheit, die sich vor allem über den Indikator der Einkommensstruktur nachweisen lässt (vgl. GLAZER 1989: 651), aus der dann Unterschiede hinsichtlich der individuellen Konsummöglichkeiten resultieren, ist in der vorliegenden Arbeit bereits an verschiedenen Stellen angesprochen worden. Der Begriff der distributiven Ungleichheit geht aber über die rein materiellen Verteilungsverhältnisse hinaus. Auf einer zweiten, sich weniger deutlich abzeichnenden Ebene umfasst er auch den ungleichen Zugang zu immateriellen Gütern. Aus der Vielzahl der immateriellen sozialen Güter, die allgemein als erstrebenswert gelten, können an dieser Stelle nur diejenigen in die Betrachtung einbezogen werden, denen im Kontext des kubanischen Transformationsprozesses eine besondere Bedeutung zukommt. Da die kubanische Führung immer wieder betont, dass auch unter den gegenwärtig erschwerten Rahmenbedingungen die 'sozialen Errungenschaften' der Revolution nicht aufgegeben werden dürfen, soll deshalb ermittelt werden, welche Entwicklungen sich in diesem prestigeträchtigen Bereich vollzogen haben und ob es dadurch zu einer Zunahme sozialer Ungleichheit kommt.

Bevor jedoch die Ungleichverteilung immaterieller Güter behandelt wird, soll noch einmal auf die bereits konstatierte Zunahme sozioökonomischer Disparitäten sowie auf die

Konsequenzen dieser Entwicklung eingegangen werden. Drei ausgewählte Beispielfälle aus der Haushaltsbefragung veranschaulichen besonders plastisch die "faktische Ungleichheit der materiellen Lebenslagen" (NOLL 1996: 490) auf der Insel:

Der erste Fall beschreibt eine Familie, die in einer Fünfzimmerwohnung zur Miete wohnte. Von den drei Minderjährigen besuchten zwei noch die Schule. Zwei Personen hatten eine feste Anstellung und erwarben zusammen 473 Peso im Monat, eine Person bekam 84 Peso Rente. Außerdem lebten noch eine registrierte Arbeitslose, der allerdings keine Arbeitslosenbezüge mehr zustanden, und eine Hausfrau in der Wohnung. Das magere Einkommen aus dem staatlichen Sektor, das pro Kopf unter 80 Peso lag, wurde durch *remesas* (alle drei Monate 250 US-$) und informelle religiöse Beratungsgespräche im Rahmen des afrokubanischen *santería*-Kultes (etwa 200 Peso monatlich) aufgebessert, so dass die Pro-Kopf-Einkünfte bei monatlich 334 Peso lagen. Die Einkommen aus dem formellen Sektor betrugen damit nicht einmal ein Viertel der Gesamteinkünfte des Haushalts. Durch die zusätzlichen Einkünfte konnte sich die Familie regelmäßig auf den *mercados agropecuarios* versorgen. Dort wurden hauptsächlich Kochbananen sowie Wurzel- und Knollenfrüchte als Kohlehydratlieferanten gekauft, da der Reis der *libreta* in diesem Haushalt nur für 18 Tage reichte. Durchschnittlich zweimal im Monat kaufte die Familie auch Schweinefleisch auf dem Agrarmarkt, allerdings nicht die besten und teuersten Stücke. Durch die *remesas* war der Haushalt in der Lage, auch in den Dollarshops einzukaufen. Pro Kopf und Monat wurden dort durchschnittlich 2,60 Dollar ausgegeben, um sich Speiseöl, Milchpulver und gelegentlich Hühnchen zu kaufen. Darüber hinaus wurden einmal jährlich neue Kleidung und Schuhe angeschafft. Hinsichtlich der Zusammensetzung und Höhe der Einkünfte und hinsichtlich der Versorgungsmöglichkeiten ist der ausgewählte Fall ein repräsentatives Beispiel eines Durchschnittshaushalts aus der Befragung.

Einer deutlich schlechteren Situation stand eine siebenköpfige Familie gegenüber, die sich fünf Zimmer in einer in der Peripherie Havannas gelegenen *ciudadela* teilte. Die Wohnung wies zum Zeitpunkt der Befragung zahlreiche bauliche Mängel auf. Von den vier Erwachsenen des Haushalts gingen nur zwei einer regelmäßigen Beschäftigung nach. Der eine arbeitete als *cuentapropista* und verdiente mit der selbständigen Tätigkeit etwa 265 Peso im Monat. Der andere bekam durch informelle Tätigkeiten etwa 240 Peso. Die Familie gab an, keine anderen Einkunftsquellen zu haben, so dass das monatliche Pro-Kopf-Einkommen bei lediglich 72 Peso lag – einer der niedrigsten Werte in den befragten Haushalten. Die monatlichen Fixkosten der Familie lagen bei 29 Peso pro Kopf und betrugen somit über 40% der Einkünfte. Die pro Kopf gerechnet knapp drei Kilogramm Reis der *libreta* reichten nur für den halben Monat. Deshalb musste auf dem Schwarzmarkt Reis zugekauft werden. Da sich die Familie Fleisch nur in Ausnahmefällen leisten konnte, wurde auf den *mercados agropecuarios* nur Gemüse gekauft. Um sich Speiseöl und Seife kaufen zu können, mussten in den staatlichen Wechselstuben Pesos in Dollar getauscht werden. Im Mittel standen jedem Familienmitglied 40 US-Cent im Monat für die Dollarshops zur Verfügung. Zusätzlich konnte dort einmal im Jahr Kleidung erworben werden. Um das Einkommen aufzubessern, tauschte oder verkaufte die Familie bestimmte Produkte der *libreta* wie Kaffee oder Zigaretten.

Der letzte Beispielfall beschreibt eine allein stehende Lehrerin, die in einer Eigentumswohnung lebte. Die Wohnung befand sich in baulich gutem Zustand und war sogar mit einer Klimaanlage ausgestattet. Da der Lehrerin das Einkommen aus dem staatlichen Sektor (370 Peso) nicht ausreichte, und da sie über vier Zimmer verfügen konnte, hat sie einen Teil der Wohnung an Touristen vermietet. Mieter waren aufgrund der günstigen Wohnlage fast immer zu finden, so dass sie in der Regel 500 US-Dollar im Monat durch die Vermietung einnahm. Zieht man die Steuern und Abgaben von schätzungsweise 220 Dollar ab, so blieben ihr noch 280 Dollar. Hinzu traten noch *remesas* von 120 US-Dollar im Monat. Darüber hinaus hatte sie die Gelegenheit, ihren PKW zu vermieten, was zwar illegal ist und zum Entzug ihres Autos führen kann, ihr aber 270 Dollar im Monat einbrachte. In guten Monaten kam sie somit auf Einkünfte von umgerechnet 13.100 Peso und gehörte damit zu den Spitzenverdienern. Entsprechend ihrer Einkünfte konnte die allein stehende Frau nicht über Versorgungsschwierigkeiten klagen. So gab sie beispielsweise an, auf den *mercados agropecuarios* monatlich 600 Peso nur für Fleisch, Wurst und Schinken auszugeben, was ihr bei den damaligen Preisen erlaubte, täglich ein halbes Pfund zu konsumieren. Überdies konnte sie aufgrund der Deviseneinkünfte auch häufig in den Dollarshops einkaufen.

Anhand der dargelegten Beispiele lassen sich zwei Entwicklungen ablesen. Zum einen wird deutlich, wie sehr sich Einkommens- und Versorgungsdisparitäten in der bis in die 1990er Jahre hinein egalitären kubanischen Gesellschaft etablieren konnten. Dabei beschränkt sich die ungleiche Verteilung nicht nur auf hochwertige Konsumgüter, sondern schließt auch Artikel des Grundbedarfs ein. Angesichts des hohen Preisniveaus außerhalb des *libreta*-Systems, das lediglich die Hälfte der empfohlenen Kalorienmenge liefert und einen nur unwesentlichen Beitrag zur Versorgung mit *nonfood*-Produkten leistet (vgl. Kap. 4.3.1), haben einkommensarme Haushalte generell Schwierigkeiten, sich angemessen zu versorgen. Darüber hinaus ist einem bedeutenden Teil der kubanischen Bevölkerung, der nicht über regelmäßige Deviseneinkünfte verfügen kann (vgl. Kap. 4.3.2), faktisch der Zugang zu den Dollarshops verwehrt, so dass die Betroffenen von einer wichtigen Versorgungsquelle abgeschnitten sind. Das Ziel der breitenwirksamen Verbesserung der Versorgungssituation auf der Insel (vgl. HENKEL 1996. 38) ist somit ebenso wenig erreicht worden wie die gleichmäßige Verteilung der vorhandenen Ressourcen. Im Gegenteil hängt mittlerweile auch in Kuba der Grad der Befriedigung von Grundbedürfnissen ganz entscheidend von der Höhe der jeweils erzielten Einkünfte ab.

Die andere Entwicklung, die sich an den Beispielfällen ablesen lässt, ist die Diversifizierung der Einkunftsquellen auf der Haushaltsebene, die weitere Konsequenzen nach sich zieht. Hinsichtlich der Gesamteinkünfte spielt der Anteil des Einkommens aus dem staatlichen Sektor nur noch eine untergeordnete Rolle (vgl. Kap. 3.4), weil er nicht einmal mehr für die Deckung des Grundbedarfs ausreicht. So mussten nach kubanischen Berechnungen im Jahr 1995 allein für die angemessene Versorgung mit Lebensmitteln 190

Peso pro Person und Monat ausgegeben werden. Das damalige monatliche Pro-Kopf-Einkommen aus dem staatlichen Sektor lag aber nur bei 114 Peso (vgl. TOGORES 2000: 122f). Und bis heute hat sich die Situation nicht grundlegend geändert. Zum gegenwärtigen Zeitpunkt benötigt eine durchschnittliche Familie im Monat schätzungsweise 800 bis 1.000 Peso, um sich das Nötigste leisten zu können (vgl. HENKEL 2001a: 24).[126]

Durch den staatlichen Lohn allein kann diese Summe kaum aufgebracht werden. Deshalb müssen sich fast alle Kubaner nach zusätzlichen Einkunftsquellen umsehen, wobei diese vielfach im informellen Sektor liegen. Besonders prekär ist dabei die Tatsache, dass hohe Einkünfte oftmals nicht an Arbeit gekoppelt sind, sondern aus *remesas* oder Vermietungen[127] stammen. Die Höhe des Einkommens (als Basis für ein angemessenes Auskommen) ist somit nicht vom Beruf, von der Arbeitsleistung oder von der sozialen Position abhängig, sondern davon, ob man Verwandte im Ausland hat, eine große, günstig gelegene Wohnung besitzt oder über sonstige 'Produktionsfaktoren' verfügen kann. Wenn die staatliche Lohnarbeit, der immerhin 78% aller registrierten Beschäftigten bzw. 45% aller Personen im erwerbsfähigen Alter nachgehen (vgl. Kap. 3.2.3), nicht ausreichend vergolten wird, wenn also der Lohn nicht einmal für die Befriedigung grundlegendster Bedürfnisse ausreicht, hat das verheerende Konsequenzen für die Motivation der Beschäftigten und in der Folge für die Produktivität der Arbeit, wodurch angesichts der insgesamt geringen Effizienz im kubanischen Wirtschaftsprozess auch die Möglichkeiten für eine ökonomische Erholung des Landes beeinträchtigt werden. Nicht wenige Kubaner wandern ganz oder teilweise[128] in den informellen Sektor ab. Vor allem Jugendliche leiden unter "Orientierungs- und Perspektivlosigkeit" (KLINKE 2001: 39) und sehen keinen Sinn im Erlernen eines Berufs, da informelle Tätigkeiten – im Gegensatz zur Arbeit im staatlichen Sektor – ein angenehmeres und luxuriöseres Leben versprechen. Die Konsequenzen aus dem Bedeutungsverlust regulärer Arbeit lassen sich am treffendsten mit dem Schlagwort der 'Informalisierung der Gesellschaft' beschreiben.

---

[126] Wie kritisch die Situation ist, zeigt auch die 'Befragung über die wirtschaftliche Situation der Haushalte', die im März 2000 vom statistischen Büro der Stadt Havanna durchgeführt worden ist. PÉREZ V. (2001: 54) gibt an, dass über die Hälfte der befragten Haushalte über Pro-Kopf-Einkünfte von 50-150 Peso im Monat verfügten, wobei vermutlich nur legale Einkunftsquellen preisgegeben wurden. Im Rahmen der Erhebung erklärten 72% der Befragten, dass die Haushaltseinkünfte nicht für die Ausgaben reichen würden. Einkommensarmut beschränkt sich aber nicht nur auf die Hauptstadt, sondern ist auch in anderen Landesteilen zu finden. So gibt die kubanische Wissenschaftlerin ZABALA (1999: 158) an, dass 22,5% aller kubanischen Familien über ein monatliches Pro-Kopf-Einkommen von weniger als 50 Peso verfügen können, wobei auch hier informelle Einkünfte sicherlich nicht berücksichtigt sind.

[127] An dieser Stelle wird davon ausgegangen, dass Vermietungstätigkeit von ihrem Umfang her nicht mit Arbeit im Sinne eines Acht-Stunden-Tages vergleichbar ist. Bezogen auf den dritten Beispielfall muss sich die alleinstehende Frau lediglich die Mühe machen, bei Gästewechsel die Betten zu beziehen, die vermieteten Zimmer einigermaßen sauber zu halten und die Bücher für die Steuererklärung bzw. für die Inspektionen zu führen. Hinsichtlich der informellen Vermietung ihres PKW ist sogar überhaupt nichts zu tun.

[128] KAYSER (2001: 7) benennt einen wichtigen Grund, warum manche Beschäftigte den staatlichen Sektor nicht ganz verlassen. Sie glaubt, "dass viele ihre Stellen in den Staatsbetrieben nur behalten, um die Beziehungsnetze aufrechtzuerhalten und das eine oder andere abzweigen zu können." Demnach würden staatliche Arbeitsplätze eher als Schwarzmarktbörse denn als Einkommensquelle dienen.

Die Informalisierung der Gesellschaft wirkt sich auch hinsichtlich der 'sozialen Errungenschaften' aus, vor allem im Bildungsbereich. Der Bildungssektor ist von jeher eines der kubanischen Aushängeschilder gewesen, weil sich hier der soziale Charakter und die Erfolge der Revolution gleichermaßen widerspiegeln. Schon bald nach dem Sieg der Revolution wurde eine beispiellose Alphabetisierungskampagne eingeleitet. Damals lebten fast eine halbe Million Menschen auf der Insel, die weder lesen noch schreiben konnten. Hinzu kamen noch drei Millionen erwachsene Kubaner, die nicht länger als drei Jahre zur Schule gegangen waren und deshalb zum Teil in die Kampagne einbezogen werden mussten (vgl. VOLLMANN & ZAHN 1996: 49). Durch die Mobilisierung von 270.000 Studenten, Arbeitern, Hausfrauen und sogar minderjährigen Schülern, die als *alfabetisadores*[129] in allen Landesteilen Unterricht gaben, gelang es in kurzer Zeit, die Situation nachhaltig zu verbessern. Im Verlauf des Jahres 1961 sank die Analphabetenquote von 23,1% auf 3,9% (vgl. SCHULTZ 2001: 22).[130]

Die Anstrengungen erschöpften sich jedoch nicht in diesem außerordentlichen Erfolg, sondern setzten sich auch in den folgenden Jahren im Aufbau eines der leistungsfähigsten Bildungssysteme Lateinamerikas fort. Neben den Regelschulen und Universitäten entstanden Einrichtungen für die Vorschulerziehung, für Sonderpädagogik sowie für Weiter- und Erwachsenenbildung. Die neunjährige Schulpflicht umfasst in Kuba die Absolvierung der Primar- (1. bis 6. Klasse) sowie der Sekundarstufe (7. bis 9. Klasse), wobei sich die Einschulungsquoten mit 99% respektive 95% auf hohem Niveau befinden (vgl. AGÜERO et al. 2001: 4). Nach dem Abschluss der 9. Klasse kann bei entsprechender Befähigung in der präuniversitären Stufe (10. bis 12. Klasse) die Hochschulreife erworben werden. Das kubanische Hochschulwesen ist ebenfalls bestens ausgebaut und braucht den internationalen Vergleich nicht zu scheuen.

Sämtliche Bildungseinrichtungen stehen grundsätzlich allen Kubanern und Kubanerinnen offen. Der allgemeine Zugang zum sozialen Gut 'Bildung' ist dabei nicht nur ein theoretischer Anspruch, der dem Verfassungsgebot folgt, welches "die Diskriminierung um der Rasse, der Hautfarbe, des Geschlechts [oder] des religiösen Glaubens Willen" verbietet (*Constitución de la República de Cuba*, Art. 42). Vielmehr sind durch die Schaffung von Bildungseinrichtungen in ländlichen und peripheren Räumen sowie durch den Grundsatz der Kostenfreiheit des Bildungssektors die praktischen Voraussetzungen geschaffen worden, dass ein jeder unabhängig von seinen finanziellen Möglichkeiten und unabhängig davon, wo er lebt, Zugang zu Bildung hat.

Distributive Ungleichheit im Sinne einer dauerhaften Einschränkung von Zugangsmöglichkeiten besteht im Bildungssektor also nicht. Allerdings zeichnet sich vor dem Hinter-

---

[129] *Alfabetisador* ist nicht unmittelbar ins Deutsche zu übersetzen. Das 'Wörterbuch Kubaspanisch – Deutsch' umschreibt den Begriff deshalb als "freiwilliger Lehrer während der Alphabetisierungskampagne 1961" (FLORIAN & MARTÍNEZ 1989: 14).

[130] Gegenwärtig gehört Kuba zu den Ländern mit der höchsten Alphabetisierungsrate der Region. 1999 konnten 97% der Kubaner, die 15 Jahre oder älter waren, lesen und schreiben, während es im lateinamerikanischen Mittel nur 88% waren (vgl. UNDP 2001: 144).

grund der Zunahme sozioökonomischer Disparitäten und der Informalisierung der Gesellschaft eine andere negative Entwicklung ab, nämlich der zunehmende Verfall des Wertes 'Bildung'. Dies lässt sich konkret an den im Zuge der Wirtschaftskrise erheblich zurückgehenden Zahlen der Einschreibungen festmachen. Verglichen mit dem akademischen Jahr 1989/90 gingen die Einschreibungszahlen bis 1998/99 an den präuniversitären Schulen um 58% und an den Hochschulen um 42% zurück (vgl. BRUNDENIUS 2000: 14f). Das Verhalten der jungen Kubaner zeigt, dass Bildung offensichtlich nicht mehr als Schlüssel zu einem guten Leben angesehen wird. Die wirtschaftlichen und sozialen Langzeitfolgen dieser Entwicklung sind noch nicht abzusehen. Die CEPAL (1997: 311) weist aber auf die Gefahr hin, dass sich "die Schwächung des Humankapitals, das heute vielleicht der wichtigste komparative Vorteil Kubas ist", auch negativ auf die ökonomische Sphäre auswirken wird. Um dieser Gefahr begegnen zu können, müssten die Einschreibequoten in höheren Bildungseinrichtungen erneut ansteigen. Die Grundvoraussetzung dafür ist jedoch, dass die Tätigkeit in einem akademischen oder technischen Berufsfeld wieder einen angemessenen Lebensstandard garantiert.

Die Tatsache, dass immer weniger junge Leute an einer Hochschule studieren wollen, zieht noch eine weitere negative Folge nach sich: den Mangel an qualifiziertem Lehrpersonal an allgemein bildenden Schulen. Schlüsselt man die abnehmende Zahl der Studienanfänger in Kuba nach Fachbereichen auf, so wird deutlich, dass die Abnahme der Einschreibungen in der Pädagogischen Fachrichtung, aus der die meisten Lehrer hervorgehen, überproportional hoch ist. 1998/99 schrieben sich 70% (!) weniger Studenten für diese Fachrichtung ein als noch neun Jahre zuvor (vgl. BRUNDENIUS 2000: 16) – eine Entwicklung, die nicht mit der demographischen Entwicklung einhergeht. Dies ist umso bedenklicher, als dass zahlreiche bereits im Berufsleben stehende Lehrer und Lehrerinnen sich eine besser bezahlte, zumeist im Dollarsegment der kubanischen Ökonomie liegende Tätigkeit suchen und somit für den Schuldienst nicht mehr zur Verfügung stehen. Da die kubanische Regierung kein großes Interesse daran hat, die Probleme des prestigeträchtigen Bildungssektors zu quantifizieren, liegen konkrete Zahlen über die Summe der bisher ausgeschiedenen Lehrkräfte nicht vor. Beobachtungen weisen jedoch darauf hin, dass die Fluktuationsrate in diesem Bereich recht hoch ist. Dies gilt vor allem für Fremdsprachenlehrer, die durch ihre Sprachkenntnisse bessere Einstellungschancen im Tourismussektor oder im Umfeld von Joint Ventures haben. In der Kombination der sinkenden Zahl von Lehramtsstudenten und der zunehmenden Zahl von Lehrern, die ihren Beruf aufgeben, kann sich mittelfristig ein im nachrevolutionären Kuba nicht gekannter Bildungsnotstand entwickeln, der letztlich auch die Chancengleichheit hinsichtlich des Zugangs zum sozialen Gut 'Bildung' beeinträchtigen würde.

Ähnlich wie der Bildungssektor ist auch der Gesundheitssektor ein Bereich, in dem beeindruckende Erfolge erzielt worden sind. Obwohl nach dem Sieg der Revolution über die Hälfte der ohnehin damals nicht gerade zahlreich vertretenen Ärzte das Land verlassen hatte, ist es gelungen, in Kuba ein funktionierendes Gesundheitssystem aufzubauen, das eine umfangreiche Basismedizin mit einer entwickelten technischen Medizin verknüpft (vgl. VOLLMANN & ZAHN 1996: 53). Betrachtet man einige wichtige Kennwerte der gesundheitlichen Versorgung im internationalen Vergleich, so zeigt sich, dass Kuba in Bezug auf sein Gesundheitssystem fortschrittlicher ist als alle anderen Länder der Region und sich auch mit westlichen Industrienationen messen kann (vgl. Tab. 43).

Tab. 43: Ausgewählte Indikatoren des kubanischen Gesundheitswesens im internationalen Vergleich (1999)

| | Kuba | Dominikansche Republ. | Costa Rica | Venezuela | Lateinamerika (a) | USA | Deutschland |
|---|---|---|---|---|---|---|---|
| Lebenserwartung bei Geburt (Jahre) | 75,9 | 67,2 | 76,2 | 72,7 | 69,6 | 76,8 | 77,6 |
| Säuglingssterblichkeit auf 1.000 Lebendgeborene | 6,4 | 43 | 13 | 20 | 32 | 7 | 5 |
| Einwohner pro Arzt | 172 | 998 (b) | 1.181 | 804 (c) | k.A. | 365 (c) | 282 |
| Krankenhausbetten pro 1.000 Einwohner | 5,6 (d) | 1,2 (b) | 1,5 | 1,7(c) | k.A. | k.A. | 9,2 (e) |

(a) Durchschnittswert für Lateinamerika und Karibik
(b) Wert für 1998
(c) Wert für 1997
(d) ohne Betten in Alters- und Behindertenheimen
(e) inklusive Betten in Rehabilitationseinrichtungen

Quelle: CEPAL 2002; ONE 2000; NUHN 2001; Statistisches Bundesamt (o.J.); UNDP 2001

Eine besondere Rolle im kubanischen Gesundheitssystem spielen die Prävention und die gesundheitliche Aufklärung. Zu diesem Zweck ist neben dem landesweiten Netz der Polikliniken, deren Angebot noch von einigen spezialisierten Krankenhäusern ergänzt wird, in den 1980er Jahren eine weitere Institution ins Leben gerufen worden: der *medico de la familia* (Familienarzt). Das Konzept des Familienarztes beinhaltet, dass er – ebenso wie die ihm zugeordnete 'Familienkrankenschwester' – in dem Stadtteil oder Dorf lebt, in dem er praktiziert. Durch regelmäßige Hausbesuche auch gesunder Patienten soll er deren Lebensgewohnheiten kennen lernen und so in die Lage gebracht werden, möglichen gesundheitlichen Problemen präventiv zu begegnen. Oftmals geschieht dies in Form der Aufklärung über die Bedeutung von richtiger Ernährung, körperlicher Aktivität und Hygiene für die Erhaltung der Gesundheit. Zusätzlich tragen auch die Schulen, Betriebe und Massenorganisationen zur gesundheitlichen Aufklärung bei. Vorsorge- und Reihenuntersuchungen gehören ebenso zum Gesundheitsprogramm wie ein umfassender Impfschutz.

Eine weitere wichtige Stütze des kubanischen Gesundheitssystems ist die medizinische, pharmazeutische und biotechnologische Forschung. Auch hier konnten beachtliche Erfolge vorgewiesen werden, wie beispielsweise die Herstellung von Interferon, die dann unmittelbar den kubanischen Patienten zu Gute kamen (zum medizinischen Hightechsektor vgl. HENKEL 2001c; NUHN 2001).

In Kuba ist die ärztliche Behandlung unabhängig von ihrem Umfang für kubanische Staatsangehörige grundsätzlich kostenlos.[131] Dies gilt auch für die Intensivmedizin und ähnlich kostspielige Bereiche. Darüber hinaus ist das Gesundheitswesen derart gut ausgebaut, dass selbst in abgelegenen Regionen medizinische Einrichtungen zu finden sind. So erreichten im Jahr 1996 die *medicos de la familia* 97% der kubanischen Bevölkerung (vgl. CIEM & PNUD 1997: 119). Das zahlenmäßige Ärzte-Patienten-Verhältnis ist mittlerweile sogar so hoch, dass medizinische Teams als Entwicklungshelfer in andere Dritte-Welt-Länder geschickt werden können, ohne dass bei der medizinischen Versorgung der heimischen Bevölkerung Abstriche gemacht werden müssten.[132] Insgesamt sichert die dezentrale Struktur des Gesundheitssystems im Zusammenspiel mit der Kostenfreiheit der Behandlung allen Kubanern den gleichberechtigten Zugang zu medizinischen Einrichtungen.

Trotz der beschriebenen und allgemein anerkannten Erfolge im kubanischen Gesundheitssektor gibt es auch Probleme, die im Zuge der Wirtschaftskrise zugenommen haben. Diese betreffen hauptsächlich Einschränkungen in der Verfügbarkeit von medizinischen Geräten, medizinischem Verbrauchsmaterial und Medikamenten. WENKEL (2001: 26f), der im Rahmen eines Austauschprogramms zwischen der Berliner Charité-Klinik und dem Calixto-Garcia-Hospital mehrere Monate in Havanna tätig war, spricht in diesem Zusammenhang vom "Arbeiten an der Notstandsgrenze" und berichtet:

> Einschüchternd wirkt die Ausstattung des Krankenhauses, besonders die Operationssäle. Trotz Temperaturen zwischen 25 °C und 37 °C gibt es in den 32 Schlafsälen mit Ausnahme der Intensivstation keine Klimaanlagen. Den Strom in den OPs liefert teilweise ein alter Bundeswehrgenerator, und mangels Geräten werden im Notfall die EKGs meist mit dem Defibrillator geschrieben. (...) Außerdem herrscht chronischer Hygienemangel, der dazu führt, dass Familienmitglieder für Patienten und Ärzte Seife stiften. Der Mangel an Kanülen, Spritzen und Gummihandschuhen zwingt dazu, diese zu sterilisieren und wieder zu verwenden. (...) Die größten Engpässe bestehen bei der Versorgung mit Medikamenten und medizinischem Gerät. Das uralte Röntgengerät in der Polytraumaeinheit funktioniert gerade noch, doch die Radiologen müssen ihre Filme selbst entwickeln. (...) Eine gute klinische Ausbildung, vor allem der Erwerb ausgezeichneter manueller Fähigkeiten, kommt den kubanischen Ärzten bei der kaum verfügbaren Gerätediagnostik im Beruf zu Gute. 90 Pro-

---

[131] Für Ausländer sind medizinische Leistungen hingegen kostenpflichtig. Aufgrund des sehr guten Rufes, den das kubanische Gesundheitswesen auch auf internationaler Ebene genießt, kommen zunehmend mehr ausländische Patienten (hauptsächlich Lateinamerikaner) auf die Insel, um sich Operationen oder sonstigen medizinischen Behandlungen zu unterziehen. In jüngerer Zeit versucht die Regierung diesen Gesundheitstourismus zu fördern, um so Devisen für den Erhalt des hohen medizinischen Standards erwirtschaften zu können. Der wohl prominenteste Gast war in diesem Zusammenhang der ehemalige argentinische Fußball-Nationalspieler MARADONA, der sich in Kuba einer Entziehungskur unterzog.

[132] Gegenwärtig liegt die Zahl der Kubaner, die in insgesamt 13 Ländern im medizinischen Bereich Entwicklungshilfe leisten (Betreuung von Patienten; Aus- und Weiterbildung von medizinischem Fachpersonal), bei 1.751 Personen (vgl. La Misión Médica Cubana (o.J.)). Hinzu treten noch diejenigen Ärzte, die befristete reguläre Arbeitsverträge in anderen Ländern (vor allem in Südafrika) haben. Die Bedeutung Kubas für die Entwicklung des Gesundheitswesens in anderen Ländern zeigt sich auch darin, dass zahlreiche Medizinstudenten und Ärzte auf die Insel kommen, um sich aus- und weiterbilden zu lassen.

zent aller Diagnosen werden mittels klinischer Untersuchung, Anamnese (Patientengeschichte), Stethoskop und eventuell einem Röntgenbild erstellt.

Der Bericht beschreibt keineswegs den Sonderfall einer unterdurchschnittlich ausgestatteten Provinzklinik, sondern die Situation im Lehrkrankenhaus der Medizinischen Fakultät der Universität Havanna. Die Verwaltung des Mangels gehört in fast allen kubanischen Krankenhäusern zum Kliniksalltag und reicht von nicht vorhandener Bettwäsche über die ungenügende Ausstattung mit Einwegmaterial bis hin zum Fehlen oder zur fehlenden Funktionsfähigkeit wichtiger medizinischer Apparate. Doch während die Ärzte und das sonstige Krankenhauspersonal die Mangelsituation mit dem sprichwörtlichen kubanischen Erfindergeist (auch in Kuba macht Not erfinderisch) und einigem Improvisationstalent in den Griff zu bekommen scheinen, stellt die mangelnde Verfügbarkeit von Medikamenten für die Patienten ein ernstes Problem dar, das durch die starke staatliche Förderung von Naturheilverfahren zwar abgemildert, nicht aber wirklich gelöst werden kann. Obwohl Kuba für 150 Mio. US-$ im Jahr Medikamente, Grundstoffe zur Produktion von Medikamenten, Reagenzien und sonstiges medizinisches Material importiert und darüber hinaus im Rahmen von Solidaritätskampagnen zusätzliche Hilfslieferungen erhält, fehlen essenzielle Medikamente wie beispielsweise orale Antibiotika auf der Insel (vgl. PÉREZ I. 2000: 95ff). In der Folge bleiben die Regale der Apotheken, die Arzneimittel zu stark subventionierten Preisen in nationaler Währung an die Bevölkerung abgeben, häufig genug leer, während in den Dollar-Apotheken alles zu haben ist. Zudem ist ein schwunghafter Schwarzhandel mit knappen Medikamenten entstanden, der auch auf höchster Regierungsebene nicht mehr ignoriert werden kann. So erklärte Carlos LAGE im Dezember 2001, dass man schon seit einem Dreiviertel Jahr "mit sichtlicher Eindringlichkeit" (zitiert nach *Granma*, 23.12.01) daran arbeite, das Problem des Arzneimittelmangels zu lösen, was auch den Kampf gegen den illegalen Verkauf derselben einschließe. Eine wesentliche Veränderung ist aber weder in den von LAGE angesprochenen neun Monaten noch im Anschluss an dieses Statement zu beobachten gewesen.

Der Mangel an Medikamenten wirkt sich negativ auf das gesamte kubanische Gesundheitssystem aus, denn was nützen die besten Ärzte, wenn sie die zur Heilung erforderliche Medizin nicht in ausreichendem Maße verschreiben können. Darüber hinaus untergräbt das Arzneimitteldefizit das Egalitätsprinzip in diesem Bereich. Zwar ist Kuba weit davon entfernt, eine Zweiklassenmedizin zu entwickeln, doch drückt sich über den ungleichen Zugang zu Medikamenten einmal mehr die sozioökonomische Ungleichheit aus. Wer über genügend Geld verfügt, kann sich praktisch alle medizinischen Präparate in der Dollarapotheke oder auf dem Schwarzmarkt beschaffen. Alle anderen sind auf die Hoffnung angewiesen, trotz der Unterversorgung irgendwie an subventionierte Medikamente zu gelangen.

Ein dritter Bereich, auf den die Kubaner neben dem Bildungs- und dem Gesundheitssektor zu Recht stolz sein können, ist das soziale Sicherungssystem. Es schließt alle Bereiche der sozialen Sicherheit[133] ein und gewährt – außer der bereits angesprochenen Gesundheitsversorgung – im Bedarfsfall Leistungen im Rahmen des Mutterschutzes, Lohnfortzahlung bei Krankheit, Arbeitslosenunterstützung, Invaliditäts-, Hinterbliebenen- und Altersrente sowie Sozialhilfe. Bis zum Ende der 1980er Jahre galt das kubanische System der sozialen Sicherheit als vorbildlich und war das "umfassendste, freigiebigste und teuerste ganz Lateinamerikas und der sozialistischen Welt" (MESA-LAGO 1996b: 64). War das System schon unter normalen Rahmenbedingungen kostspielig, so sollten die Kosten in der *período especial* noch einmal steigen, da mit der Krise auch die Bedürftigkeit anwuchs (vgl. Tab. 44).

Tab. 44: Entwicklung der kubanischen Sozialausgaben nach Sektoren (Mio. Peso)

|  | 1990 | 1991 | 1992 | 1993 | 1994 | 1995 | 1996 | 1997 | 1998 | 1999 | 2000 |
|---|---|---|---|---|---|---|---|---|---|---|---|
| Bildung | 1.620 | 1.504 | 1.427 | 1.385 | 1.335 | 1.359 | 1.421 | 1.454 | 1.510 | 1.830 | 2.095 |
| Gesundheit | 937 | 925 | 938 | 1.077 | 1.061 | 1.108 | 1.190 | 1.265 | 1.345 | 1.553 | 1.684 |
| Sozialversicherung | 1.164 | 1.226 | 1.348 | 1.452 | 1.532 | 1.594 | 1.630 | 1.636 | 1.705 | 1.786 | 1.786 |
| Sozialhilfe | 96 | 88 | 98 | 94 | 94 | 119 | 128 | 135 | 145 | 158 | 179 |
| Gesamtausgaben | 3.817 | 3.743 | 3.811 | 4.008 | 4.022 | 4.180 | 4.369 | 4.490 | 4.705 | 5.327 | 5.744 |
| Anteil am BIP | 19% | 23% | 26% | 27% | 21% | 19% | 19% | 20% | 20% | 21% | 21% |

Quelle: ONE 1998; ONE 2001

Es ist bezeichnend für die kubanische Sozialpolitik, dass der Staat in wirtschaftlichen Krisenzeiten nicht etwa – wie andernorts üblich – die Sozialausgaben kürzt, sondern diese sogar noch ausweitet. Zwischen 1990 und 2000 erhöhten sich die Gesamtausgaben für diesen Haushaltsposten (inklusive der Ausgaben im Bildungssektor) um fast 50%.[134] Setzt man die Sozialausgaben mit der Entwicklung des Bruttoinlandsproduktes ins Verhältnis, so hat sich deren Anteil ebenfalls erhöht. Gegenwärtig wird mehr als ein Fünftel des BIP in den sozialen Bereich investiert.

---

[133] In der vorliegenden Arbeit wird von einem breitgefassten Verständnis des Begriffs der sozialen Sicherheit ausgegangen, wie ihn auch die International Labour Organisation (ILO) verwendet. Demnach schließt soziale Sicherheit folgende Bereiche ein (vgl. DURNBECK 1996: 11): 1. Sozialversicherungen, die im Falle von Invalidität, Krankheit, Alter, Mutterschaft, Arbeitslosigkeit etc. einspringen, 2. öffentliche Gesundheitsprogramme und 3. Hilfe für Risikogruppen in Gestalt von direkten Transferleistungen (Sozialhilfe).

[134] Der überdurchschnittliche Kostenzuwachs im Gesundheitssektor (plus 80% im betrachteten Zeitraum) beruht vor allem auf Gehaltserhöhungen von Ärzten und medizinischem Personal (vgl. CEPAL 2001a: 3). Diese Maßnahme soll verhindern, dass, ähnlich wie im Bildungsbereich, Arbeitskräfte aus dem Gesundheitssektor ausscheiden, um sich eine besser bezahlte Arbeit zu suchen.

Der Zugang zu sozialen Leistungen ist breit gefasst. Alle beim Staat, in landwirtschaftlichen Kooperativen oder in gemischten Unternehmen Tätigen sind pflichtversichert und können entsprechende Ansprüche geltend machen.[135] Für die Beschäftigten entstehen dabei allerdings keine Kosten, wohl aber für die Arbeitgeber. Staatliche Betriebe müssen 10%, landwirtschaftliche Kooperativen 3% der Lohnsumme als Sozialabgaben abführen (vgl. MESA-LAGO 1996b: 60). Für den im Devisensegment der kubanischen Ökonomie arbeitenden Joint-Venture-Bereich gelten besondere Bestimmungen.

Das kubanische System der sozialen Sicherung kann sich finanziell nicht selbst tragen. Im Durchschnitt der Jahre 1996 bis 2000 nahm der Staat durch die Sozialabgaben der Betriebe und Genossenschaften jährlich rund eine Milliarde Peso ein (vgl. ONE 2001: 132). Allein die durchschnittlichen jährlichen Ausgaben im Rahmen der Sozialversicherungen betrugen aber schon 1,7 Mrd. Peso. Hinzu traten noch die Kosten im Gesundheitsbereich, die im Mittel des betrachteten Jahrfünfts mit jährlich 1,4 Mrd. Peso zu Buche schlugen. Jahr für Jahr entsteht somit ein milliardenschweres Defizit, das eine wachsende Tendenz aufweist und aus dem Staatshaushalt ausgeglichen werden muss. Es ist davon auszugehen, dass sich der Trend der steigenden Sozialausgaben bei weiter wachsendem Defizit fortsetzt, da sich die Zahl der Empfänger von Sozialleistungen schon aus rein demographischen Gründen in den nächsten Jahren erhöhen wird. Aufgrund der hohen durchschnittlichen Lebenserwartung und des vergleichsweise niedrigen Rentenalters (60 Jahre für Männer und 55 Jahre für Frauen) werden vor allem die Kosten für das Rentensystem steigen, wobei sich zugleich der Beitrag der Betriebe und Genossenschaften zu den Sozialabgaben verringern wird, weil auf kurze und mittlere Sicht weniger Personen in das erwerbstätige Alter eintreten. Das System der sozialen Sicherung scheint damit an seine Grenzen zu stoßen.

Die Grenzen des Systems zeigen sich jedoch nicht nur aus makroökonomischer Sicht hinsichtlich seiner Finanzierbarkeit, sondern auch aus der Perspektive der Menschen, die Sozialleistungen beziehen. Dies gilt vor allem für die Gruppe der Sozialhilfempfänger, deren Zahl in den 1990er Jahren stark angestiegen ist und im Jahr 2000 bei 150.000 Personen lag (vgl. CEPAL 2001a: 3). Der durchschnittlich im Rahmen der Sozialhilfe ausgezahlte sowie durch nichtmonetäre Leistungen abgegoltene Satz lag zu diesem Zeitpunkt bei gerade einmal 100 Peso im Monat – ein Betrag, der angesichts des hohen Preisniveaus für alle nichtrationierten Artikel extrem niedrig erscheint und von dem allein niemand in Kuba überleben kann.

Nur knapp über dem Sozialhilfesatz liegt das Rentenniveau,[136] so dass einige Rentner zusätzlich auf staatliche Hilfsleistungen angewiesen sind. Die große Mehrheit der etwa 1,4

---

[135] *Cuentapropistas* und andere Selbständige können sich freiwillig in das Sozialversicherungssystem eingliedern und zahlen dann einen Beitrag von 10% ihrer geschätzten Einkünfte ein.

[136] Die durchschnittlichen Pro-Kopf-Kosten, die dem Staat in den beiden Bereichen entstehen, sind fast identisch. Nach der amtlichen Statistik wurden im Jahr 2000 1,63 Mrd. Peso als Alters-, Hinterbliebenen- oder Invaliditätsrente (inklusive Ausgaben für Teilinvalidität) ausgezahlt (vgl. ONE 2001: 154). Verteilt man diesen Betrag auf die ca. 1,4 Mio. Personen, die im gleichen Jahr Rente bezogen (vgl.

Millionen Personen, die derzeit in Kuba im Ruhestand leben (vgl. CEPAL 2001a: 2), kann jedoch nicht auf diese Stütze zurückgreifen. Dabei hätten nicht wenige ein Zusatzeinkommen bitter nötig, denn 90% der Rentenempfänger – das entspricht etwa 11% der kubanischen Bevölkerung – erhalten nicht mehr als 150 Peso im Monat (vgl. ZABALA 1999: 158) und leben damit praktisch unter dem Existenzminimum, sofern sie keine zusätzlichen Einkunftsquellen haben. Die Ankündigungen der Regierung (vgl. *Granma*, 23.1.02), diejenigen stärker finanziell zu unterstützen, die über weniger als 100 Peso Rente im Monat verfügen können (1995 waren das 60% aller Rentenempfänger, vgl. CÓRDOVA 1996: 367), wird das Problem bestenfalls kaschieren können, ohne es jedoch zu beseitigen. Vor dem Hintergrund der geringen Kaufkraft des Peso reichen auch überdurchschnittliche Rentenzahlungen kaum zur Grundbedürfnisbefriedigung. Das großzügig und breitenwirksam angelegte kostenintensive soziale Sicherungssystem versagt also (zumindest in den beiden genannten Bereichen)[137]. An seiner Stelle muss für diejenigen, die nicht mehr in der Lage sind, sich aus eigener Kraft zu helfen,[138] ein anderes, intaktes Sicherungssystem einspringen: die Unterstützung innerhalb des erweiterten Familienkreises. Wie schon gezeigt worden ist, spielen hierbei die *remesas* eine Schlüsselrolle. Da nicht alle Kubaner gleichermaßen vom Geldtransfer aus dem Ausland profitieren können, die *remesas* oft aber eine entscheidende Komponente der sozialen Absicherung sind, nimmt die Verteilungsungleichheit folglich auch im Bereich der sozialen Sicherheit zu.

Betrachtet man die soziale Entwicklung auf der Insel in ihrer Gesamtheit, so ergibt sich ein geteiltes Bild. Vor allem kubanische Autoren betonen die positiven Effekte einer Sozialpolitik, die trotz aller wirtschaftlichen Schwierigkeiten der gesamten Bevölkerung kostenlose medizinische Versorgung und Bildung sowie über die *libreta* einen Grundstock an billigen Nahrungsmitteln garantiert. In diesem Sinne bilanziert FERRIOL (1998a: 32)

> Man kann [in Kuba] keine Armut beobachten, wie man sie aus Lateinamerika kennt, mit dem Stempel des sozialen Ausschlusses, sondern Personen, die Gefahr laufen, grundlegende Bedürfnisse nicht zu befriedigen.

---

CEPAL 2001a: 3), so ergibt sich eine Durchschnittsrente von 97 Peso im Monat, was in etwa dem Betrag der Sozialhilfe entspricht (s.o.). Einige der sozialen Hilfsleistungen, die in die Berechnung der Sozialhilfe mit einfließen, werden jedoch als Sachleistungen gewährt, z.B. in Form von kostenlosen Mahlzeiten in wohnortnahen Kantinen. Der Wert dieser Sachleistungen ist in der Statistik jedoch zumeist überbewertet, so dass realiter die durchschnittliche Sozialhilfe unter dem durchschnittlichen Rentenbetrag liegt.

[137] Mit Ausnahme des Gesundheitssektors liegen über die übrigen Bereiche des sozialen Sicherungssystems (Mutterschutz, Lohnfortzahlung bei temporärer Arbeitsunfähigkeit etc.) kaum Daten vor, so dass diesbezüglich keine abschließende Bewertung vorgenommen werden kann.

[138] Um die mageren Rentenbeträge aufzubessern, suchen sich viele Ruheständler noch eine (Neben-)Beschäftigung im Staatssektor (z.B. als Wächter), sind im informellen Sektor tätig oder machen sich im Rahmen der *trabajo por cuenta propia* selbständig (vgl. Kap. 3.3.4). PETERS & SCARPACI (1998: 12) bemerken in diesem Zusammenhang: "Self-employment is an important income supplement for retiries." Allerdings sind aus Alters- oder Gesundheitsgründen längst nicht alle Rentenempfänger 'fit' genug für solch eine Tätigkeit.

Gerade im Vergleich mit anderen Ländern der Region zeigen sich die Erfolge der sozialen Zielen verpflichteten kubanischen Politik, die nicht unterbewertet werden dürfen. Doch sollten sie zugleich auch nicht überbewertet werden, denn die sozialen Probleme und die sozialen Gegensätze sind auf der Insel sichtlich gewachsen. Am deutlichsten tritt die neue Ungleichheit hinsichtlich der mittlerweile stark differenzierten Einkunftshöhe und den sich daraus ergebenden Versorgungsmöglichkeiten der einzelnen Haushalte zu Tage. Die Öffnung der Einkommensschere zieht indirekt aber auch andere soziale Bereiche in Mitleidenschaft. Dadurch sind Rückschritte gemacht worden hinsichtlich der "deutlichsten Erfolge der letzten dreieinhalb Dekaden (...): der Sicherung des Wohlergehens der Bevölkerung bei großer Verteilungsgleichheit" (CEPAL 1997: 311). Dass diese Rückschritte weitere negative Konsequenzen haben, wird deutlich, wenn man ermittelt, welche Gruppen im Transformationsprozess zu den Gewinnern und welche zu den Verlierern zählen.

### 6.2 Gewinner und Verlierer im Transformationsprozess

Den meisten Kubanern geht es heute schlechter als vor der Verkündung der *período especial*. In den 'goldenen Achtzigern' war die Versorgung mit Artikeln des Grundbedarfs noch vergleichsweise unproblematisch gewesen, und die breite Mehrheit der Bevölkerung konnte sogar zu einem bescheidenen Wohlstand kommen. Doch mit Beginn der 1990er Jahre entwickelte sich die Situation überwiegend zum Negativen. Allerdings gab es einige Gruppen, die von den neuen Entwicklungen profitieren konnten. Zu ihnen gehören vor allem die Spitzenverdiener aus dem privatwirtschaftlichen oder informellen Sektor, die zumeist in den Bereichen Gastronomie, Zimmervermietung, Personenbeförderung, Marktverkauf und Schwarzhandel tätig sind. Durch Einkünfte, die täglich bei mehreren tausend Peso – bzw. dem Äquivalent in Dollar – liegen können (vgl. Kap. 3.4), werden sie zu wahrhaftigen "Pesomillionären" (BURCHARDT 1999a). Auch andere *cuentapropistas*, die in weniger Gewinn bringenden Tätigkeitsfeldern arbeiten, konnten zum Teil ihre persönliche Situation verbessern, wobei die Ausübung einer selbständigen Tätigkeit nicht immer ein hohes Einkommen garantiert. Dies gilt ebenfalls für die Kleinbauern, deren Mehrzahl jedoch durch die Schaffung der *mercados agropecuarios* eine lukrative Möglichkeit hat, ihre Produkte zu vermarkten.

Eine weitere Gruppe, die zu den Gewinnern zu zählen ist, bilden Lohnabhängige, die im Devisensegment der kubanischen Ökonomie tätig sind. Zwar liegen die Verdienstmöglichkeiten in diesem Bereich deutlich unter denen der einträglichsten selbständigen Berufe, doch garantieren die meisten Beschäftigungsverhältnisse ein überdurchschnittliches Einkommen. Im Joint-Venture-Bereich bekommen die Angestellten neben dem regulären, in Nationalwährung ausgezahlten Gehalt zumeist noch Prämien in US-Dollar. Gerade in gehobenen Positionen fließen zusätzlich zu diesen legalen Prämienzahlungen unter dem Tisch noch informelle Dollar-Beträge, die das Einkommen der Führungskräfte erheblich aufbessern. Auch die Beschäftigung im Tourismussektor verspricht zum Teil außerordentlich gute Nebenverdienste, die zumeist auf Trinkgeldern basieren. Darüber hinaus werden durch das 'Abzweigen' und spätere Verkaufen von Waren, die es im Tourismussektor im Überfluss gibt (z.B. Nahrungsmittel oder Seife), im Alltag der Kubaner aber fehlen, zusätzliche Einkünfte erzielt.

Die dritte Gruppe, die durch die Entwicklungen der 1990er Jahre gewonnen hat, sind die Empfänger von *remesas*. Allerdings ist diese Gruppe heterogen, da die Höhe und die Regelmäßigkeit des Geldtransfers aus dem Ausland recht unterschiedlich sein kann und vor allem an die ökonomische Potenz des Absenders gebunden ist. In Abhängigkeit davon reichen die transferierten Devisen in manchen Fällen lediglich für den Erwerb einiger weniger Grundbedarfsartikel, während sie in anderen Fällen zu einem wahren Konsumrausch führen oder seltener auch als Investition für eine selbständige Tätigkeit genutzt werden.

Wer keine *remesas* erhält, ist benachteiligt, denn unabhängig vom Umfang des Devisenflusses eröffnen die *remesas* in jedem Fall Möglichkeiten, auf die Menschen ohne Auslandskontakte nicht zurückgreifen können. In diesem Kontext gehört die schwarze Bevölkerungsgruppe zu den Verlierern im Transformationsprozess. Weil Schwarze in besonderem Maße von der kubanischen Revolution, die "den institutionalisierten Rassismus des früheren Kubas eliminiert" hat (BURCHARDT 1999a: 98), profitieren konnten, verließen nur wenige Afrokubaner die Insel. Der Emigrationsanteil der schwarzen Bevölkerungsgruppe liegt bei lediglich fünf Prozent, während er im Landesdurchschnitt doppelt so hoch liegt (vgl. BURCHARDT 2002). Da die meisten Afrokubaner erst durch die Emigrationswellen der 1980er und 1990er Jahre ins Ausland kamen und zudem von der mächtigen Exilgemeinde in Südflorida wenig willkommen geheißen wurden (vgl. HENNING 2001: 623ff), waren sie nicht in der Lage sich dort in gleicher Weise zu etablieren wie die wohlhabenden Emigranten der ersten Stunde.[139] Entsprechend ihrer begrenzten ökonomischen Potenz fallen die Geldsendungen von den wenigen im Exil lebenden Schwarzen deshalb vergleichsweise gering aus. Die Benachteiligung der schwarzen Bevölkerungsgruppe hinsichtlich der *remesas* könnte angesichts der dauerhaft eingeschränkten Konsummöglichkeiten mittelfristig zu wachsender Unzufriedenheit führen, so dass die kubanische Regierung Gefahr läuft, eine traditionell revolutionstreue und loyal eingestellte Klientel zu verlieren.

Schwarze sind nicht die einzigen, die über mangelnde Auslandskontakte und damit kaum über *remesas* verfügen. Nicht wenige Kubaner haben aus politischen Gründen den Kontakt zu ausgewanderten Familienmitgliedern abgebrochen und damit ihre Loyalität gegenüber der Revolution unter Beweis zu stellen versucht. Diesen Schritt vollzogen vor

---

[139] Die erste große Auswanderungswelle schwarzer Kubaner fand im Zuge der Mariel-Krise von 1980 statt. Etwa 40% der 125.000 Personen, die damals das Land verließen, waren Schwarze. Im Gegensatz zur üblichen Praxis wurden die so genannten *marielitos* von der bis dahin fast vollständig weißen Exilgemeinde im Großraum Miami nur wenig integriert und konnten damit auch nicht von den kubanischen Seilschaften profitieren, die viele Mitglieder der ehemaligen kubanischen Oberschicht auch in der neuen Heimat in gehobene Positionen gebracht hatten. Da in den 1990er Jahren die Aufnahme der *balseros* innerhalb der kubanischen Gemeinde Miamis ähnlich distanziert ablief, wie zuvor bei den *marielitos*, verblieben nur wenige Afrokubaner in dieser Region. MESA-LAGO (1996b: 94) gibt an, dass nur drei Prozent der Exilkubaner in Südflorida schwarz sind.

allem hohe Funktionsträger im Staatsapparat, im militärischen Bereich oder in sonstigen sensiblen Sektoren. Zwar konnten sich einige Funktionäre einträgliche Positionen in einem Joint Venture oder in einer der neuen *Sociedades Anónimas* verschaffen und damit ihren Besitzstand sichern oder sogar noch vergrößern, doch hat die Mehrheit das Nachsehen. Die Tatsache, dass staatstragende Funktionsträger im Transformationsprozess benachteiligt sind, birgt eine Menge sozialen Sprengstoff. Als unmittelbare Konsequenz aus dieser Situation versuchen die Betroffenen unter Ausnutzung ihrer Position sich selbst zu helfen, so dass Bestechlichkeit und Veruntreuung auf der Insel zunehmen. Ob durch den "Feldzug gegen die Korruption" (HENKEL 2001b: 20), den die Regierung jüngst eingeleitet hat, die Situation in den Griff zu bekommen ist, bleibt fraglich, da mit dem Symptom nicht die Ursache beseitigt wird.

Die weitaus größte Gruppe der Verlierer im Transformationsprozess bilden diejenigen, die ihre Einkünfte hauptsächlich aus dem Staatssektor beziehen. Dies betrifft keineswegs nur Rentner oder Sozialhilfeempfänger, deren Situation bereits diskutiert worden ist, sondern auch Personen, die noch voll im Arbeitsleben stehen. Die Löhne aus dem Staatssektor, die inklusive Prämienanteil bei durchschnittlich 373 Peso pro Monat liegen (vgl. CASTRO 2001b), reichen kaum für das Nötigste. Beispielsweise kann eine vierköpfige Kleinfamilie mit zwei schulpflichtigen Kindern, in der beide Erwachsene beim Staat beschäftigt sind und einen durchschnittlichen Verdienst haben, monatlich gerade einmal über 187 Peso pro Kopf verfügen. Damit lebt die Familie dicht an der Armutsgrenze von 183 Peso im Monat (vgl. FERRIOL 1998a: 8f).[140]

Vor diesem Hintergrund wundert es kaum, dass die sozialen 'Risikogruppen' in Kuba keine klassischen Randgruppen sind, sondern sich aus einem Personenkreis zusammensetzen, die eigentlich in der Mitte der Gesellschaft zu finden sind. In den meisten anderen Entwicklungsländern setzt sich nach Erhebungen des UNDP die Schicht der Armen zu 70% aus Frauen und zu zwei Dritteln aus Analphabeten zusammen (vgl. PÉREZ I. 1998: 68). In Kuba hingegen sind 49% der unter der Armutsgrenze Lebenden männlich, 41% haben einen höheren Schul- oder einen Hochschulabschluss und 42% gehen einer geregelten Beschäftigung nach.

Die "Verarmung großer Teile der Arbeitskräfte" (TOGORES 2000: 107) einerseits und die Bildung von besonders lukrativen Arbeitssektoren andererseits zieht weitreichende Konsequenzen nach sich, die HABEL (1997: 105f) folgendermaßen beschreibt:

Die (...) sozialen Spannungen sind ohne Zweifel die größte Herausforderung für die Regierung. Beeindruckend ist die Auflösung der sozialen Struktur; die Kubaner bezeichnen sie als 'umgekehrte Pyramide', weil die einst privilegierten Schichten (Ärzte, Lehrer, Ingenieu-

---

[140] Die Armutsgrenze wird in Kuba als 'Risikolinie' (*linea de riesgo*) bezeichnet und setzt für den Erwerb von ausreichend Nahrungsmitteln einen monatlichen Mindestbetrag von 90 Peso, für die Grundbedürfnisbefriedigung im *nonfood*-Bereich 93 Peso an (vgl. FERRIOL 1998a: 8f). Obwohl mittlerweile die Preise auf den nichtstaatlichen *mercados agropecuarios* gesunken sind (vgl. Kap. 4.3.4), erscheinen die Zahlen, für die in der zitierten Quelle keine Berechnungsgrundlage angegeben ist, äußerst niedrig.

re) sich nun auf der untersten Stufe der Leiter wiederfinden. Das Interesse für gesellschaftlich nützliche Arbeit nimmt zugunsten besser bezahlter Tätigkeiten ab. Die Unzufriedenheit ist besonders bei den Ärzten groß (...). Manche wandern aus. Andere wechseln den Beruf (...). Bei den Arbeitern und Technikern sind die Verzerrungen nicht geringer: niemand weiß, wie man der Fluktuation der Arbeitskräfte Herr werden soll.

Die Tatsache, dass ein privatwirtschaftlich oder informell tätiger Taxifahrer an einem Tag mehr verdienen kann als ein Facharbeiter oder ein Betriebsleiter in einem Monat, zeigt die transformationsbedingte Inkonsistenz zwischen (Aus-)bildungsstatus und Einkommensstatus. In der Folge wandern viele Fachkräfte in andere Berufe ab. Dieser "internal brain drain" (BRUNDENIUS 2000: 20) hat inzwischen ein erschreckendes Ausmaß erreicht. FERRIOL (1996: 10) spricht sogar von einem "Exodus" der Arbeitskräfte aus den traditionellen Sektoren, die sich dann vor allem im Dollarsegment der kubanischen Ökonomie anzusiedeln versuchen.

Der Prozess des *internal brain drain* und der Abwanderung ins Ausland hat mittlerweile eine Dynamik entwickelt, die nicht nur individuelle Lebensverläufe verändert, sondern in deren Multiplikation das gesamte wirtschaftliche und gesellschaftliche Gefüge in Schieflage bringt. Es stellt sich die Frage, wie lange diese Entwicklung noch weitergehen kann und wohin sie führen wird.

## 6.3   Wohin steuert Kuba?

Die weitere gesellschaftliche Entwicklung auf der Insel lässt sich nur sehr schwer prognostizieren, da sie in jedem Fall von den zukünftigen wirtschaftlichen und politischen Rahmenbedingungen abhängig ist. Schon vor dem Beginn der *período especial* war der kubanische Entwicklungsweg nicht eben geradlinig gewesen. MATHÉY (1994d: vii) behauptet sogar, er kenne

> (...) kein anderes Land, das binnen weniger Jahre so viele gesellschaftliche und wirtschaftspolitische Wandlungen durchgemacht, und zum Teil auch wieder rückgängig gemacht hat, wie Cuba.

Auch BÄHR & MERTINS (1989: 4) konstatieren:

> Im Gegensatz zur Konstanz der politischen Führung in der Person *Fidel Castros* verlief die Gesellschafts- und Wirtschaftsentwicklung recht unstetig, verbunden mit z.T. abrupten Wechseln der Entwicklungsstrategien (...).

War die Entwicklung Kubas aufgrund verschiedener unerwarteter Kehrtwendungen schon früher wenig voraussagbar gewesen, so sind die Prognosemöglichkeiten im Verlauf des Transformationsprozesses noch weiter eingeschränkt worden. Zudem ist der bisherigen Konstanz in der politischen Führung irgendwann einmal eine biologische Grenze gesetzt. Und obwohl sich der 1926 geborene kubanische Staatspräsident nach wie vor bester Gesundheit erfreut, wird immer häufiger die Frage gestellt: 'Was kommt nach Fidel?'

Auch wenn niemand diese Frage abschließend beantworten kann, gibt es verschiedene Szenarien für die Nach-Castro-Ära. So rechnet BURCHARDT (2002) mit der Etablierung eines liberaldemokratischen Neopopulismus, der auf einem politischen Bündnis zwischen der neuen Elite (bestehend aus den Technokraten im Devisensegment der kubanischen Ökonomie) und der alten Elite (deren Mitglieder dem bürokratischen Apparat angehören) basiert. BURCHARDT folgert, dass es bei einer solchen Konstellation zur Umverteilung aus der Mitte nach oben (aus egoistischen Motiven) und nach unten (aus populistischen Motiven) kommen würde. Auf diese Weise wäre die ökonomische Spaltung zwischen arm und reich zementiert – ein Zustand, den die jetzige politische Führung verhindern möchte.

Es ist jedoch fraglich, ob eine Verfestigung oder gar eine weitere Vertiefung der sozialen Gegensätze in Kuba überhaupt zu verhindern ist. Selbst wenn nach dem Abtritt CASTROS das bisherige politische System erhalten bliebe, wird es wohl kaum ein Zurück zu einer homogenen Sozialstruktur der 1980er Jahre geben.[141] Denn alle bisherigen Bemühungen der kubanischen Führung nach sozialem Ausgleich haben keinen durchgreifenden Erfolg gehabt. Die Hauptursache dafür liegt – wie die vorliegende Arbeit gezeigt hat – in den verzerrten Relationen zwischen Arbeitsleistung und Entlohnung. Um diese Relation wieder gerade zu rücken, müsste vor allem die Kaufkraft des Peso gestärkt und mittelfristig der parallele US-Dollar-Kreislauf abgeschafft werden. Doch angesichts der chronischen Devisenknappheit Kubas scheint dieses Vorhaben mittelfristig wohl nicht umsetzbar zu sein.

---

[141] Die Frage, ob solch ein egalitärer Gesellschaftsaufbau ohne soziale Dynamik und ohne reale Chancen des sozioökonomischen Aufstiegs (vgl. BURCHARDT 1998: 46f) überhaupt erstrebenswert ist, bleibt zumindest diskussionswürdig, soll aber an dieser Stelle nicht vertieft werden.

# 7 Zusammenfassung

Sönke Widderich:
Die sozialen Auswirkungen des kubanischen Transformationsprozesses

Seit Beginn der 1990er Jahre befindet sich Kuba in einem Prozess des Wandels, der durch den politischen Umbruch in den ehemaligen Ostblockländern ausgelöst worden ist. Mit der Auflösung der sozialistischen Wirtschaftsgemeinschaft (COMECON) und der Desintegration der UdSSR brach innerhalb weniger Monate das Fundament weg, auf dem die kubanische Wirtschaft jahrzehntelang ruhte. Das Land stürzte in die schwerste Krise seit dem Sieg der kubanischen Revolution. In dieser Situation sah sich die Regierung gezwungen, einen umfassenden Reformprozess einzuleiten, der in der Transformation der Zentralverwaltungswirtschaft zu einer dualen Ökonomie mündete. Die fundamentale Veränderung der wirtschaftlichen Rahmenbedingungen, die zur Aufspaltung der Wirtschaft in ein Dollar- und ein Pesosegment führte, wirkte sich auch auf die soziale Sphäre aus. Die vorliegende Arbeit untersucht diese sozialen Auswirkungen des Transformationsprozesses anhand der Bereiche 'Arbeit und Einkommen', 'Grundversorgung' und 'Wohnen' und fragt darüber hinaus nach sozialen Folgewirkungen im gesamtgesellschaftlichen Kontext.

Der Arbeitssektor ist nach wie vor staatlich dominiert. Mehr als drei Viertel aller Beschäftigten sind im staatlichen Sektor tätig. Im nichtstaatlichen Bereich sind durch die intensive staatliche Förderung ausländischer Investitionen über 400 Joint Ventures entstanden, die eine neue und attraktive Beschäftigungsmöglichkeit bieten. Aus quantitativer Sicht fällt dieser Bereich jedoch kaum ins Gewicht, da bisher weniger als ein Prozent aller Beschäftigten in einem gemischten Unternehmen arbeitet. Die Neuregelung privatwirtschaftlicher Tätigkeit im Rahmen der *trabajo por cuenta propia* (Arbeit auf eigene Rechnung) führte zunächst zu einem rasanten Anstieg der Zahl der Selbständigen. Nach der radikalen Erhöhung der Steuer- und Abgabenlast mussten allerdings viele *cuentapropistas* wieder aufgeben oder aber die selbständige Tätigkeit informell fortführen. Gegenwärtig liegt der Anteil der registrierten 'Arbeiter auf eigene Rechnung' bei drei bis vier Prozent aller Beschäftigten. Diese vergleichsweise niedrige Zahl ist das Ergebnis einer Regierungspolitik, die darauf abzielt, privatwirtschaftliche Aktivitäten unter Kontrolle zu halten. Doch trotz rigider gesetzlicher Bestimmungen und verschiedener praktischer Probleme können die Selbständigen in einigen Tätigkeitsfeldern extrem hohe Einkünfte erzielen. Aber auch in weniger einträglichen privatwirtschaftlichen Bereichen sind die Verdienstmöglichkeiten zumeist deutlich besser als im staatlichen Sektor.

Das staatliche Lohnniveau ist trotz der Anhebung der Löhne und trotz der Einführung eines Prämiensystems, in das etwa die Hälfte aller Beschäftigten eingebunden ist, in Relation zum Niveau der Preise niedrig. Deshalb ist die Mehrheit der Bevölkerung gezwungen, sich zusätzliche Einkunftsquellen zu suchen. Die Untersuchung der Einkommensverhältnisse auf Haushaltsebene hat ergeben, dass die staatlichen Lohnzahlungen oftmals nur noch einen geringen Teil der Haushaltseinkünfte ausmachen, während der überwiegende Anteil der Einkünfte auf dem Geldtransfer aus dem Ausland (*remesas*), auf privatwirtschaftlichen oder informellen Tätigkeiten basiert. Im Zuge der Diversifizierung der Einkunftsquellen ist es auch zu einer starken Differenzierung der Einkunftshöhe gekommen, so dass sich in der ehemals sehr homogenen kubanischen Gesellschaft starke sozioökonomische Disparitäten herausgebildet haben.

Eng verzahnt mit dem Einkommen ist der Bereich der Grundversorgung. Obwohl die drastischen Versorgungsengpässe der frühen 1990er Jahre mittlerweile der Vergangenheit angehören, stellt die Versorgung mit Artikeln des Grundbedarfs zahlreiche Familien noch immer vor große Probleme. Zwar sind alle Kubaner im Besitz eines Zuteilungsheftes (*libreta*), das zum Kauf von hochsubventionierten Waren berechtigt, doch deckt die *libreta* lediglich die Hälfte der empfohlenen Kalorienmenge ab und hat nur einen geringen Anteil an der Versorgung mit *nonfood*-Produkten. Um die Versorgungslücke zu schließen, muss die Bevölkerung auf andere Angebotsformen zurückgreifen, vor allem auf die neu geschaffenen nichtstaatlichen Agrarmärkte (*mercados agropecuarios*), die quasistaatlichen Dollarshops und den Schwarzmarkt. Aufgrund des Missverhältnisses zwischen dem eingeschränkten Angebot und der hohen Nachfrage sind die Produktpreise sowohl auf den Agrarmärkten als auch auf dem Schwarzmarkt sehr hoch. Auch die in den Dollarshops angebotenen Waren sind extrem teuer, weil der Staat mittels Preisaufschlägen von 130 bis 270 Prozent die in der Bevölkerung zirkulierenden Devisen abzuschöpfen versucht. Das insgesamt hohe Preisniveau außerhalb des *libreta*-Systems führt dazu, dass die einzelnen Haushalte entsprechend ihrer jeweiligen finanziellen Potenz in ganz unterschiedlichem Maße an den verschiedenen Angebots- und Marktformen partizipieren können und damit auch unterschiedliche Versorgungsmöglichkeiten haben. Einkommensarme Personen werden dabei faktisch von bestimmten Märkten oder Marktsegmenten ausgeschlossen.

Im Wohnsektor führten die wirtschaftlichen Probleme des Landes dazu, dass die Bauaktivitäten in der ersten Hälfte der 1990er Jahre stark reduziert und auch die Qualitätsstandards vorübergehend abgesenkt wurden. Das schon zuvor bestehende enorme Wohnungsdefizit erhöhte sich dadurch zusätzlich. Aufgrund des Wohnungsdefizits und aufgrund des Fehlens eines Wohnungsmarktes ist es in Kuba äußerst schwierig, eine Wohnung zu erwerben. Oft ist deshalb der Wohnungstausch die einzige Möglichkeit, die Wohnsituation zu verändern. Dabei werden üblicherweise informelle Kompensationsbeträge gezahlt, um Qualitätsunterschiede auszugleichen. Durch die Zunahme der Einkommensunterschiede wird der Kreis der Tauschinteressenten neuerdings in eine zahlungskräftige und eine weniger zahlungskräftige Gruppe aufgespalten, so dass beim Tausch keine Chancengleichheit mehr besteht. Längerfristig ist deshalb zu befürchten, dass die ungleiche Zahlungsfähigkeit einen sozialräumlichen Segregationsprozess in Gang setzen könnte, der alle staatlichen Bemühungen um eine sozial ausgewogene Verteilung von Wohnraum unterlaufen würde.

Hinsichtlich der sozialen Entwicklung auf der Insel konnte nachgewiesen werden, dass sich nicht nur die Einkommensverhältnisse auseinander entwickelt haben, sondern auch in anderen Bereichen die Ungleichheit zunimmt. In diesem Kontext kommt es trotz der Erhöhung der staatlichen Sozialausgaben zum partiellen Versagen des sozialen Sicherungssystems. Ferner führt die verzerrte Relation zwischen Arbeitsleistung und Entlohnung zur prekären Situation, dass Personen, die als voll Erwerbstätige eigentlich in der Mitte der Gesellschaft stehen, zu verarmen drohen. Selbst die Leistungsträger der Gesellschaft gehören zu den Verlierern im Transformationsprozess, so dass sich die kubanische Sozialpyramide umzukehren beginnt.

# 8   Resumen

Sönke Widderich:
Los Efectos Sociales del Proceso de Transformación en Cuba

A partir de los inicios de la década de 1990, Cuba se enfrentó a un proceso de cambios, desencadenado por las convulsiones políticas que se produjeron en el seno de los países del otrora bloque de paises de Europa Oriental. Con la desintegración del Consejo de Ayuda Mutua Económica (CAME) del campo socialista y el colapso de la URSS, en unos pocos meses, se desmoronó la base fundamental sobre la cual durante décadas se había asentado la economía. El país se vió catapultado a la más grave crisis desde la llegada al poder de la Revolución en 1959. Frente a esta situación, el gobierno se vió forzado a emprender un abarcador proceso de reformas, que condujo a la transformación de una economía centralmente dirigida a una economía dual. El cambio fundamental de estructura, que condujo a una economía dividida en un sector dolar y un sector peso, hizo sentir también sus efectos en la esfera social de la sociedad cubana. Este trabajo indaga en los efectos de dichas repercusiones en los procesos de transformación, tomando en cuenta para ello los capítulos de 'trabajo e ingreso', 'abastecimiento básico', y 'vivienda', e inquiere, además, sobre las consecuencias sociales en el ámbito de la sociedad en su conjunto.

En el nuevo diseño, la fuerza de trabajo se mantiene como antes bajo control estatal. Más de las tres cuartas partes de todos los trabajadores activos se encuentran empleados en el sector estatal. En el sector no estatal, como resultado de una intensa promoción a la inversión privada de capitales foráneos, se han creado más de 400 empresas mixtas, las cuales ofrecen nuevas y atractivas posibilidades de empleo. Considerado desde un punto de vista cuantitativo, este sector, no obstante, tiene escaso peso en el conjunto de la economía, pues hasta ahora menos del uno por ciento de la fuerza laboral empleada, trabaja en una de estas empresas. Las nuevas regulaciones en torno a las actividades económicas privadas, en el marco del trabajo por cuenta propia, condujo inicialmente a un impetuoso crecimiento en el número de trabajadores independientes. Sin embargo, después de una radical elevación de los impuestos y otras cargas impositivas, muchos trabajadores cuentapropistas debieron abandonar las actividades que realizaban o continuarlas de manera informal. El número de trabajadores por cuenta propia registrados representa actualmente sólo entre un tres o cuatro por ciento del total de la fuerza laboral empleada. Este comparativamente escaso número es resultado de una política gubernamental dirigida a mantener bajo control las actividades económicas privadas. No obstante, pese a rígidas limitaciones legales y problemas prácticos de diversa índole, los trabajadores por cuenta propia pueden dentro del campo en que desenvuelven sus actividades obtener ingresos extremadamente altos. Pero, en realidad, aún en esas áreas de la economía privada con menores márgenes de ganancia, las posibilidades de ingresos son marcadamente mejores que en el sector estatal.

Los niveles salariales en el sector estatal, pese a aumentos y la introducción de un sistema de estimulación, que comprende posiblemente hasta la mitad de los trabajadores empleados, son todavía bajos en relación con el nivel de precios prevalecientes. Por consiguiente, la mayoría de la población se ve forzada a buscar fuentes adicionales de ingresos. Una encuesta sobre el nivel de ingresos del núcleo familiar arrojó que los salarios provenientes del sector estatal constituyen a menudo sólo una pequeña parte de los ingresos de la familia, procediendo la mayor parte de éstos de las remesas de familiares en el exterior o de actividades enmarcadas dentro de la llamada economía informal. A la par de este proceso de diversificación de las fuentes de ingreso se produce una acentuación de la disparidad en el nivel de éste, dando lugar a que en la otrora relativamente homogénea sociedad cubana se hayan creado marcadas desigualdades socioeconómicas.

Estrechamente vinculado al renglón del ingreso está el capítulo del abastecimiento básico o canasta familiar. A pesar de que la profunda crisis que golpeó los abastecimientos en los inicios de los años de 1990 ha devenido ya cosa del pasado, la adquisición de los artículos de primera necesidad continúa siendo una gran problemática para numerosas familias. Aunque todos los cubanos poseen una libreta o cartilla de abastecimiento, mediante la cual se tiene acceso a la compra de productos altamente subvencionados, estos cubren realmente la mitad de la cantidad de calorías recomendadas, y oferta sólo una pequeñísima parte de los productos no alimenticios. Para suplir el déficit en el abastecimiento, la población debe entonces acudir a otras fuentes de ofertas, y en primer lugar a los recientemente creados mercados agropecuarios no estatales, las Tiendas Recaudadoras de Divisas (TRD) paraestatales, y el mercado negro. Debido a la falta de correspondencia entre una oferta limitada y la alta demanda existente, los precios de los productos, tanto en los mercados agropecuarios como en el mercado negro, son extremadamente altos. También en las TRD las ofertas de productos resultan en extremo caras, debido a que el estado, mediante incrementos de entre 130 y 270 por ciento de los precios, busca absorber el circulante de divisas en manos de la población. Los altos precios prevalecientes fuera del sistema de la libreta de abastecimiento lleva adicionalmente a que economías familiares individuales, en correspondencia con su nivel de poder adquisitivo, puaden, en una medida bastante diferenciada, participar en las variadas ofertas y mercados. De ese modo logran acceder a diferentes posibilidades de abastecimientos. Mientras por el contrario, las personas de pobres ingresos se verán entonces, en la práctica, marginados de determinados mercados o segmentos de éstos.

En el renglón de la vivienda, los problemas económicos a que se vió enfrentado el país condujo adicionalmente a que las actividades de la construcción en la primera mitad de los años 1990 quedaron fuertemente reducidas, al mismo tiempo que las normas de calidad sufrieron temporalmente una caída. El ya de antaño existente déficit de viviendas se incrementó aún más. Debido al déficit habitacional y a la ausencia de un mercado de inmobiliaria en Cuba, resulta extremadamente difícil la adquisición de una vivienda. A menudo, por consiguiente, la permuta de vivienda, es la exclusiva posibilidad de cambiar de situación habitacional. De ahí que hayan surgido en estas transacciones esquemas compensatorios informales, en efecto o en especie, dirigidos a balancear los diferencias cualitativas. Ahora, como resultado de las diferenciaciones que se dan en los ingresos, el círculo de los interesados en permutar viviendas se ha visto dividido, en epocas recientes, en un grupo de fuerte poder adquisitivo y otro de menor poder adquisitivo, de modo que en la esfera de la permuta de viviendas no existe ya la igualdad de oportunidades. A largo plazo, es de temerse, por tanto, que la desigualdad en la capacidad adquisitiva podría poner en marcha un proceso de segregación social en la esfera de la vivienda y los lugares de residencia, lo que echaría por tierra todos los esfuerzos del estado por promover una distribución equilibrada del espacio habitacional.

En lo relacionado con el desarrollo social en la isla, ha quedado pues probado, que no sólo se ha producido una creciente desigualdad en la cuantía de los ingresos, sino que, además, la desigualdad ha crecido igualmente en otras áreas. Pese a los incrementos en los gastos del estado en esta esfera, en vista de todo lo anterior, la resultante es que los beneficios del sistema de seguridad social imperante en el país se ven parcialmente anulados. Además, la distorsionada relación entre rendimiento laboral y remuneración al trabajo conduce a una precaria situación, en la cual, aquellas personas que dependen por completo de su salario y que realmente constituyen el principal sostén de la sociedad, se ven amenazadas de empobrecerse cada vez más. Los actores principales de la sociedad devienen así perdedores en el proceso de transformación, de tal suerte que la pirámide social cubana comienza a invertirse.

## 9 Summary

Sönke Widderich:
The Social Effects of Cuban Transformation Process

Cuba, since the beginning of the 1990s, has been involved in a process of change, set in motion by the political upheavals that took place in the former Eastern Block countries. With the breakdown of the Socialist Economic Community (COMECON) and the collapse of the USSR, within a few months the basic foundation on which the Cuban economy had rested for many decades caved in. The country tumbled into the deepest crisis it had experienced since the coming to power of the Cuban Revolution. Faced with such a situation the government was forced to initiate a comprehensive reform process, which, in the course of transforming the centrally administered economy, led to a dual economic system. The fundamental changes in conditions within the existing economic framework, which resulted in the splitting of the economy into a dollar segment and a peso segment, also exerted its effects in the social spheres of Cuban society. This paper looks into the social effects of the transformation process, considering for this purpose the areas of 'work and income', 'basic supplies', and 'housing', and, furthermore, surveys the social consequences within the context of the society as a whole.

The labor sector remains as before under state control. More than three quarter of all the active labor force is employed in the state sector. In non state areas, as a result of intensive promotion of foreign investment, over 400 joint venture enterprises have been set up, opening new and attractive employment possibilities. Considered from a merely quantitative perspective, however, this area represents scarcely any weight, as up to the present time less than one percent of the total labor force is employed in joint venture enterprises. The new regulations related to private economic activities within the self employment framework (*trabajo por cuenta propia*) led initially to a marked increase in the number of selfemployed workers. But later, after the radical increase in taxes and other levies, many *cuentapropistas* turned in their licences or continued with the self employment activity in an informal way. Presently the portion of registered self employed workers accounts for from three to four percent of the total active work force. This comparatively low figure is the result of government policy, aimed at keeping private economic activities in check. Nonetheless, despite stringent legal constraints and many day to day problems, self employed workers can obtain in some areas of activities extremely high incomes. But also in less profitable private economic areas income possibilities are in general distinctly better than in the state sector.

The states' salary rate, despite pay increases and the introduction of a bonus system, to which half the workforce is currently linked, is still low relative to prevailing prices. The majority of the population is therefore forced to seek additional income sources. The survey regarding the situation of household income levels, has shown that the salary derived from state employment, oftentimes accounts only for a small part of household revenues, while the overwhelming portion comes from overseas remittances (*remesas*) and private economic or informal economic activities. The diversification in income sources has also led to stark differenciation in income levels, which in turn has determined the development of strong socioeconomic disparities in the once very homogeneous Cuban society.

Closely linked to income levels is the area related to basic supplies. Although the critical scarcity of the early 1990s is now something belonging to the past, supply of basic goods is still for many families a big problem. It's indeed true that every Cuban has a supply distribution card (*libreta*) which entitles the holder to purchase highly state-subsidized goods, but the *libreta* covers only half the recommended caloric intake and includes merely a small share of non foodstuff supplies. In order to close the gap, the population must turn to other supply sources, in particular the newly established non statal agricultural markets (*mercados agropecuarios*), the quasi statal dollar shops, and the black market. As a result of the gap between a shrunken supply offer and heightened demand levels, prices of goods on the agricultural markets, as well as on the black market, are very high. Goods sold in the dollar shops are also extremely expensive, as the state seeks to haul in the foreign currency circulating in the hands of the population by tagging on price hikes of 130 to 270 percent. Moreover, these generally high price levels outside the *libreta* system determine that individual households, in line with their respective financial power, participate in very differenciated ways in the various available supply avenues and market forms and thereby gain differenciated access to supply service possibilities. Low income individuals will, in practice, be shut out from certain markets or market segments.

The country's economic problems impacted on the housing sector to such a degree that construction activities during the first half of the 1990s were severely reduced, while quality standards sank temporarily. The already existing enormous housing deficit, as a result, jumped upwards. As a consequence of this housing deficit and the absence of a housing market, it is especially difficult to acquire a house in Cuba. Because of this, house swapping or exchanging is often the only available possibility to bring about changes in a person's housing situation. Consequently, unofficial compensatory schemes in money or goods are arranged to balance off qualitative differences. As a result of the increase in income differences, the circle of persons interested in house swapping schemes has recently split into a high purchasing power group and a low purchasing power one, and, therefore, chance equality in the exchange process doesn't exist any longer. Consequently it is to be feared that in the long term the inequality in purchasing capacity could eventually set in motion a social dimensioned segregation process, which could in time overturn all state efforts aimed at achieving a socially balanced housing space distribution.

With respect to the social development of the island, it could be demonstrated, that not only income level disparities developed, but also inequalities in other areas are on the rise. In this context, despite the growth of social expenditures by the state, the social security system is coming into a state of partial failure. Furthermore, the distorted relation between work performance and salary disbursement leads to the precarious situation, in which fully employed people, who actually constitute the pillars of society, are at risk of becoming impoverished. Even the outstanding performers become loosers in the transformation process, so that the cuban social pyramid begins to turn over on its head.

# 10 Literatur

**Gedruckte Monographien und Aufsätze**

APOLTE, T. & D. CASSEL (1991): Osteuropa: Probleme und Perspektiven der Transformation sozialistischer Wirtschaftssysteme. In: List Forum für Wirtschafts- und Finanzpolitik 17 (1), S. 22-55.

BÄHR, J. & U. JÜRGENS (Hrsg.)(2000): Transformationsprozesse im südlichen Afrika. Konsequenzen für Gesellschaft und Natur. Symposium in Kiel vom 29.10.-30.10.1999 (=Kieler Geographische Schriften 104). Kiel.

BÄHR, J. & G. MERTINS (1999): Die Auswirkungen von Wirtschaftskrise und Wirtschaftsreformen auf das Wanderungsverhalten in Kuba. In: Erdkunde 53 (1), S. 14-34.

BÄHR, J. & G. MERTINS (1989): Regionalpolitik und -entwicklung in Kuba 1959-89. In: Geographische Rundschau 41 (1), S. 4-13.

BÄHR, J.; MERTINS, G.; NUHN, H. & S. WIDDERICH (1997): Der wirtschaftliche Wandel in Kuba: Reform oder Transformation? In: Geographische Rundschau 49 (11), S. 624-630.

BÄHR, J. & S. WIDDERICH (Hrsg.)(2000): Vom Notstand zum Normalzustand – eine Bilanz des kubanischen Transformationsprozesses. La larga marcha desde el período especial hacia la normalidad – un balance de la transformación cubana (=Kieler Geographische Schriften 103). Kiel.

BARRACLOUGH, S. (2000): Protecting social achievements during economic crisis in Cuba. In: GHAI, D. (Hrsg.): Social development and public policy. A study of some successful experiences. London, 229-276.

BENJAMIN, A.; COLLINS, J. & M. SCOTT (1984): No free lunch. Food & revolution in Cuba today. San Francisco.

BEYME, K. von (1994): Systemwechsel in Osteuropa. Frankfurt a.M.

BfAI (Bundesstelle für Außenhandelsinformation)(1999a): Wirtschaftstrends Kuba zum Jahreswechsel 1998/99. Köln.

BfAI (Bundesstelle für Außenhandelsinformation)(1999b): Wirtschaftstrends Kuba zum Jahreswechsel 1999/2000. Köln.

BLANKENBURG, P. von (1986): Welternährung. Gegenwartsprobleme und Strategien für die Zukunft (=Beck'sche Schwarze Reihe 308). München.

BLUME, H. (1968): Die Westindischen Inseln. Braunschweig.

BOHNET, A. & C. OHLY (1991): Zum gegenwärtigen Stand der Transformationstheorie. Eine Literaturstudie (=Berichte zur Wirtschafts- und Gesellschaftspolitik Chinas 11). Gießen.

BOYLE, P.; HALFACREE, K. & V. ROBINSON (1998): Exploring contemporary migration. Harlow.

BUENO SANCHEZ, E.; MOLINA SOTO, J. & G. VALLE RODRIGUEZ (1998): El trabajo por cuenta propia en Cuba. Con referencia especial a la participación feminina (=unveröffentlichtes Manuskript am CEDEM (Centro de Estudios Demográficos), La Habana).

BURBA, H. (2001): "Remesas" und lokale Entwicklung. Die wachsende Bedeutung der Geldüberweisungen aus den USA am Beispiel Guatemalas. In: ila (=Zeitschrift der Informationsstelle Lateinamerika) Nr. 243 (März), S. 18-19.

BURCHARDT, H. J. (2000a): Die halbierte Transformation: Wirtschaftsreformen in Kuba. In: BÄHR, J. & S. WIDDERICH (Hrsg.): Vom Notstand zum Normalzustand – eine Bilanz des kubanischen Transformationsprozesses. La larga marcha desde el período especial hacia la normalidad – un balance de la transformación cubana (=Kieler Geographische Schriften 103). Kiel, S. 1-24.

BURCHARDT, H. J. (2000b): La "Tercera Reforma Agraria" en Cuba: Base para un desarrollo sostenible. In: BÄHR, J. & S. WIDDERICH (Hrsg.): Vom Notstand zum Normalzustand – eine Bilanz des kubanischen Transformationsprozesses. La larga marcha desde el período especial hacia la normalidad – un balance de la transformación cubana (=Kieler Geographische Schriften 103). Kiel, S. 49-65.

BURCHARDT, H.-J. (1999a): Kuba. Im Herbst des Patriarchen. Stuttgart.

BURCHARDT, H.-J. (1999b): ¿Del fin del siglo a la crisis sin fin? Cuba: El modelo híbrido en la disyuntiva entre capital social y participación o desigualidad y fracaso político. In: Papers 59, S.131-153.

BURCHARDT, H.-J. (1998): Sozialismus, Sozialstruktur, soziales Kapital. Oder – warum Fidel Castro Bourdieu lesen sollte. In: Österreichische Zeitschrift für Soziologie 23 (3), S. 45-65.

BURCHARDT, H.-J. (1996): Kuba. Der lange Abschied von einem Mythos. Stuttgart.

BÜRKNER, H.-J. (2000): Globalisierung, gesellschaftliche Transformation und regionale Entwicklungspfade in Ostmitteleuropa. In: Europa Regional 8 (3/4), S. 28-34.

CARRANZA VALDÉS, J. (1996): Die Krise – eine Bestandsaufnahme. Die Herausforderungen, vor denen die kubanische Wirtschaft steht. In: HOFFMANN, B. (Hrsg.): Wirtschaftsreformen in Kuba. Konturen einer Debatte (=Schriftenreihe des Instituts für Iberoamerika-Kunde Hamburg 38). 2. aktual. Aufl., Frankfurt a. M., S. 16-41.

CASTRO RUZ, F. (1996): "Einige dieser Maßnahmen sind uns zuwider". Dokumentation der Rede zur Legalisierung des US-Dollars. In: HOFFMANN, B. (Hrsg.): Wirtschaftsreformen in Kuba. Konturen einer Debatte (=Schriftenreihe des Instituts für Iberoamerika-Kunde Hamburg 38). 2. aktual. Aufl., Frankfurt a. M., S. 44-60.

CASTRO RUZ, R. (1997): Informe del Buró Político. In: DIRMOSER, D. & J. ESTAY (Hrsg.): Economía y reforma económica en Cuba. Caracas, S. 522-538.

CEE (Comité estatal de Estadísticas)(1991): Anuario estadístico de Cuba 1989. La Habana.

CEE (Comité estatal de Estadísticas)(o. J.): Anuario estadístico de Cuba 1988. (o. Ort).

CEEC (Centro de Estudios de la Economía Cubana)(Hrsg.)(1999): Balance de la economía cubana a finales de los 90's. La Habana.

CEPAL (Comisión Económica para America Latina y el Caribe)(1997): La economía cubana. Reformas estructurales y desempeño en los noventa (unveröffentlichtes Manuskript 'LC/MEX/R.621').

CEPED & ONE (Centro de Estadísticas de Población y Desarrollo & Oficina Nacional de Estadísticas)(1998): Anuario Demográfico de Cuba 1997. (o.Ort).

CHARADÁN LÓPEZ, F. (1997): Mercado agropecuario: resultados fundamentales. In: PÉREZ ROJAS, N.; GONZÁLEZ MASTRAPA, E. & M. GARCÍA AGUIAR (Hrsg.): Cooperativismo rural y participación social. La Habana, S. 181-193.

CIEM & PNUD (Centro de Investigaciones de la Economía Mundial & Programa de las Naciones Unidas para el Desarrollo)(1997): Investigación sobre el desarrollo humano en Cuba 1996. La Habana.

COMPÉS, R. (1997): Crisis de los alimentos y reformas en la agricultura cubana. In: Agricultura y Sociedad No. 82 (enero-abril), S. 183-218.

COYULA, M. (1994): Über die Kunst, verlorengegangene Stadtqualitäten wiederzufinden. In: MATHÉY, K. (Hrsg.): Phänomen Cuba. Alternative Wege in Architektur, Stadtentwicklung und Ökologie (=Karlsruher Städtebauliche Schriften 2). Karlsruhe, S. 49-54.

DEL ROSARIO HERNÁNDEZ, V. (1997): La transformación de la economía cubana. Una opinión. In: DIRMOSER, D. & J. ESTAY (Hrsg.): Economía y reforma económica en Cuba. Caracas, S. 127-130.

DÍAZ VÁZQUEZ, J. (2000a): Apertura económica e inversiones extranjeras en Cuba. In: BÄHR, J. & S. WIDDERICH (Hrsg.): Vom Notstand zum Normalzustand – eine Bilanz des kubanischen Transformationsprozesses. La larga marcha desde el período especial hacia la normalidad – un balance de la transformación cubana (=Kieler Geographische Schriften 103). Kiel, S. 139-172.

DÍAZ VÁZQUEZ, J. (2000b): Consumo y distribución normada de alimentos y otros bienes en Cuba. In: BURCHARDT, H.-J. (Hrsg.): La última reforma agraria del siglo. La agricultura cubana entre el cambio y el estancamiento. Caracas, S. 33-56.

DÍAZ VÁZQUEZ, J. (2000c): Los mercados agropecuarios en Cuba. In: BÄHR, J. & S. WIDDERICH (Hrsg.): Vom Notstand zum Normalzustand – eine Bilanz des kubanischen Transformationsprozesses. La larga marcha desde el período especial hacia la normalidad – un balance de la transformación cubana (=Kieler Geographische Schriften 103). Kiel, S. 67-85.

DÍAZ VÁZQUEZ, J. (1999): Cuba: Características del trabajo por cuenta propia (=unveröffentlichtes Manuskript am CIEI (Centro de Investigaciones de la Economía Internacional), La Habana).

DÍAZ VÁZQUEZ, J. (1998): Cuba: Consumo y distribución de alimentos (=unveröffentlichtes Manuskript am CIEI (Centro de Investigaciones de la Economía Internacional), La Habana).

DÍAZ VÁZQUEZ, J. (1997): Cuba: Reforma económica dentro del socialismo (=unveröffentlichtes Manuskript am CIEI (Centro de Investigaciones de la Economía Internacional), La Habana).

DILLA ALFONSO, H. (1999): Genossen und Investoren. Der ungewisse Übergang Kubas. In: PROKLA 29 (117), S. 627-646.

DURÁN CÁRDENAS, A. (2000): Turismo y economía cubana. Un análisis al final del milenio. In: Economía y Desarrollo 127 (2), S. 30-57.

DURNBECK, T. (1996): Sistemas de seguridad social en América Latina: Síntesis de estudios nacionales. In: CIEDLA (Centro Interdisciplinario de Estudios sobre el Desarrollo Latinoamericano)(Hrsg.): La seguridad social en América Latina: Seis experiencias diferentes. Buenos Aires, S. 9-49.

ECHTINGER, H. (2000): Der Tourismus in Kuba: Entwicklung seit 1989 und aktuelle Bestandsaufnahme. In: Institut für Iberoamerika-Kunde Hamburg (Hrsg.): Brennpunkt Lateinamerika. Nr. 9, S. 245-248.

EPPLER, E. (2000): Was tun wir für unsere Grundbedürfnisse? In: EPPLER, E. (Hrsg.): Was braucht der Mensch? Vision: Politik im Dienst der Grundbedürfnisse (=Visionen für das 21. Jahrhundert. Die Buchreihe zu den Themen der EXPO 2000 Bd. 11). Frankfurt a.M./New York, S. 7-117.

Equipo de Investigadores del Departamento de Países Subdesarrolladas del CIEM (Centro de Investigaciones de la Economía Mundial)(1998): Salud y atención a la infancia en Cuba. In: Economía Cubana 34 (abril-junio), S. 13-19.

FAO (Food and Agriculture Organisation of the United Nations)(1996): The sixth world food survey. Rome.

FASSMANN, H. (2000): Zum Stand der Transformationsforschung in der Geographie. In: Europa Regional 8 (3/4), S.13-19.

FERRÁN OLIVA, J. (2000): La extinción del período especial en Cuba. In: BÄHR, J. & S. WIDDERICH (Hrsg.): Vom Notstand zum Normalzustand – eine Bilanz des kubanischen Transformationsprozesses. La larga marcha desde el período especial hacia la normalidad – un balance de la transformación cubana (=Kieler Geographische Schriften 103). Kiel, S. 173-215.

FERRIOL MURUAGA, A. (2000): Apertura externa, mercado laboral y política social. In: Cuba: Investigación Económica 6 (1), S. 23-54.

FERRIOL MURUAGA, A. (1998a): Pobreza en condiciones de reforma económica: El reto a la equidad en Cuba. In: Cuba: Investigación Económica 4 (1), S. 1-38.

FERRIOL MURUAGA, A. (1998b): La seguridad alimentaria en Cuba. In: FERRIOL MURUAGA, A.; GONZÁLEZ GUTIÉRREZ, A.; QUINTANA MENDOZA, D. & V. PÉREZ IZQUIERDO (Hrsg.): Cuba: Crisis, ajuste y situación social. La Habana, S. 76-114.

FERRIOL MURUAGA, A. (1997): El empleo. Próximo desafío. In: DIRMOSER, D. & J. ESTAY (Hrsg.): Economía y reforma económica en Cuba. Caracas, S. 361-365.

FERRIOL MURUAGA, A. (1996): El empleo en Cuba 1980-1995. In: Cuba: Investigación Económica 2 (1), S. 1-23.

FERRIOL MURUAGA, A.; QUINTANA MENDOZA, D. & V. PÉREZ IZQUIERDO (1999): Política social en el ajuste y su adecaución a las nuevas condiciones. In: Cuba: Investigación Económica 5 (1), S. 61-168.

FLORIAN, U. & F. MARTÍNEZ (Hrsg.)(1989): Wörterbuch Kubaspanisch – Deutsch. 1. Aufl., Leipzig.

FÖRSTER, H. (2000): Transformationsforschung: Stand und Perspektiven. In: Europa Regional 8 (3/4), S. 54-59.

GARCÍA ÁLVAREZ, A. (1997): Mercado agropecuario: evolución actual y perspectivas. In: Cuba: Investigación Económica 3 (3-4), S. 111-166.

GARCÍA ÁLVAREZ, A.; MAÑALICH GÁLVEZ, I.; PICO GARCÍA, N. & N. QUIÑONES CHANG (1997): La situación de importaciones de alimentos : Una necesidad impostergable. Segunda parte. In: Cuba: Investigación Económica 3 (1), S. 1-49.

GARCÍA ÁLVAREZ, A.; MAÑALICH GÁLVEZ, I.; PICO GARCÍA, N. & N. QUIÑONES CHANG (1996): La situación de importaciones de alimentos : Una necesidad impostergable. Primera parte. In: Cuba: Investigación Económica 2 (4), S. 1-36.

GLAZER, H. (1992): Housing in Cuba. In: CHAFFEE, W. & G. PREVOST (Hrsg.): Cuba. A different America. Revised edition, Lanham, S. 76-101.

GLAZER, W. (1996): Einführung in die Thematik. In: GLAZER, W. (Hrsg.): Lebensverhältnisse in Osteuropa. Prekäre Entwicklungen und neue Konturen. Frankfurt a.M./New York, S. 1-8.

GLAZER, W. (1989): Sozialstruktur. In: ENDRUWEIT, G. & G. TROMMSDORF (Hrsg.): Wörterbuch der Soziologie. Bd. 3, Stuttgart, S. 647-653.

GOBRECHT, H. (1995): Wirtschaftsreformen in Kuba: Einführung eines modernen Steuersystems und Aufbau einer Steuerverwaltung. In: Lateinamerika. Analysen, Daten, Dokumentation. Nr. 30, S. S. 43-50.

GONZÁLEZ GUTIERREZ, A. (1997): La economía sumergida en Cuba. In: DIRMOSER, D. & J. ESTAY (Hrsg.): Economía y reforma económica en Cuba. Caracas, S. 239-256.

GONZÁLEZ MAICAS, Z. (1999): Apertura y reforma económica en Cuba: Desequilibrio financiero y ajustes en la política de salarios y precios (=unveröffentlichtes Manuskript).

GONZÁLEZ VÁZQUEZ, A. (2000): La nueva experiencia del mercado agropecuario en Cuba. In: BURCHARDT, H.-J. (Hrsg.): La última reforma agraria del siglo. La agricultura cubana entre el cambio y el estancamiento. Caracas, S. 135-141.

GONZÁLEZ VÁZQUEZ, A. (1997): Relaciones socioeconómicas en agromercados de Ciudad de La Habana (=unveröffentlichtes Manuskript am Departamento de Sociología der Universität Havanna).

GRATIUS, S. (2001): Wiederaufnahme des politischen Dialogs zwischen Europa und Kuba: Neuanfang oder Fortsetzung der *Stop-and-Go*-Politik? In: Institut für Iberoamerika-Kunde Hamburg (Hrsg.): Brennpunkt Lateinamerika. Kurzinfo Nr. X, S. 245-248.

HABEL, J. (1997): Kuba. Gesellschaft im Übergang. Köln.

HAMBERG, J. (1994): The dynamics of cuban housing policy (=Doktorarbeit an der Columbia University New York, unveröffentlichte Version).

HARMS, H. (2001): Probleme der Stadterneuerung in Kuba. In: ETTE, O. & M. FRANZBACH (Hrsg.): Kuba heute. Politik, Wirtschaft, Kultur. Frankfurt a. M., S. 101-150.

HENKEL. K. (2001a): Leitwährung Dollar. In Cuba läuft ohne die grünen Scheine kaum etwas. In: ila (=Zeitschrift der Informationsstelle Lateinamerika) Nr. 243 (März), S. 23-24.

HENKEL, K. (2001b): Feldzug gegen Korruption. Veruntreuung ist das häufigste Delikt in den Betrieben. In: Lateinamerika Nachrichten Nr. 329 (Nov.), S. 20-21.

HENKEL, K. (2001c): Hightech made in Kuba – ein Hoffnungsschimmer für die krisengeplagte Wirtschaft. In: ETTE, O. & M. FRANZBACH (Hrsg.): Kuba heute. Politik, Wirtschaft, Kultur. Frankfurt a. M., S. 349-370.

HENKEL, K. (1996): Kuba zwischen Plan und Markt. Die Transformation zur "dualen Wirtschaft" seit 1985 (=Demokratie und Entwicklung 21). Hamburg.

HENNING, D. (2001): Kuba in Miami: Migration und ethnische Identität. In: ETTE, O. & M. FRANZBACH (Hrsg.): Kuba heute. Politik, Wirtschaft, Kultur. Frankfurt a. M., S. 617-652.

HERRERA, A. (2001): El desarrollo de las cooperativas agrícolas del sector privado en Cuba. Problemas y perspectivas. In: MERTINS, G. & H. NUHN (Hrsg.): Kubas Weg aus der Krise. Neuorganisation der Produktion von Gütern und Dienstleistungen für den Export (=Marburger Geographische Schriften 138), Marburg, S.223-239.

HERRMANN-PILLATH, C. (1995): Marktwirtschaft in China: Geschichte – Strukturen – Transformation. Opladen.

HOFFMANN, B. (2000): Kuba (= Beck'sche Reihe 887: Länder). München.

HOFFMANN, B. (1996a): Die Rückkehr der Ungleichheit. Kubas Sozialismus im Schatten der Dollarisierung. In: HOFFMANN, B. (Hrsg.): Wirtschaftsreformen in Kuba. Konturen einer Debatte (=Schriftenreihe des Instituts für Iberoamerika-Kunde Hamburg 38). 2. aktual. Aufl., Frankfurt a. M., S. 101-151.

HOFFMANN, B. (1996b): Wirtschaftsreformen in Kuba. Konturen einer Debatte, Vorwort zur 2. Auflage. In: HOFFMANN, B. (Hrsg.): Wirtschaftsreformen in Kuba. Konturen einer Debatte (=Schriftenreihe des Instituts für Iberoamerika-Kunde Hamburg 38). 2. aktual. Aufl., Frankfurt a. M., S. 7-15.

HOFFMANN, B. (1995): Transición y transformación – Cuba en el contexto latinoamericano. In: KOHUT, K. & G. MERTINS (Hrsg.): Cuba en 1995. Un diálogo entre investigadores alemanes y cubanos. Mesa Redonda neue Folge 3, Eichstätt, S. 20-26.

INE (Instituto Nacional de Estadísticas)(1995): Compendido Estadístico 1995. Santiago de Chile.

INE (Instituto Nacional de Estadísticas)(o.J.): Censo de población y vivienda. Chile 1992. Resultados Generales. (o. Ort).

INIE & CIEM (Instituto Nacional de Investigaciones Económicas & Centro de Investigaciones de la Economía Mundial)(1997): Efecto de políticas macroeconómicas y sociales sobre los niveles de pobreza. El caso de Cuba en los noventa (=unveröffentlichter Projektbericht).

IZQUIERDO PEDROSO, L. (2001): Viva Cuba! Ein literarisch-kulinarischer Streifzug. München.

KALTHOFF, H. & E. ROSENBAUM (2000): Wirtschaftswissenschaftliche Transformationsforschung: Stand, Probleme und Perspektiven. In: Europa Regional 8 (3/4), S. 6-12.

KÁNEPA GONZÁLEZ, C. (1997): El sector informal en Cuba: Una reflexión sociológica (=unveröffentlichte Diplomarbeit an der Facultad de Filosofia e Historia, Universidad de La Habana).

KAYSER, A. (2001): Beziehungspflege als Überlebensstrategie. Wertewandel in Kubas Schwarzmarkt-Sozialismus. In: NZZ (Neue Züricher Zeitung), 4.8.2001.

KITTNER, D. (1993): Briefwechsel mit dem Büro WEIZSÄCKER. In: Netzwerk Cuba e.V. (Hrsg.): Cuba (= BRD + Dritte Welt Nr. 33), Kiel.

KLINKE, T. (2001): Die Faszination der Konsumgesellschaft. Vom Wertewandel der kubanischen Jugend. In: Lateinamerika Nachrichten Nr. 329 (Nov.), S. 38-40.

KRECKEL, R. (1997): Politische Soziologie der sozialen Ungleichheit (=Theorie und Gesellschaft 25). Frankfurt/New York.

KRECKEL, R. & D. POLLACK (1996): Einleitung zum Plenum II. Theorien der Transformation. In: CLAUSEN, L. (Hrsg.): Gesellschaften im Umbruch. Verhandlungen des 27. Kongresses der Deutschen Gesellschaft für Soziologie in Halle an der Saale 1995. Frankfurt/New York, S. 211-213.

KÜPPERS, G. (2001): Dollars im Laborversuch. Das Experiment El Salvador soll auch die Durchsetzungsfähigkeit der US-Währung testen. In: ila (=Zeitschrift der Informationsstelle Lateinamerika) Nr. 243 (März), S. 10-12.

MARCH-POQUET, J. (2000): What type of transition is Cuba undergoing? In: Post-Communist Economies 12 (1), S. 91-117.

MARQUETTI NODARSE, H. (2000a): El sector externo de la economía Cubana. Una evaluación actual (=unveröffentlichtes Manuskript für einen Vortrag am Geographischen Institut der Universität Kiel).

MARQUETTI NODARSE, H. (2000b): Dolarización de la economía cubana: Impacto y perspectivas. In: BÄHR, J. & S. WIDDERICH (Hrsg.): Vom Notstand zum Normalzustand – eine Bilanz des kubanischen Transformationsprozesses. La larga marcha desde el período especial hacia la normalidad – un balance de la transformación cubana (=Kieler Geographische Schriften 103). Kiel, S. 87-111.

MARQUETTI NODARSE, H. (1994): La despenalización de la tenencia de divisas en Cuba: Resultados de su aplicación (=unveröffentlichtes Manuskript am CEEC (Centro de Estudios de la Economía Cubana), La Habana).

MARQUETTI NODARSE, H. & A. GARCÍA ÁLVAREZ(1999): Proceso de reanimación del sector industrial. Principales resultados y problemas. In: CEEC (Centro de Estudios de la Economía Cubana) (Hrsg.): Balance de la economía cubana a finales de los 90's. La Habana, S. 19-60.

MARSHALL, G. (1998): The political viability of free market experimentation in Cuba: Evidence from *los mercados agropecuarios*. In: World Development 26 (2), S. 277-288.

MATHÉY, K. (2001a): Wandel in der Wohnungspolitik Kubas. In: ETTE, O. & M. FRANZBACH (Hrsg.): Kuba heute. Politik, Wirtschaft, Kultur. Frankfurt a. M., S. 83-100.

MATHÉY, K. (2001b): Die Dezentralisierung des Mangels. Wohnungsbau und Stadtentwicklung in Kuba. In: Lateinamerika Nachrichten Nr. 329 (Nov.), S. 28-31.

MATHÉY, K. (1994a): Informal and substandard neighbourhoods in revolutionary Cuba. In: MATHÉY, K. (Hrsg.): Phänomen Cuba. Alternative Wege in Architektur, Stadtentwicklung und Ökologie (=Karlsruher Städtebauliche Schriften 2). Karlsruhe, S. 123-131.

MATHÉY, K. (1994b): Kommodifizierung, soziale Integration und Wohnqualität. Fragen zum Selbsthilfe-Wohnungsbau in Cuba und Ergebnisse aus einem Forschungsprojekt. In: MATHÉY, K. (Hrsg.): Phänomen Cuba. Alternative Wege in Architektur, Stadtentwicklung und Ökologie (=Karlsruher Städtebauliche Schriften 2). Karlsruhe, S. 175-188.

MATHÉY, K. (1994c): Microbrigaden – Die Lösung der Wohnungsnot oder ein Beschäftigungsprogramm? In: MATHÉY, K. (Hrsg.): Phänomen Cuba. Alternative Wege in Architektur, Stadtentwicklung und Ökologie (=Karlsruher Städtebauliche Schriften 2). Karlsruhe, S. 133-147.

MATHÉY, K. (1994d): Einleitung. In: MATHÉY, K. (Hrsg.): Phänomen Cuba. Alternative Wege in Architektur, Stadtentwicklung und Ökologie (=Karlsruher Städtebauliche Schriften 2). Karlsruhe, S. vii-xvii.

MATHÉY, K. (1993): Kann Selbsthilfe-Wohnungsbau sozial sein? Erfahrungen aus Cuba und anderen Ländern Lateinamerikas (=Kontroversen 5). Hamburg/Münster.

MERKLE, C. (2000): Die Bedeutung der Güterrationierung mittels libreta für die Grundversorgung der kubanischen Bevölkerung. In: BÄHR, J. & S. WIDDERICH (Hrsg.): Vom Notstand zum Normalzustand – eine Bilanz des kubanischen Transformationsprozesses. La larga marcha desde el período especial hacia la normalidad – un balance de la transformación cubana (=Kieler Geographische Schriften 103). Kiel, S. 25-48.

MESA-LAGO, C. (1996a): Ist Kuba auf dem Weg zur Marktwirtschaft? Probleme und Perspektiven der kubanischen Wirtschaftsreform. In: HOFFMANN, B. (Hrsg.): Wirtschaftsreformen in Kuba. Konturen einer Debatte (=Schriftenreihe des Instituts für Iberoamerika-Kunde Hamburg 38). 2. aktual. Aufl., Frankfurt a. M., S. 67-96.

MESA-LAGO, C. (1996b): La seguridad social y la pobresa en Cuba. In: CIEDLA (Centro Interdisciplinario de Estudios sobre el Desarrollo Latinoamericano)(Hrsg.): La seguridad social en América Latina: Seis experiencias diferentes. Buenos Aires, S. 51-110.

MOSKOW, A. (1999): Havana's self-provision gardens. In: Environment & Urbanization 11 (2), S. 127-133.

NOLL, H.-H. (1996): Ungleichheit der Lebenslagen und ihre Legitimation im Transformationsprozeß: Fakten, Perzeptionen und Bewertungen. In: CLAUSEN, L. (Hrsg.): Gesellschaften im Umbruch. Verhandlungen des 27. Kongresses der Deutschen Gesellschaft für Soziologie in Halle an der Saale 1995. Frankfurt/New York, S. 488-504.

NOVA GONZÁLEZ, A. (2000): El mercado agropecuario. In: BURCHARDT, H.-J. (Hrsg.): La última reforma agraria del siglo. La agricultura cubana entre el cambio y el estancamiento. Caracas, S. 143-150.

NOVA GONZÁLEZ, A. (1998): Las nuevas relaciones de producción en la agricultura. In: Cuba: Investigación Económica 4 (1), S. 39-56.

NUHN, H. (2001): Biotechnologie als Entwicklungsstrategie in Kuba – der Aufbau eines medizinisch-pharmazeutischen Produktionskomplexes und seine außenwirtschaftliche Bedeutung. In: MERTINS, G. & H. NUHN (Hrsg.): Kubas Weg aus der Krise. Neuorganisation der Produktion von Gütern und Dienstleistungen für den Export (=Marburger Geographische Schriften 138), Marburg, S. 145-169.

NUHN, H. & C. NEIBERGER (2000): Traditionelle Industriecluster Ostdeutschlands im Transformationsprozess – Brüche und Entwicklungsperspektiven. In: Petermanns Geographische Mitteilungen 144 (5), S. 42-54.

NÚÑEZ MORENO, L. (1998): Más allá del cuentapropismo. In: Temas No. 11 (julio-septiembre), S.41-50.

NUSCHELER, F. (1982): "Befriedigung der Grundbedürfnisse" als neue entwicklungspolitische Lösungsformel. In: NOHLEN, D. & F. NUSCHELER (Hrsg.): Handbuch der Dritten Welt. Bd. 1. Unterentwicklung und Entwicklung: Theorien – Strategien – Indikatoren. Völlig überarb. u. erw. Neuaufl., S. 332-358.

ONE (Oficina Nacional de Estadísticas)(2001): Anuario estadístico de Cuba 2000. Edición en disco compacto. La Habana.

ONE (Oficina Nacional de Estadísticas)(2000): Anuario estadístico de Cuba 1999. La Habana.

ONE (Oficina Nacional de Estadísticas)(1999): Anuario estadístico de Cuba 1998. La Habana.

ONE (Oficina Nacional de Estadísticas)(1998): Anuario estadístico de Cuba 1996. La Habana.

ONE (Oficina Nacional de Estadísticas)(1997): Cuba en cifras 1990-1996. La Habana.

OROZCO, M. (2001): Der kleinen Leute Groschen. Geschäfte mit den Überweisungen lateinamerikanischer MigrantInnen aus den USA. In: ila (=Zeitschrift der Informationsstelle Lateinamerika) Nr. 243 (März), S. 13-15.

OSMANOVIC, A. (1999): Die Transformation in Südafrika und die räumlichen Lebenschancen am Beispiel der Provinz Western Cape. In: Die Erde 130 (3-4), S. 225-240.

PÉREZ IZQUIERDO, V. (2000): Ajuste económico e impactos sociales. Los retos de la educación y la salud pública en Cuba. In: Cuba: Investigación Económica 6 (1), S. 81-124.

PÉREZ IZQUIERDO, V. (1998): La población en riesgo en Cuba desde una perspectiva de género. In: Cuba: Investigación Económica 4 (3), S. 65-98.

PÉREZ-LÓPEZ, J. (1997): Cuba's second economy and the market transition. In: CENTENO, M. & M. FONT (Hrsg.): Towards a new Cuba? Legacies of a revolution. London, S. 171-186.

PÉREZ VILLANUEVA, O. (2001): Ciudad de La Habana, desempeño económico y situación social. In: CEEC (Centro de Estudios de la Economía Cubana)(Hrsg.): La economía cubana en el 2000. Desempeño macroeconómico y transformación empresarial. La Habana, S. 35-58

PÉREZ VILLANUEVA, O. (2000a): Estabilidad macroeconómica y financiamiento externo: La inversión extranjera en Cuba. In: CEEC (Centro de Estudios de la Economía Cubana)(Hrsg.): La economía cubana. Coyuntura, reflexiones y oportunidades. La Habana, S. 17-41.

PÉREZ VILLANUEVA, O. (2000b): La reestructuración de la economía cubana. El proceso en la agricultura. In: BURCHARDT, H.-J. (Hrsg.): La última reforma agraria del siglo. La agricultura cubana entre el cambio y el estancamiento. Caracas, S. 71-105.

PÉREZ VILLANUEVA, O. (1999): La inversión extranjera directa en Cuba: Peculiaridades. In: CEEC (Centro de Estudios de la Economía Cubana )(Hrsg.): Balance de la economía cubana a finales de los 90's. La Habana, S. 113-140.

PETERS, P. & J. SCARPACI (1998): Cuba's new enterpreneurs: Five years of small-scale capitalism (=unveröffentlichtes Manuskript an der Alexis de Tocqueville Institution, Arlington).

PROPP, P. (1964): Zur Transformation einer Zentralverwaltungswirtschaft sowjetischen Typs in eine Marktwirtschaft (=Wirtschaftswissenschaftliche Veröffentlichungen; Osteuropainstitut der FU Berlin 20). Berlin.

QUINTANA MENDOZA, D. (1997): El sector informal urbano en Cuba: Algunos elementos para su caracterización. In: Cuba: Investigación Económica 3 (2), S. 101-120.

REVILLA DIEZ, J. (1995): Systemtransformation in Vietnam: Industrieller Strukturwandel und regionalwissenschaftliche Auswirkungen (=Hannoversche Geographische Arbeiten 51). Münster/Hamburg 1995.

Rich Kaplowitz, D. (1995): The cuban market. Opportunities and barriers. In: Columbia Journal of World Business 30 (1), S. 6-14.

Ritter, A. (1998): Enterpreneurship, microenterprise, and public policy in Cuba: Promotion, containment, or asphyxiation? In: Journal of Interamerican Studies and World Affairs 40 (2), S. 63-94.

Rodriíguez, E. (1994): Die 'junge cubanische Architektur'. Eine Initiative stellt sich vor. In: Mathéy, K. (Hrsg.): Phänomen Cuba. Alternative Wege in Architektur, Stadtentwicklung und Ökologie (=Karlsruher Städtebauliche Schriften 2). Karlsruhe, S. 35-38.

Rodríguez Castellón, S. (1999): La evolución y transformación del sector agropecuario en los noventa. In: CEEC (Centro de Estudios de la Economía Cubana)(Hrsg.): Balance de la economía cubana a finales de los 90's. La Habana, S. 61-81.

Rosenberg, J. (1992): Cuba's free-market experiment: Los mercados libres campesinos, 1980-1986. In: Latin American Research Review 27 (3), S. 51-89.

Sachs, J. (1990): Eastern Europe's economies: What is to be done? In: The Economist, 13.1.90, S. 19-24.

Sack, K. (1998): Cuba: die Rückkehr des Bodenmarktes. In : ila (=Zeitschrift der Informationsstelle Lateinamerika) Nr. 216 (Juni), S. 40-41.

Schüller, A. (1991): Ansätze einer Theorie der Transformation. In: Ordo 43, S. 35-63.

Schultz, R. (2001): Mit Martí und Fidel. Zur aktuellen Entwicklung der Bildung in Kuba. In: Lateinamerika Nachrichten Nr. 329 (Nov.), S. 22-24.

Schwefel, D. (1997): Grundbedürfnisbefriedigung durch Entwicklungspolitik? Sisyphos und der Großinquisitor als entwicklungspolitische Leitbilder. In: Schulz, M. (Hrsg.): Entwicklung. Die Perspektive der Entwicklungssoziologie. Opladen, S. 331-355.

Spéder, Z.; Schultz, A. & R. Habich (1997): Soziale Ungleichheit in der ostmitteleuropäischen Transformation. In: Glatzer, W. & G. Kleinhenz (Hrsg.): Wohlstand für alle? Opladen, 335-408.

Stadelbauer, J. (2000): Räumliche Transformationsprozesse und Aufgaben geographischer Transformationsforschung. In: Europa Regional 8 (3/4), S. 60-71.

Statistisches Bundesamt (Hrsg.)(1999): Statistisches Jahrbuch für die Bundesrepublik Deutschland. Wiesbaden.

Thiery, P. (2000): Transformation in Chile. Institutioneller Wandel, Entwicklung und Demokratie 1973-1996 (=Schriften des Instituts für Iberoamerika-Kunde Hamburg 52). Frankfurt a.M.

TOGORES GONZÁLEZ, V. (2000): Cuba: Los efectos sociales de la crisis y el ajuste económico de los años noventa. In: Revista de Ciencias Sociales, nueva época No. 8 (enero), S. 106-142.

TOGORES GONZÁLEZ, V. (1996a): Problemas del empleo en Cuba en los 90. Alternativas de Solución. In: CARAMÉS VIÉITES, L. (Hrsg.): I foro de economía: Galicia – America Latina. Santiago de Compostela, S. 229-243.

TOGORES GONZÁLEZ, V. (1996b): El trabajo por cuenta propia. Desarrollo y peculiaridades en la economía cubana (=unveröffentlichtes Manuskript am Centro de Estudios de la Economía Cubana (CEEC), La Habana).

TÖPPER, B. & MÜLLER-PLANTENBERG, U. (Hrsg.)(1994): Transformation im südlichen Lateinamerika. Chancen und Risiken einer aktiven Weltmarktintegration in Argentinien, Chile und Uruguay (=Schriften des Instituts für Iberoamerika-Kunde Hamburg 39). Frankfurt a.M.

TORRES, C. & PÉREZ, N. (1997): Mercado agropecuario cubano: Proceso de constitución. In: DIRMOSER, D. & J. ESTAY (Hrsg.): Economía y reforma económica en Cuba. Caracas, S. 215-226.

TORRES VILA, C.; PÉREZ ROJAS, N. & M. GARCÍA AGUIAR (1997): Mercado agropecuario en localidades cubanas. In: PÉREZ ROJAS, N.; GONZÁLEZ MASTRAPA, E. & M. GARCÍA AGUIAR (Hrsg.): Cooperativismo rural y participación social. La Habana, S. 194-207.

TRIANA CORDOVÍ, J. (2001): La economía cubana en el año 2000. In: CEEC (Centro de Estudios de la Economía Cubana)(Hrsg.): La economía cubana en el 2000. Desempeño macroeconómico y transformación empresarial. La Habana, S. 2-17.

TRIANA CORDOVÍ, J. (1999): Cuba 1998. La reanimación económica y las restricciones del crecimiento. In: CEEC (Centro de Estudios de la Economía Cubana)(Hrsg.): Balance de la economía cubana a finales de los 90's. La Habana, S. 2-18.

U-ECHEVARRÍA VALLEJO, O. (1997): El modelo de ajuste macroeconómico: El caso de Cuba. In: Cuba: Investigación Económica 3 (3-4), S. 57-109.

VALDÉS PAZ, J. (2000): Notas sobre el modelo agrario cubano en los años 90. In: BURCHARDT, H.-J. (Hrsg.): La última reforma agraria del siglo. La agricultura cubana entre el cambio y el estancamiento. Caracas, S.107-134.

VOLLMANN & ZAHN (1996): Kuba. Vom "Modell" zurück zum "Hinterhof"? Heilbronn.

WEBER, G. (2001): Der Transformationsprozess im kubanischen Agrarsektor der 1990er Jahre. In: MERTINS, G. & H. NUHN (Hrsg.): Kubas Weg aus der Krise. Neuorganisation der Produktion von Gütern und Dienstleistungen für den Export (=Marburger Geographische Schriften 138), Marburg, S. 191-222.

WEHRHAHN, R. & S. WIDDERICH (2000): Tourismus als Entwicklungsfaktor im kubanischen Transformationsprozess. In: Erdkunde 54 (2), S. 93-107.

Weltbank (1996): Vom Plan zum Markt. Weltentwicklungsbericht 1996, Bonn/Wien/Genf.

WENKEL, J. (2001): Zeitreise durch die Sechzigerjahre. Mit minimalen Mitteln so viel Gesundheit wie möglich. In: Lateinamerika Nachrichten Nr. 329 (Nov.), S. 25-27.

WIDDERICH, S. (1997): Möglichkeiten und Grenzen der Sanierung des Historischen Zentrums von Havanna, Cuba (=Kieler Arbeitspapiere zur Landeskunde und Raumordnung 36), Kiel.

WIDDERICH, S. & R. WEHRHAHN (2000): Informeller Sektor in Kuba: Motor des Wandels oder individuelle Überlebensstrategie? In: BÄHR, J. & S. WIDDERICH (Hrsg.): Vom Notstand zum Normalzustand – eine Bilanz des kubanischen Transformationsprozesses. La larga marcha desde el período especial hacia la normalidad – un balance de la transformación cubana (=Kieler Geographische Schriften 103). Kiel, S. 113-138.

WIRTHS, W. (1997): Kleine Nährwert-Tabelle der Deutschen Gesellschaft für Ernährung e.V. 40. Aufl., Frankfurt a.M.

WOLFF, K., LEINAUER, I., HUNKENSCHROER, B. & S. HEERDE (1993): Ein steiniger Weg. Stadterneuerung in La Habana/Cuba: Der Barrio Cayo Hueso (=Projektbericht 26 des ISR der TU Berlin), Berlin.

ZABALA ARGÜELLES, M. (1999): Does a certain dimension of poverty exist in Cuba? In: BELL LARA, J. (Hrsg.): Cuba in the 1990s. La Habana, S. 141-164.

**Ins Internet gestellte Publikationen**

AGÜERO CONTRERAS, F., PRIMO FERNÁNDEZ, M. & C. URQUIZA GARCÍA (2001): Wirtschaftskrise und Bildung in Kuba (=Arbeitshefte des Lateinamerika-Zentrums 71). Münster.

[http://www.uni-muenster.de/CELA/publik/Ak/ArbHeft71.pdf]

ASCE (Association for the Study of the Cuban Economy)(Hrsg.)(1991-2000): Cuba in transition. Papers and proceedings of the annual meeting of the ASCE. Vol. 1-10.

[http://www.lanic.utexas.edu/la/cb/cuba/asce/index.html]

BETANCOURT, E. (2000): Cuba's balance of payments gap, the remittances scam, drug trafficking and money laundering. In: ASCE (Association for the Study of the Cuban Economy)(Hrsg.): Cuba in transition. Vol. 10, S. 149-161.

[http://www.lanic.utexas.edu/la/cb/cuba/asce/cuba10/betancourt.pdf]

BRUNDENIUS, C. (2000): The role of human capital in cuban economic development, 1959-1999 (=CDR Working Paper 00.8). Copenhagen.

[http://www.cdr.dk/working_papers/wp-00-8.pdf]

BURCHARDT, H.-J. (2002): Kuba nach Castro. Die neue Ungleichheit und das sich formierende neopopulistische Bündnis. In: Internationale Politik und Gesellschaft (Onlineversion) Nr. 3, o. Seitenangabe.

[http://fesportal.fes.de/pls/portal30/docs/FOLDER/IPG/IPG3_2002/ARTBUR CHARDT.HTM]

CASTAÑEDA, R. (2000): Cuba y América Latina: Consideraciones sobre el nivel y la evolución del Índice de Desarrollo Humano y del gasto social en la década de los noventa. In: ASCE (Association for the Study of the Cuban Economy)(Hrsg.): Cuba in transition. Vol. 10, S. 234-253.

[http://www.lanic.utexas.edu/la/cb/cuba/asce/cuba10/castaneda.pdf]

CASTRO RUZ, F. (2001a): El Socialismo que hoy concibimos es muy superior a nuestros sueños de entonces. Discurso pronunciado por el Comandante en Jefe Fidel Castro Ruz, Primer Secretario del Comité Central del Partido Comunista de Cuba y Presidente de los Consejos de Estado y de Ministros, en el acto en conmemoración del aniversario 40 de la proclamación del carácter socialista de la Revolución, efectuado en 12 y 23, el 16 de abril del 2001, "Año de la Revolución victoriosa en el nuevo milenio". Versiones Taquigráficas – Consejo de Estado.

[http://www.granma.cubaweb.cu/2001/04/17/nacional/articulo13.html]

CASTRO RUZ, F. (2001b): Estamos más unidos y fuertes que nunca y mucho mejor preparados para enfrentar esta situación. Comparecencia del Comandante en Jefe Fidel Castro Ruz, Primer Secretario del Comité Central del Partido Comunista de Cuba y Presidente de los Consejos de Estado y de Ministros, en la Televisón Cubana, sobre la situatción internacional, la crisis económica y mundial y la forma en que puede afectar a Cu-

ba, el 2 de noviembre del 2001, "Año de la Revolución victoriosa en el nuevo milenio". Versiones Taquigráficas – Consejo de Estado.
[http://www.granma.cubaweb.cu/2001/11/04/nacional/articulo16.html]

CASTRO RUZ, F. (1999): Discurso pronunciado por el Comandante en Jefe Fidel Castro Ruz, Presidente de la Republica de Cuba, en el acto por el aniversario 40 de la constitución de la Policía Nacional Revolucionaria, efectuado en el teatro "Carlos Marx", el día 5 de enero de 1999, "año del 40 aniversario del triunfo de la Revolución". Versiones Taquigráficas – Consejo de Estado.
[http://www2.cuba.cu/gobierno/discursos/1999/eps/ f050199e.htm]

CEPAL (Comisión Económica para América Latina y el Caribe)(2002): Anuario estadístico de América Latina y el Caribe 2001.
[http://www.cepal.org/cgi-bin/getProd.asp?xml=/publicaciones/xml/1/9621/P9621. xml&xsl=/deype/tpl/p9f.xsl]

CEPAL (Comisión Económica para América Latina y el Caribe)(2001a): Cuba: Evolución económica durante 2000.
[http://www.eclac.cl/publicaciones/Mexico/5/LCMEXL465/l465.pdf]

CEPAL (Comisión Económica para América Latina y el Caribe)(2001b): Estudio económico de América Latina y el Caribe, 2000-2001.
[http://www.cepal.org/cgi-bin/getProd.asp?xml=/publicaciones/xml/6/7326/P7326. xml&xsl=/de/tpl/p9f.xsl]

CEPAL (Comisión Económica para América Latina y el Caribe)(2001c): Balance preliminar de las economías de América Latina y el Caribe 2001.
[http://www.cepal.org/publicaciones/DesarrolloEconomico/3/LCG2153PE/ lcg2153e.pdf]

CONSUEGRA-BARQUÍN, J. (1995): The present status quo of property rights in Cuba. In: ASCE (Association for the Study of the Cuban Economy)(Hrsg.): Cuba in transition. Vol. 5, S. 195-206.
[http://www.lanic.utexas.edu/la/cb/cuba/asce/cuba5/FILE15.PDF]

CÓRDOVA, E. (1996): The situation of cuban workers during the "Special Period in Peacetime". In: ASCE (Association for the Study of the Cuban Economy)(Hrsg.): Cuba in transition. Vol. 6, S. 358-368.
[http://www.lanic.utexas.edu/la/cb/cuba/asce/cuba6/45Cordova.fm.pdf]

CUZÁN, A. (2000): A constitutional framework for a free Cuba. In: ASCE (Association for the Study of the Cuban Economy)(Hrsg.): Cuba in transition. Vol. 10, S. 399-416.
[http://www.lanic.utexas.edu/la/cb/cuba/asce/cuba10/cuzan.pdf]

ESPINOSA, J. (1995): Markets redux: The politics of farmers' markets in Cuba. In: ASCE (Association for the Study of the Cuban Economy)(Hrsg.): Cuba in transition. Vol. 5, S. 51-73.
[http://www.lanic.utexas.edu/la/cb/cuba/asce/cuba5/FILE08.PDF]

FAO (Food and Agriculture Organisation of the United Nations)(2002a): Food needs: How much is enough? Experts revise energy requirements for the first time in 20 years.
[http://www.fao.org/news/2002/020103-e.htm]

FAO (Food and Agriculture Organisation of the United Nations)(2002b): New tools produce better results. To determine energy requirements, you first need to measure energy expenditure.
[http://www.fao.org/news/2002/020104-e.htm]

GOBCUB (Gobierno Cubano)(o.J. a): Población.
[http://www.cubagob.cu/otras_info/ONE/poblacion.htm]

GOBCUB (Gobierno Cubano)(o.J. b): Desarrollo social.
[http://www.cubagob.cu/des_soc/car_gral.htm]

LAGE DÁVILA, C. (2001): ¡Un pueblo unido puede vencer las mayores adversidades! ¡Lo haremos¡ Comparecencia de Carlos Lage Dávila, Secretario del Comité Ejecutivo del Consejo de Ministros, ante las cámaras y micrófonos de la Televisión Cubana, sobre la marcha de la recuperación en las provincias afectadas por el paso del huracán Michelle, 8 de noviembre de 2001, "Año de la Revolución victoriosa en el nuevo milenio". Versiones Taquigráficas – Consejo de Estado.
[http://www.granma.cu/espanol/noviem1/lage-1e.html]

La Misión Médica Cubana (o.J.): La medicina cubana en tres continentes.
[http://www.nnc.cubaweb.cu/medicos/mision.htm]

La Nueva Empresa de Cuba (o.J.): Bases del perfeccionamiento en la empresa estatal de Cuba.
[http://www.nuevaempresa.cu]

MEP (Ministerio de Economía y Planificación)(o.J. a): Informe económico. Año 2000.
[http://www.cubagob.cu/des_eco/mep/economia98.htm]

MEP (Ministerio de Economía y Planificación)(o.J. b): Informe económico. Año 1998.
[http://www.cubagob.cu/des_eco/mep/cuba2000.htm]

MEP (Ministerio de Economía y Planificación)(o.J. c): Resultados económicos de 1999.
[http://www.cubagob.cu/des_eco/mep/resultados_econ99.htm]

MESSINA, W. (1999): Agricultural reform in Cuba: Implications for agricultural production, markets and trade. In: ASCE (Association for the Study of the Cuban Economy)(Hrsg): Cuba in Transition. Vol. 9, S. 433-442.
[http://www.lanic.utexas.edu/la/cb/cuba/asce/cuba9/messina.pdf]

NUSCHELER, F. (1997): Alter Wein in neuen Schläuchen? Kritische Anmerkungen zu den UNDP-Reports. Vortrag gehalten bei der Tagung "Globalisierung und Entwicklung" am 8. Oktober 1997 im Deutschen Industrie- und Handelstag in Bonn.
 [http://www.biu.de/sef/veranst/1997/undp/nuscheler.html]

SCARPACI, J. (1996): Back to the future: The sociopolitical dynamics of Miramar's real-estate Market. In: ASCE (Association for the Study of the Cuban Economy)(Hrsg): Cuba in Transition. Vol. 6, S. 196-201.
 [http://www.lanic.utexas.edu/la/cb/cuba/asce/cuba6/29scarpaci.fm.pdf]

Statistisches Bundesamt (o.J.): Gesundheitswesen.
 [http://www.stabu.de]

UNDP (United Nations Development Program)(2001): Human Development Report 2001. Making new technologies work for human development.
 [http://www.undp.org/hdr2001/complete.pdf]

WEINTRAUB, S. (2000): Cuba's trade policy after Castro. In: ASCE (Association for the Study of the Cuban Economy)(Hrsg.): Cuba in transition. Vol. 10, S. 337-341.
 [http://www.lanic.utexas.edu/la/cb/cuba/asce/cuba10/weintraub.pdf]

**Gesetzestexte**

*Constitución de la Republica de Cuba.* Editora Política, La Habana 1992.

*Decreto-Ley No. 141.* In: DIRMOSER, D. & J. ESTAY (Hrsg.)(1997): Economía y reforma económica en Cuba. Caracas, S. 471-472.

*Decreto-Ley No. 174/97.* In: Gaceta Oficial de la República de Cuba. 30. Juni 1997, S. 337-342.

*Ley No. 77.* Ley de la inversión extranjera. Editora Política, La Habana 1995.

*Ley No. 87.* Modificativa del Codigo Penal. In: *Granma Internacional* (Onlineversion; span. Ausg., o. Datum).
[http://www.granma.cu/suplem/codigo/011-e.htm].

*Ley No. 88.* Zusammengefasst und interpretiert in: *Granma Internacional* (Onlineversion; span. Ausg., o. Datum): 'Nuestra protección de la independencia y la economía'.
[http://www.granma.cu/suplem/codigo/009-e.htm]

*Resolución Conjunta No. 1/93* CETSS-CEF (Comité Estatal de Trabajo y Seguridad Social - Comité Estatal de Finanzas). In: DIRMOSER, D. & J. ESTAY (Hrsg.)(1997): Economía y reforma económica en Cuba. Caracas, S. 472-478.

*Resolución Conjunta No. 3/95* MFP-MTSS (Ministerio de Finanzas y Precios - Ministerio de Trabajo y Seguridad Social). In: Gaceta Oficial de la República de Cuba, 28 de junio de 1995, S. 307-308.

*Resolución Conjunta No. 4/95* MFP-MTSS (Ministerio de Finanzas y Precios - Ministerio de Trabajo y Seguridad Social). In: Gaceta Oficial de la República de Cuba, 28 de junio de 1995, S. 308-309.

*Resolución Conjunta No. 1/96* MFP-MTSS (Ministerio de Finanzas y Precios - Ministerio de Trabajo y Seguridad Social). In: Gaceta Oficial de la República de Cuba, 21 de mayo de 1996, S. 241-249.

*Resolución No. 13/93* CEF (Comité Estatal de Finanzas). In: Gaceta Oficial de la República de Cuba, 20 de octubre de 1993, S. 188-190.

*Resolución No. 10/95* MTSS (Ministerio de Trabajo y Seguridad Social). In: Gaceta Oficial de la República de Cuba, 24 de julio de 1995, S. 341-342.

*Resolución No. 24/95* MFP (Ministerio de Finanzas y Precios). In: Gaceta Oficial de la República de Cuba, 27 de diciembre de 1995, S. 516-518.

*Resolución No. 21/96* MFP (Ministerio de Finanzas y Precios). In: Opciones, 7 de abril de 1996.

**Zitierte Zeitungen und Zeitschriften**

| | | |
|---|---|---|
| *ak* (Analyse und Kritik) | 1995: | 21.7. |
| *Bohemia* | 1998: | Dez. |
| *BRD + Dritte Welt*: | 1993: | Nr. 33 |
| *Cuba Libre*: | 2000: | Nr. 3 |
| *du* (die Zeitschrift der Kultur): | 1993: | Nr. 12 |
| *Enfoques* (CD-ROM-Version): | 1999: | Nr. 3 |
| EPS (Economics Press Service; Print- und CD-ROM-Version): | 1996: | Nr. 9; Nr. 16 |
| | 1997: | Nr. 11 |
| | 1998: | Nr. 2; Nr. 7; Nr. 12; Nr. 19; Nr. 23 |
| FR (Frankfurter Rundschau) | 1994: | 10.10. |
| | 1997: | 5.5. |
| | 2002: | 21.5 |
| *Granma* (Print- und Onlineversion): | 1996: | 27.4.; 3.9.; 13.9. |
| | 1998: | 8.5. |
| | 2000: | 23.12. |
| | 2001: | 5.11.; 12.12.; 21.12.; 24.12.; 23.12.; 25.12. |
| | 2002: | 4.1.; 23.1.; 31.1; 3.2.; 13.2.; 14.2 |
| *Granma Internacional* (dt. Ausg., Print- und Onlineversion): | 1994: | Nov. |
| | 1999: | Okt. |
| *Granma Internacional* (span. Ausg., Onlineversion): | 2001: | 6.12. |
| *Juventud Rebelde* (Onlineversion): | 2002: | 4.1. |
| NZZ (Neue Zürcher Zeitung): | 1995: | 5.10. |
| | 2001: | 4.8. |
| RM (Revista Mensual; Print- und CD-ROM-Version): | 1998: | Nr. 3 |
| | 1999: | Nr. 2 |

| | | |
|---|---|---|
| *taz* (Die Tageszeitung; Print- und Onlineversion): | 1997: | 10.10. |
| | 1998: | 5.6.; 1.9. |
| | 2000: | 6.3. |
| | 2001: | 17.11. |
| | 2002: | 19.1. |
| *Trabajadores* (Print- und Onlineversion): | 1999: | 1.3.; 7.6.; 14.6. |
| | 2002: | 3.1. |
| *Tribuna de La Habana* (Printversion): | 1998: | kompletter Jahrgang |
| (Onlineversion): | 2001: | 4.3.; 12.11. |

**Anhang:** Fragebogen

## Entrevista de las condiciones de vida

| No. de entrevista: | tipo de edificio/vivienda: | área de muestra: |

**1  Vivienda**

1.1  ¿Cuantos habitaciones tiene la vivienda? _____ [número de habitaciones]
___ [dormitorios] ___ [sala] ___ [comedor] ___ [barbacoa] ___ [division provisional]
_____[otros]
¿Hay una cocina? ¿Es de uso propio o colectivo?   __ [prop.] __ [col.] __ [no hay]
¿Hay un cuarto de baño? ¿Es de uso propio o colectivo?   __ [prop.] __ [col.] __ [no hay]

1.2  ¿Como valora Ud. el estado constructivo de su vivienda?__ [bueno] __ [regular] __ [malo]
¿Hay roturas?   __ [si] __ [no]

1.3  ¿Vive Ud. como   _____ usufructario gratuito,
_____ paga Ud. aquiler,
_____ esta Ud. todavia amortizando o
_____ ya es Ud. propietario definitivo de la vivienda?
¿Cuanto paga por la vivienda al mes?   _____ MN

1.4  ¿Cuantas personas viven continuamente en esta vivienda? _____ [personas]
¿Que edad y que sexo tienen las personas que viven en la casa?
hombres:   _____ [<17 años]   _____ [17-60 años]   _____ [>60 años]
mujeres:   _____ [<17 años]   _____ [17-55 años]   _____ [>55 años]

**2  Trabajo, ingresos y gastos**

2.1  ¿Que profesión tiene Ud. y el resto de los ocupantes de la vivienda y donde trabajan cada uno de Uds.? ¿Cuanto percibe al mes cada uno?
1. _____[profesión]_____[ocupación] ____MN [ingresos]
2. _____[profesión]_____[ocupación] ____MN [ingresos]
3. _____[profesión]_____[ocupación] ____MN [ingresos]
4. _____[profesión]_____[ocupación] ____MN [ingresos]
5. _____[profesión]_____[ocupación] ____MN [ingresos]
6. _____[profesión]_____[ocupación] ____MN [ingresos]
7. _____[profesión]_____[ocupación] ____MN [ingresos]
¿Hay que pagar impuestos?   __ [si] __ [no]   ____ MN/mes   ____ USD/mes
¿Tiene Ud. otros medios de ganar dinero adicional por su trabajo?   __ [si] __ [no]
- estimulo salarial          __ [si] __ [no]   ____ MN/mes   ____ USD/mes
- propina                     __ [si] __ [no]   ____ MN/mes   ____ USD/mes
- ocupación secundaria   __ [si] __ [no]   ____ MN/mes   ____ USD/mes
- estimulo a través de bonos   __ [si] __ [no]
- jaba                        __ [si] __ [no]
- otros                       __ [si] __ [no]   _____

2.2 ¿Tiene Ud. otros medios de ingresos?  __ [si] __ [no]
- alquiler de habitaciones   __ [si] __ [no]   ____ MN/mes   ____ USD/mes
- remesas del exterior   __ [si] __ [no]   ____ MN/mes   ____ USD/mes
- ayuda familiar   __ [si] __ [no]   ____ MN/mes   ____ USD/mes
- otros   __ [si] __ [no]   _____
  _____   ____ MN/mes   ____ USD/mes

2.3 ¿Cuanto pagan Uds. por las servicios siguientes al mes?
- por el agua de la pila y por la alcantarilla   _____ MN (en total)
- por la luz   _____ MN (en total)
- por el gas   ___ [manufacturado]   ___ [licuado]   _____ MN (en total)
- por la luz brillante   _____ MN (en total)
- por el alcohol   _____ MN (en total)
- por el carbon   _____ MN (en total)
- por la leña   _____ MN (en total)
- por el transporte publico   _____ MN (en total)
- por el teléfono   _____ MN (en total)
- por el comedor obrero   _____ MN (en total)
- por el comedor de la escuela   _____ MN (en total)
- por el circulo infantil   _____ MN (en total)
- por el sindicate, CDR, FMC etc.   _____ MN (en total)
- por otros servicios   _____ MN (en total)

# 3 Abastecimiento de necesidades basicas

3.1 LIBRETA:
¿Cuantas personas estan inscriptas en la libreta?   ___ [número de personas]
¿Vivien todas estas personas en esta casa?   ___ [número de personas que viven en la casa]
¿Tiene Ud. un mensajero?   ___ [si]   ___ [no]   _____ [gastos al mes]
¿Que piensa Ud. sobre la calidad de los productos siguientes?
- arroz   ___ [bueno] ___ [regular] ___ [malo] ___ [no opina]
- jabon de baño   ___ [bueno] ___ [regular] ___ [malo] ___ [no opina]
- detergente liquido   ___ [bueno] ___ [regular] ___ [malo] ___ [no opina]
- masa cárnica   ___ [bueno] ___ [regular] ___ [malo] ___ [no opina]
- pan   ___ [bueno] ___ [regular] ___ [malo] ___ [no opina]
- café   ___ [bueno] ___ [regular] ___ [malo] ___ [no opina]

¿Que piensa Ud. sobre la cantidad de los productos sigientes?
- azucar   ___ [poco] ___ [insuficiente] ___ [suficiente] ___ [mucho] ___ [no opina]
- chícharo   ___ [poco] ___ [insuficiente] ___ [suficiente] ___ [mucho] ___ [no opina]
- arroz   ___ [poco] ___ [insuficiente] ___ [suficiente] ___ [mucho] ___ [no opina]

¿Cuantos días alcanza el arroz?   ___ [número de días]

3.2   MERCADOS AGROPECUARIOS Y ORGANOPONICOS

¿Cuantas veces compra Ud. normalmente en los mercados agropec.? ___ [veces al mes]
¿Compra tambien en los organopónicos? ___ [si] ___ [no] ___ [veces al mes]
¿Cuales productos compra Ud. normalmente …
… en los mercados agropecuarios? _____

_____

… en los organopónicos? _____

_____

¿Cuantas veces compra carne en los mercados agropecuarios? ___ [veces al mes]
¿Cuanto gasta Ud. normalmente por productos cárnicos cuando visita el mercado agropecuario? _____ MN
¿Cuanto gasta Ud. normalmente por productos agrícolas cuando visita el mercado agropecuario? _____ MN
¿Cuanto gasta Ud. normalmente cuando visita el organoponico? _____ MN
¿Que piensa Ud. sobre la oferta, sobre la calidad y sobre los precios de los mercados agropecuarios?
- oferta ___ [buena] ___ [regular] ___ [escasa] ___ [mala] ___ [variable] ___ [no opina]
- calidad ___ [buena] ___ [aceptable] ___ [regular] ___ [mala] ___ [variable] ___ [no opina]
- precios ___ [altos] ___ [aceptables] ___ [bajos] ___ [variables] ___ [no opina]

¿Mejoró su propia situación de alimentación despues de la apertura de los mercados agropecuarios? ___ [si] ___ [no del todo] ___ [no]
¿Que piensa Ud. sobre la oferta, sobre la calidad y sobre los precios de los organopónicos?
- oferta ___ [buena] ___ [regular] ___ [escasa] ___ [mala] ___ [variable] ___ [no opina]
- calidad ___ [buena] ___ [aceptable] ___ [regular] ___ [mala] ___ [variable] ___ [no opina]
- precios ___ [altos] ___ [aceptables] ___ [bajos] ___ [variables] ___ [no opina]

3.3   PESCADERÍA ESTATAL

¿Compra Ud. en la pescadería? ___ [si] ___ [no]
¿Cuantas veces compra Ud. normalmente en la pescadería? ___ [veces al mes]
¿Que compra normalmente en la pescadería? _____

_____

¿Cuanto gasta Ud. normalmente cuando visita la pescadería? _____ MN
¿Que piensa Ud. sobre la oferta, sobre la calidad y sobre los precios de la pescadería?
- oferta ___ [buena] ___ [regular] ___ [escasa] ___ [mala] ___ [variable] ___ [no opina]

- calidad ___ [buena] ___ [aceptable] ___ [regular] ___ [mala] ___ [variable] ___ [no opina]
- precios ___ [altos] ___ [aceptables] ___ [bajos] ___ [variables] ___ [no opina]

3.4 TIENDAS DE DIVISAS

¿Compra Ud. en las tiendas de divisas? ___ [si] ___ [no]
¿Cuantas veces compra Ud. normalmente en las tiendas de divisas? ___ [veces al mes]
¿Cuales productos compra Ud. normalmente en las tiendas de divisas? _____
_____
_____

¿Cuantas veces compra ropa o calzado en las tiendas de divisas? ___ [veces al año]
¿Cuanto gasta Ud. normalmente, cuando visita la tienda de divisas?
    _____ USD [gastos sin ropa y calzado]
¿Que piensa Ud. sobre la oferta, sobre la calidad y sobre los precios de las tiendas de divisas?

- oferta ___ [buena] ___ [regular] ___ [escasa] ___ [mala] ___ [variable] ___ [no opina]

- calidad ___ [buena] ___ [aceptable] ___ [regular] ___ [mala] ___ [variable] ___ [no opina]
- precios ___ [altos] ___ [aceptables] ___ [bajos] ___ [variables] ___ [no opina]

¿Mejoró su propia situación de alimentación despues de la despenalisación del dólar y despues de la ampliación del red de las tiendas de divisas? ___ [si] ___ [no del todo] ___ [no]

3.5 OTRAS POSIBILIDADES DE ABASTECIMIENTO

¿Tiene Ud. otra forma de conseguir productos de necesidad básica?
    ___ familia en el campo
    ___ patio, huerto etc.
    ___ cambio de algunos productos de la libreta
    ___ mercado no oficial
    ___ otras

## 4 Nivel de vida

¿Cuales efectos electrodomésticos estan en la casa?_____
_____

¿Cuales de estos no funcionan?_____
_____

¿Tiene alguien en la casa …
    …un automovil?     ___ [número de personas]
    …una motocicleta?  ___ [número de personas]
    …una bicicleta?    ___ [número de personas]

## Schriften des Geographischen Instituts der Universität Kiel
Band I, 1932 — Band 43, 1975

### Band I
*Heft 1 W e n z e l, Hermann: Sultan-Dagh und Akschehir-Ova. Eine landeskundliche Untersuchung in Inneranatolien. 1932.

*Heft 2 V o n  T r o t h a, Charlotte: Entwicklung ländlicher Siedlungen im Kösliner Küstengebiet. 1933.

*Heft 3 T e l s c h o w, Annemarie: Der Einfluß des Braunkohlenbergbaus auf das Landschaftsbild der Niederlausitz. 1933.

*Heft 4 B r a n d t, Heinz: Die Übertragung altdeutscher Siedlungsformen in das ostholsteinische Kolonisationsgebiet (im Rahmen einer Entwicklungsgeschichte ländlicher Siedlungen des oldenburgischen Landesteils Lübeck). 1933.

### Band II
Heft 1 S c h n e i d e r, Ilse: Stadtgeographie von Schleswig. 1934. (Reprint Schleswiger Druck- und Verlagshaus, Schleswig ISBN 3-8842-078-2)

*Heft 2 T r e i b e r, Kurt: Wirtschaftsgeographie des ungarischen Großen Alfölds. 1934.

*Heft 3 E n g e l, Franz: Deutsche und slawische Einflüsse in der Dobbertiner Kulturlandschaft. 1934.

### Band III
*W a g n e r, Anton: Los Angeles. Werden, Leben und Gestalt der Zweimillionenstadt in Südkalifornien. 1935.

### Band IV
*W i l h e l m y, Herbert: Hochbulgarien, I. Die ländlichen Siedlungen und die bäuerliche Wirtschaft. 1935.

### Band V
*Heft 1 W e n z e l, Hermann: Forschungen in Inneranatolien, I. Aufbau und Formen der Lykaonischen Steppe. 1935.

*Heft 2 Die Heidedörfer Moide und Suroide. Gemeinschaftsarbeit des Geographischen Instituts der Universität Kiel in der Lüneburger Heide. 1935.

*Heft 3 W i l h e l m y, Herbert: Hochbulgarien, II. Sofia, Wandlungen einer Großstadt zwischen Orient und Okzident. 1936.

### Band VI
*S c h o t t, Carl: Landnahme und Kolonisation in Canada am Beispiel Südontarios. 1936.

### Band VII
*Heft 1 N e u f e l d t, Gunther: Ripen und Esbjerg, die Haupthäfen der cimbrischen Westküste. 1937.

Heft 2 B e n d i x e n, Jens Andreas: Verlagerung und Strukturwandel ländlicher Siedlungen. Ein Beitrag zur Siedlungsgeographie, ausgehend von Untersuchungen in der südwestlichen Prignitz. 1937. VIII, 102 S., 41 Fig. im Text.     5,10 €

*Heft 3 W e n z e l, Hermann: Forschungen in Inneranatolien, II. Die Steppe als Lebensraum. 1937.

### Band VIII
*Heft 1 S t a m m e r, Lisa: Kleinklimatische Untersuchungen im Westenseegebiet. 1938.

*Heft 2 S c h ü n k e, Wilhelm: Marsch und Geest als Siedlungsboden im Lande Großhadeln. 1938.

*Heft 3 H e i n e, Walter: Die Einwirkung der Großstadt Kiel auf ihre ländliche Umgebung. Eine wirtschaftsgeographische Untersuchung. 1938.

*Heft 4 S t o r c h, Werner: Kulturgeographische Wandlungen holsteinischer Bauerndörfer in der Industriestadt Neumünster. 1938.

* = vergriffen

## Band IX
*Heft 1 S c o f i e l d, Edna: Landschaften am Kurischen Haff. 1938.
*Heft 2 F r o m m e, Karl: Die nordgermanische Kolonisation im atlantisch-polaren Raum. Studien zur Frage der nördlichen Siedlungsgrenze in Norwegen und Island. 1938.
*Heft 3 S c h i l l i n g, Elisabeth: Die schwimmenden Gärten von Xochimilco. Ein einzigartiges Beispiel altindianischer Landgewinnung in Mexiko. 1939.
*Heft 4 W e n z e l, Hermann: Landschaftsentwicklung im Spiegel der Flurnamen. Arbeitsergebnisse aus der mittelschleswiger Geest. 1939.
*Heft 5 R i e g e r, Georg: Auswirkungen der Gründerzeit im Landschaftsbild der norderdithmarscher Geest. 1939.

## Band X
*Heft 1 W o l f, Albert: Kolonisation der Finnen an der Nordgrenze ihres Lebensraumes. 1939.
*Heft 2 G o o ß, Irmgard: Die Moorkolonien im Eidergebiet. Kulturelle Angleichung eines Ödlandes an die umgebende Geest. 1940.
*Heft 3 M a u, Lotte: Stockholm. Planung und Gestaltung der schwedischen Hauptstadt. 1940.
*Heft 4 R i e s e, Gertrud: Märkte und Stadtentwicklung am nordfriesischen Geestrand. 1940.

## Band XI
*Heft 1 W i l h e l m y, Herbert: Die deutschen Siedlungen in Mittelparaguay. 1941.
*Heft 2 K o e p p e n, Dorothea: Der Agro Pontino-Romano. Eine moderne Kulturlandschaft. 1941.
*Heft 3 P r ü g e l, Heinrich: Die Sturmflutschäden an der schleswig-holsteinischen Westküste in ihrer meteorologischen und morphologischen Abhängigkeit. 1942.
*Heft 4 I s e r n h a g e n, Catharina: Totternhoe. Das Flurbild eines angelsächsischen Dorfes in der Grafschaft Bedfordshire in Mittelengland. 1942.
*Heft 5 B u s e, Karla: Stadt und Gemarkung Debrezin. Siedlungsraum von Bürgern, Bauern und Hirten im ungarischen Tiefland. 1942.

## Band XII
*B a r t z, Fritz: Fischgründe und Fischereiwirtschaft an der Westküste Nordamerikas. Werdegang, Lebens- und Siedlungsformen eines jungen Wirtschaftsraumes. 1942.

## Band XIII
*Heft 1 T o a s p e r n, Paul Adolf: Die Einwirkungen des Nord-Ostsee-Kanals auf die Siedlungen und Gemarkungen seines Zerschneidungsbereiches. 1950.
*Heft 2 V o i g t, Hans: Die Veränderung der Großstadt Kiel durch den Luftkrieg. Eine siedlungs- und wirtschaftsgeographische Untersuchung. 1950. (Gleichzeitig erschienen in der Schriftenreihe der Stadt Kiel, herausgegeben von der Stadtverwaltung).
*Heft 3 M a r q u a r d t, Günther: Die Schleswig-Holsteinische Knicklandschaft. 1950.
*Heft 4 S c h o t t, Carl: Die Westküste Schleswig-Holsteins. Probleme der Küstensenkung. 1950.

## Band XIV
*Heft 1 K a n n e n b e r g, Ernst-Günter: Die Steilufer der Schleswig-Holsteinischen Ostseeküste. Probleme der marinen und klimatischen Abtragung. 1951.
*Heft 2 L e i s t e r, Ingeborg: Rittersitz und adliges Gut in Holstein und Schleswig. 1952. (Gleichzeitig erschienen als Band 64 der Forschungen zur deutschen Landeskunde).
Heft 3 R e h d e r s, Lenchen: Probsteierhagen, Fiefbergen und Gut Salzau: 1945 - 1950. Wandlungen dreier ländlicher Siedlungen in Schleswig-Holstein durch den Flüchtlingszustrom. 1953. X, 96 S., 29 Fig. im Text, 4 Abb.     2,60 €
*Heft 4 B r ü g g e m a n n, Günther: Die holsteinische Baumschulenlandschaft. 1953.

### Sonderband
*S c h o t t, Carl (Hrsg.): Beiträge zur Landeskunde von Schleswig-Holstein. Oskar Schmieder zum 60. Geburtstag. 1953. (Erschienen im Verlag Ferdinand Hirt, Kiel).

### Band XV
*Heft 1   L a u e r, Wilhelm: Formen des Feldbaus im semiariden Spanien. Dargestellt am Beispiel der Mancha. 1954.

*Heft 2   S c h o t t, Carl: Die kanadischen Marschen. 1955.

*Heft 3   J o h a n n e s, Egon: Entwicklung, Funktionswandel und Bedeutung städtischer Kleingärten. Dargestellt am Beispiel der Städte Kiel, Hamburg und Bremen. 1955.

*Heft 4   R u s t, Gerhard: Die Teichwirtschaft Schleswig-Holsteins. 1956.

### Band XVI
*Heft 1   L a u e r, Wilhelm: Vegetation, Landnutzung und Agrarpotential in El Salvador (Zentralamerika). 1956.

*Heft 2   S i d d i q i, Mohamed Ismail: The Fishermen's Settlements of the Coast of West Pakistan. 1956.

*Heft 3   B l u m e, Helmut: Die Entwicklung der Kulturlandschaft des Mississippideltas in kolonialer Zeit. 1956.

### Band XVII
*Heft 1   W i n t e r b e r g, Arnold: Das Bourtanger Moor. Die Entwicklung des gegenwärtigen Landschaftsbildes und die Ursachen seiner Verschiedenheit beiderseits der deutsch-holländischen Grenze. 1957.

*Heft 2   N e r n h e i m, Klaus: Der Eckernförder Wirtschaftsraum. Wirtschaftsgeographische Strukturwandlungen einer Kleinstadt und ihres Umlandes unter besonderer Berücksichtigung der Gegenwart. 1958.

*Heft 3   H a n n e s e n, Hans: Die Agrarlandschaft der schleswig-holsteinischen Geest und ihre neuzeitliche Entwicklung. 1959.

### Band XVIII
Heft 1   H i l b i g, Günter: Die Entwicklung der Wirtschafts- und Sozialstruktur der Insel Oléron und ihr Einfluß auf das Landschaftsbild. 1959. 178 S., 32 Fig. im Text und 15 S. Bildanhang.   4,70 €

Heft 2   S t e w i g, Reinhard: Dublin. Funktionen und Entwicklung. 1959. 254 S. und 40 Abb.   5,40 €

Heft 3   D w a r s, Friedrich W.: Beiträge zur Glazial- und Postglazialgeschichte Südostrügens. 1960. 106 S., 12 Fig. im Text und 6 S. Bildanhang.   2,50 €

### Band XIX
Heft 1   H a n e f e l d, Horst: Die glaziale Umgestaltung der Schichtstufenlandschaft am Nordstrand der Alleghenies. 1960. 183 S., 31 Abb. und 6 Tab.   4,30 €

*Heft 2   A l a l u f, David: Problemas de la propiedad agricola en Chile. 1961.

*Heft 3   S a n d n e r, Gerhard: Agrarkolonisation in Costa Rica. Siedlung, Wirtschaft und Sozialgefüge an der Pioniergrenze. 1961. (Erschienen bei Schmidt & Klaunig, Kiel, Buchdruckerei und Verlag).

### Band XX
*L a u e r, Wilhelm (Hrsg.): Beiträge zur Geographie der Neuen Welt. Oskar Schmieder zum 70. Geburtstag. 1961.

### Band XXI
*Heft 1   S t e i n i g e r, Alfred: Die Stadt Rendsburg und ihr Einzugbereich. 1962.

Heft 2   B r i l l, Dieter: Baton Rouge, La. Aufstieg, Funktionen und Gestalt einer jungen Großstadt des neuen Industriegebiets am unteren Mississippi. 1963. 288 S., 39 Karten, 40 Abb. im Anhang.   6,10 €

*Heft 3   D i e k m a n n, Sibylle: Die Ferienhaussiedlungen Schleswig-Holsteins. Eine siedlungs- und sozialgeographische Studie. 1964.

### Band XXII
*Heft 1 E r i k s e n, Wolfgang: Beiträge zum Stadtklima von Kiel. Witterungsklimatische Untersuchungen im Raum Kiel und Hinweise auf eine mögliche Anwendung in der Stadtplanung. 1964.

*Heft 2 S t e w i g, Reinhard: Byzanz - Konstantinopel - Istanbul. Ein Beitrag zum Weltstadtproblem. 1964.

*Heft 3 B o n s e n, Uwe: Die Entwicklung des Siedlungsbildes und der Agrarstruktur der Landschaft Schwansen vom Mittelalter bis zur Gegenwart. 1966.

### Band XXIII
*S a n d n e r, Gerhard (Hrsg.): Kulturraumprobleme aus Ostmitteleuropa und Asien. Herbert Schlenger zum 60. Geburtstag. 1964.

### Band XXIV
Heft 1 W e n k, Hans-Günther: Die Geschichte der Geographischen Landesforschung an der Universität Kiel von 1665 bis 1879. 1966. 252 S., mit 7 ganzstg. Abb. 7,20 €

Heft 2 B r o n g e r, Arnt: Lösse, ihre Verbraunungszonen und fossilen Böden, ein Beitrag zur Stratigraphie des oberen Pleistozäns in Südbaden. 1966. 98 S., 4 Abb. und 37 Tab. im Text, 8 S. Bildanhang und 3 Faltkarten. 4,60 €

*Heft 3 K l u g, Heinz: Morphologische Studien auf den Kanarischen Inseln. Beiträge zur Küstenentwicklung und Talbildung auf einem vulkanischen Archipel. 1968. (Erschienen bei Schmidt & Klaunig, Kiel, Buchdruckerei und Verlag).

### Band XXV
*W e i g a n d, Karl: I. Stadt-Umlandverflechtungen und Einzugbereiche der Grenzstadt Flensburg und anderer zentraler Orte im nördlichen Landesteil Schleswig. II. Flensburg als zentraler Ort im grenzüberschreitenden Reiseverkehr. 1966.

### Band XXVI
*Heft 1 B e s c h, Hans-Werner: Geographische Aspekte bei der Einführung von Dörfergemeinschaftsschulen in Schleswig-Holstein. 1966.

*Heft 2 K a u f m a n n, Gerhard: Probleme des Strukturwandels in ländlichen Siedlungen Schleswig-Holsteins, dargestellt an ausgewählten Beispielen aus Ostholstein und dem Programm-Nord-Gebiet. 1967.

Heft 3 O l b r ü c k, Günter: Untersuchung der Schauertätigkeit im Raume Schleswig-Holstein in Abhängigkeit von der Orographie mit Hilfe des Radargeräts. 1967. 172 S., 5 Aufn., 65 Karten, 18 Fig. und 10 Tab. im Text, 10 Tab. im Anhang. 6,10 €

### Band XXVII
Heft 1 B u c h h o f e r, Ekkehard: Die Bevölkerungsentwicklung in den polnisch verwalteten deutschen Ostgebieten von 1956-1965. 1967. 282 S., 22 Abb., 63 Tab. im Text, 3 Tab., 12 Karten und 1 Klappkarte im Anhang. 8,20 €

Heft 2 R e t z l a f f, Christine: Kulturgeographische Wandlungen in der Maremma. Unter besonderer Berücksichtigung der italienischen Bodenreform nach dem Zweiten Weltkrieg. 1967. 204 S., 35 Fig. und 25 Tab. 7,70 €

Heft 3 B a c h m a n n, Henning: Der Fährverkehr in Nordeuropa - eine verkehrsgeographische Untersuchung. 1968. 276 S., 129 Abb. im Text, 67 Abb. im Anhang. 12,80 €

### Band XXVIII
*Heft 1 W o l c k e, Irmtraud-Dietlinde: Die Entwicklung der Bochumer Innenstadt. 1968.

*Heft 2 W e n k, Ursula: Die zentralen Orte an der Westküste Schleswig-Holsteins unter besonderer Berücksichtigung der zentralen Orte niederen Grades. Neues Material über ein wichtiges Teilgebiet des Programm Nord. 1968.

*Heft 3 W i e b e, Dietrich: Industrieansiedlungen in ländlichen Gebieten, dargestellt am Beispiel der Gemeinden Wahlstedt und Trappenkamp im Kreis Segeberg. 1968.

## Band XXIX
Heft 1  V o r n d r a n, Gerhard: Untersuchungen zur Aktivität der Gletscher, dargestellt an Beispielen aus der Silvrettagruppe. 1968. 134 S., 29 Abb. im Text, 16 Tab. und 4 Bilder im Anhang.  6,20 €

Heft 2  H o r m a n n, Klaus: Rechenprogramme zur morphometrischen Kartenauswertung. 1968. 154 S., 11 Fig. im Text und 22 Tab. im Anhang.  6,20 €

Heft 3  V o r n d r a n, Edda: Untersuchungen über Schuttentstehung und Ablagerungsformen in der Hochregion der Silvretta (Ostalpen). 1969. 137 S., 15 Abb. und 32 Tab. im Text, 3 Tab. und 3 Klappkarten im Anhang.  6,20 €

## Band 30
*S c h l e n g e r, Herbert, Karlheinz  P f a f f e n, Reinhard  S t e w i g (Hrsg.): Schleswig-Holstein, ein geographisch-landeskundlicher Exkursionsführer. 1969. Festschrift zum 33. Deutschen Geographentag Kiel 1969. (Erschienen im Verlag Ferdinand Hirt, Kiel; 2. Auflage, Kiel 1970).

## Band 31
M o m s e n, Ingwer Ernst: Die Bevölkerung der Stadt Husum von 1769 bis 1860. Versuch einer historischen Sozialgeographie. 1969. 420 S., 33 Abb. und 78 Tab. im Text, 15 Tab. im Anhang  12,30 €

## Band 32
S t e w i g, Reinhard: Bursa, Nordwestanatolien. Strukturwandel einer orientalischen Stadt unter dem Einfluß der Industrialisierung. 1970. 177 S., 3 Tab., 39 Karten, 23 Diagramme und 30 Bilder im Anhang.  9,20 €

## Band 33
T r e t e r, Uwe: Untersuchungen zum Jahresgang der Bodenfeuchte in Abhängigkeit von Niederschlägen, topographischer Situation und Bodenbedeckung an ausgewählten Punkten in den Hüttener Bergen/Schleswig-Holstein. 1970. 144 S., 22 Abb., 3 Karten und 26 Tab.  7,70 €

## Band 34
*K i l l i s c h, Winfried F.: Die oldenburgisch-ostfriesischen Geestrandstädte. Entwicklung, Struktur, zentralörtliche Bereichsgliederung und innere Differenzierung. 1970.

## Band 35
R i e d e l, Uwe: Der Fremdenverkehr auf den Kanarischen Inseln. Eine geographische Untersuchung. 1971. 314 S., 64 Tab., 58 Abb. im Text und 8 Bilder im Anhang.
12,30 €

## Band 36
H o r m a n n, Klaus: Morphometrie der Erdoberfläche. 1971. 189 S., 42 Fig., 14 Tab. im Text.  10,20 €

## Band 37
S t e w i g, Reinhard (Hrsg.): Beiträge zur geographischen Landeskunde und Regionalforschung in Schleswig-Holstein. 1971. Oskar Schmieder zum 80. Geburtstag. 338 S., 64 Abb., 48 Tab. und Tafeln.  14,30 €

## Band 38
S t e w i g, Reinhard und Horst-Günter  W a g n e r (Hrsg.): Kulturgeographische Untersuchungen im islamischen Orient. 1973. 240 S., 45 Abb., 21 Tab. und 33 Photos.  15,10 €

## Band 39
K l u g, Heinz (Hrsg.): Beiträge zur Geographie der mittelatlantischen Inseln. 1973. 208 S., 26 Abb., 27 Tab. und 11 Karten.  16,40 €

## Band 40
S c h m i e d e r, Oskar: Lebenserinnerungen und Tagebuchblätter eines Geographen. 1972. 181 S., 24 Bilder, 3 Faksimiles und 3 Karten.  21,50 €

## Band 41
K i l l i s c h, Winfried F. und Harald  T h o m s: Zum Gegenstand einer interdisziplinären Sozialraumbeziehungsforschung. 1973. 56 S., 1 Abb.  3,90 €

## Band 42
N e w i g, Jürgen: Die Entwicklung von Fremdenverkehr und Freizeitwohnwesen in ihren Auswirkungen auf Bad und Stadt Westerland auf Sylt. 1974. 222 S., 30 Tab., 14 Diagramme, 20 kartographische Darstellungen und 13 Photos. 15,90 €

## Band 43
*K i l l i s c h, Winfried F.: Stadtsanierung Kiel-Gaarden. Vorbereitende Untersuchung zur Durchführung von Erneuerungsmaßnahmen. 1975.

## Kieler Geographische Schriften
Band 44, 1976 ff.

## Band 44
K o r t u m, Gerhard: Die Marvdasht-Ebene in Fars. Grundlagen und Entwicklung einer alten iranischen Bewässerungslandschaft. 1976. XI, 297 S., 33 Tab., 20 Abb. 19,70 €

## Band 45
B r o n g e r, Arnt: Zur quartären Klima- und Landschaftsentwicklung des Karpatenbeckens auf (paläo-) pedologischer und bodengeographischer Grundlage. 1976. XIV, 268 S., 10 Tab., 13 Abb. und 24 Bilder. 23,00 €

## Band 46
B u c h h o f e r, Ekkehard: Strukturwandel des Oberschlesischen Industrieviers unter den Bedingungen einer sozialistischen Wirtschaftsordnung. 1976. X, 236 S., 21 Tab. und 6 Abb., 4 Tab. und 2 Karten im Anhang. 16,60 €

## Band 47
W e i g a n d, Karl: Chicano-Wanderarbeiter in Südtexas. Die gegenwärtige Situation der Spanisch sprechenden Bevölkerung dieses Raumes. 1977. IX, 100 S., 24 Tab. und 9 Abb., 4 Abb. im Anhang. 8,00 €

## Band 48
W i e b e, Dietrich: Stadtstruktur und kulturgeographischer Wandel in Kandahar und Südafghanistan. 1978. XIV, 326 S., 33 Tab., 25 Abb. und 16 Photos im Anhang. 18,70 €

## Band 49
K i l l i s c h, Winfried F.: Räumliche Mobilität - Grundlegung einer allgemeinen Theorie der räumlichen Mobilität und Analyse des Mobilitätsverhaltens der Bevölkerung in den Kieler Sanierungsgebieten. 1979. XII, 208 S., 30 Tab. und 39 Abb., 30 Tab. im Anhang. 12,60 €

## Band 50
P a f f e n, Karlheinz und Reinhard S t e w i g (Hrsg.): Die Geographie an der Christian-Albrechts-Universität 1879-1979. Festschrift aus Anlaß der Einrichtung des ersten Lehrstuhles für Geographie am 12. Juli 1879 an der Universität Kiel. 1979. VI, 510 S., 19 Tab. und 58 Abb. 19,40 €

## Band 51
S t e w i g, Reinhard, Erol T ü m e r t e k i n, Dediiye T o l u n, Ruhi T u r f a n, Dietrich W i e b e und Mitarbeiter: Bursa, Nordwestanatolien. Auswirkungen der Industrialisierung auf die Bevölkerungs- und Sozialstruktur einer Industriegroßstadt im Orient. Teil 1. 1980. XXVI, 335 S., 253 Tab. und 19 Abb. 16,40 €

## Band 52
B ä h r, Jürgen und Reinhard S t e w i g (Hrsg.): Beiträge zur Theorie und Methode der Länderkunde. Oskar Schmieder (27. Januar 1891 - 12. Februar 1980) zum Gedenken. 1981. VIII, 64 S., 4 Tab. und 3 Abb. 5,60 €

## Band 53
M ü l l e r, Heidulf E.: Vergleichende Untersuchungen zur hydrochemischen Dynamik von Seen im Schleswig-Holsteinischen Jungmoränengebiet. 1981. XI, 208 S., 16 Tab., 61 Abb. und 14 Karten im Anhang. 12,80 €

## Band 54
A c h e n b a c h, Hermann: Nationale und regionale Entwicklungsmerkmale des Bevölkerungsprozesses in Italien. 1981. IX, 114 S., 36 Fig. 8,20 €

### Band 55
D e g e, Eckart: Entwicklungsdisparitäten der Agrarregionen Südkoreas. 1982. XXVII, 332 S., 50 Tab., 44 Abb. und 8 Photos im Textband sowie 19 Kartenbeilagen in separater Mappe. 25,10€

### Band 56
B o b r o w s k i, Ulrike: Pflanzengeographische Untersuchungen der Vegetation des Bornhöveder Seengebiets auf quantitativ-soziologischer Basis. 1982. XIV, 175 S., 65 Tab. und 19 Abb. 11,80 €

### Band 57
S t e w i g, Reinhard (Hrsg.): Untersuchungen über die Großstadt in Schleswig-Holstein. 1983. X, 194 S., 46 Tab., 38 Diagr. und 10 Abb. 12,30 €

### Band 58
B ä h r, Jürgen (Hrsg.): Kiel 1879 - 1979. Entwicklung von Stadt und Umland im Bild der Topographischen Karte. 1:25 000. Zum 32. Deutschen Kartographentag vom 11. - 14. Mai 1983. III, 192 S., 21 Tab., 38 Abb. mit 2 Kartenblättern in der Anlage. ISBN 3-923887-00-0 14,30 €

### Band 59
G a n s, Paul: Raumzeitliche Eigenschaften und Verflechtungen innerstädtischer Wanderungen in Ludwigshafen/Rhein zwischen 1971 und 1978. Eine empirische Analyse mit Hilfe des Entropiekonzeptes und der Informationsstatistik. 1983. XII, 226 S., 45 Tab., 41 Abb. ISBN 3-923887-01-9. 15,30 €

### Band 60
*P a f f e n †, Karlheinz und K o r t u m, Gerhard: Die Geographie des Meeres. Disziplingeschichtliche Entwicklung seit 1650 und heutiger methodischer Stand. 1984. XIV, 293 S., 25 Abb. ISBN 3-923887-02-7.

### Band 61
*B a r t e l s †, Dietrich u. a.: Lebensraum Norddeutschland. 1984. IX, 139 S., 23 Tabellen und 21 Karten. ISBN 3-923887-03-5.

### Band 62
K l u g, Heinz (Hrsg.): Küste und Meeresboden. Neue Ergebnisse geomorphologischer Feldforschungen. 1985. V, 214 S., 66 Abb., 45 Fotos, 10 Tabellen. ISBN 3-923887-04-3 19,90 €

### Band 63
K o r t u m, Gerhard: Zückerrübenanbau und Entwicklung ländlicher Wirtschaftsräume in der Türkei. Ausbreitung und Auswirkung einer Industriepflanze unter besonderer Berücksichtigung des Bezirks Beypazari (Provinz Ankara). 1986. XVI, 392 S., 36 Tab., 47 Abb. und 8 Fotos im Anhang. ISBN 3-923887-05-1. 23,00 €

### Band 64
F r ä n z l e, Otto (Hrsg.): Geoökologische Umweltbewertung. Wissenschaftstheoretische und methodische Beiträge zur Analyse und Planung. 1986. VI, 130 S., 26 Tab., 30 Abb. ISBN 3-923887-06-X. 12,30 €

### Band 65
S t e w i g, Reinhard: Bursa, Nordwestanatolien. Auswirkungen der Industrialisierung auf die Bevölkerungs- und Sozialstruktur einer Industriegroßstadt im Orient. Teil 2. 1986. XVI, 222 S., 71 Tab., 7 Abb. und 20 Fotos. ISBN 3-923887-07-8. 19,00 €

### Band 66
S t e w i g, Reinhard (Hrsg.): Untersuchungen über die Kleinstadt in Schleswig-Holstein. 1987. VI, 370 S., 38 Tab., 11 Diagr. und 84 Karten. ISBN 3-923887-08-6. 24,50 €

### Band 67
A c h e n b a c h, Hermann: Historische Wirtschaftskarte des östlichen Schleswig-Holstein um 1850. 1988. XII, 277 S., 38 Tab., 34 Abb., Textband und Kartenmappe. ISBN 3-923887-09-4. 34,30 €

## Band 68
B ä h r, Jürgen (Hrsg.): Wohnen in lateinamerikanischen Städten - Housing in Latin American cities. 1988, IX, 299 S., 64 Tab., 71 Abb. und 21 Fotos.
ISBN 3-923887-10-8. 22,50 €

## Band 69
B a u d i s s i n -Z i n z e n d o r f, Ute Gräfin von: Freizeitverkehr an der Lübecker Bucht. Eine gruppen- und regionsspezifische Analyse der Nachfrageseite. 1988. XII, 350 S., 50 Tab., 40 Abb. und 4 Abb. im Anhang.
ISBN 3-923887-11-6. 16,40 €

## Band 70
H ä r t l i n g, Andrea: Regionalpolitische Maßnahmen in Schweden. Analyse und Bewertung ihrer Auswirkungen auf die strukturschwachen peripheren Landesteile. 1988. IV, 341 S., 50 Tab., 8 Abb. und 16 Karten. ISBN 3-923887-12-4.
15,70 €

## Band 71
P e z, Peter: Sonderkulturen im Umland von Hamburg. Eine standortanalytische Untersuchung. 1989. XII, 190 S., 27 Tab. und 35 Abb. ISBN 3-923887-13-2.
11,40 €

## Band 72
K r u s e, Elfriede: Die Holzveredelungsindustrie in Finnland. Struktur- und Standortmerkmale von 1850 bis zur Gegenwart. 1989. X, 123 S., 30 Tab., 26 Abb. und 9 Karten. ISBN 3-923887-14-0.
12,60 €

## Band 73
B ä h r, Jürgen, Christoph C o r v e s & Wolfram N o o d t (Hrsg.): Die Bedrohung tropischer Wälder: Ursachen, Auswirkungen, Schutzkonzepte. 1989. IV, 149 S., 9 Tab., 27 Abb. ISBN 3-923887-15-9.
13,20 €

## Band 74
B r u h n, Norbert: Substratgenese - Rumpfflächendynamik. Bodenbildung und Tiefenverwitterung in saprolitisch zersetzten granitischen Gneisen aus Südindien. 1990. IV, 191 S., 35 Tab., 31 Abb. und 28 Fotos. ISBN 3-923887-16-7.
11,60 €

## Band 75
P r i e b s, Axel: Dorfbezogene Politik und Planung in Dänemark unter sich wandelnden gesellschaftlichen Rahmenbedingungen. 1990. IX, 239 S., 5 Tab., 28 Abb.
ISBN 3-923887-17-5. 17,30 €

## Band 76
S t e w i g, Reinhard: Über das Verhältnis der Geographie zur Wirklichkeit und zu den Nachbarwissenschaften. Eine Einführung. 1990. IX, 131 S., 15 Abb.
ISBN 3-923887-18-3. 12,80 €

## Band 77
G a n s, Paul: Die Innenstädte von Buenos Aires und Montevideo. Dynamik der Nutzungsstruktur, Wohnbedingungen und informeller Sektor. 1990. XVIII, 252 S., 64 Tab., 36 Abb. und 30 Karten in separatem Kartenband. ISBN 3-923887-19-1.
45,00 €

## Band 78
B ä h r, Jürgen & Paul G a n s (eds): The Geographical Approach to Fertility. 1991. XII, 452 S., 84 Tab. und 167 Fig. ISBN 3-923887-20-5.
22,40 €

## Band 79
R e i c h e, Ernst-Walter: Entwicklung, Validierung und Anwendung eines Modellsystems zur Beschreibung und flächenhaften Bilanzierung der Wasser- und Stickstoffdynamik in Böden. 1991. XIII, 150 S., 27 Tab. und 57 Abb. ISBN 3-923887-21-3.
9,70 €

### Band 80
A c h e n b a c h, Hermann (Hrsg.): Beiträge zur regionalen Geographie von Schleswig-Holstein. Festschrift Reinhard Stewig. 1991. X, 386 S., 54 Tab. und 73 Abb. ISBN 3-923887-22-1. 19,10 €

### Band 81
S t e w i g, Reinhard (Hrsg.): Endogener Tourismus. 1991. V, 193 S., 53 Tab. und 44 Abb. ISBN 3-923887-23-X. 16,80 €

### Band 82
J ü r g e n s, Ulrich: Gemischtrassige Wohngebiete in südafrikanischen Städten. 1991. XVII, 299 S., 58 Tab. und 28 Abb. ISBN 3-923887-24-8. 13,80 €

### Band 83
E c k e r t, Markus: Industrialisierung und Entindustrialisierung in Schleswig-Holstein. 1992. XVII, 350 S., 31 Tab. und 42 Abb. ISBN 3-923887-25-6. 12,70 €

### Band 84
N e u m e y e r, Michael: Heimat. Zu Geschichte und Begriff eines Phänomens. 1992. V, 150 S. ISBN 3-923887-26-4. 9,00 €

### Band 85
K u h n t, Gerald und Z ö l i t z - M ö l l e r, Reinhard (Hrsg.): Beiträge zur Geoökologie aus Forschung, Praxis und Lehre. Otto Fränzle zum 60. Geburtstag. 1992. VIII, 376 S., 34 Tab. und 88 Abb. ISBN 3-923887-27-2. 19,00 €

### Band 86
R e i m e r s, Thomas: Bewirtschaftungsintensität und Extensivierung in der Landwirtschaft. Eine Untersuchung zum raum-, agrar- und betriebsstrukturellen Umfeld am Beispiel Schleswig-Holsteins. 1993. XII, 232 S., 44 Tab., 46 Abb. und 12 Klappkarten im Anhang. ISBN 3-923887-28-0. 12,20 €

### Band 87
S t e w i g, Reinhard (Hrsg.): Stadtteiluntersuchungen in Kiel. Baugeschichte, Sozialstruktur, Lebensqualität, Heimatgefühl. 1993. VIII, 337 S., 159 Tab., 10 Abb., 33 Karten und 77 Graphiken. ISBN 3-923887-29-9. 12,30 €

### Band 88
W i c h m a n n, Peter: Jungquartäre randtropische Verwitterung. Ein bodengeographischer Beitrag zur Landschaftsentwicklung von Südwest-Nepal. 1993. X, 125 S., 18 Tab. und 17 Abb. ISBN 3-923887-30-2. 10,10 €

### Band 89
W e h r h a h n, Rainer: Konflikte zwischen Naturschutz und Entwicklung im Bereich des Atlantischen Regenwaldes im Bundesstaat São Paulo, Brasilien. Untersuchungen zur Wahrnehmung von Umweltproblemen und zur Umsetzung von Schutzkonzepten. 1994. XIV, 293 S., 72 Tab., 41 Abb. und 20 Fotos. ISBN 3-923887-31-0. 17,50 €

### Band 90
S t e w i g, Reinhard: Entstehung und Entwicklung der Industriegesellschaft auf den Britischen Inseln. 1995. XII, 367 S., 20 Tab., 54 Abb. und 5 Graphiken. ISBN 3-923887-32-2. 16,60 €

### Band 91
B o c k, Steffen: Ein Ansatz zur polygonbasierten Klassifikation von Luft- und Satellitenbildern mittels künstlicher neuronaler Netze. 1995. XI, 152 S., 4 Tab. und 48 Abb. ISBN 3-923887-33-7 8,60 €

### Band 92
M a t u s c h e w s k i, Anke: Stadtentwicklung durch Public-Private-Partnership in Schweden. Kooperationsansätze der achtziger und neunziger Jahre im Vergleich. 1996. XI, 246 S., 34 Abb., 16 Tab. und 20 Fotos. ISBN 3-923887-34-5. 12,20 €

### Band 93
Ulrich, Johannes und Kortum, Gerhard: Otto Krümmel (1854 - 1912). Geograph und Wegbereiter der modernen Ozeanographie. 1997. VIII, 310 S., 84 Abb. und 8 Karten.
ISBN 3-923887-35-3. 24,00 €

### Band 94
Schenck, Freya S.: Strukturveränderungen spanisch-amerikanischer Mittelstädte untersucht am Beispiel der Stadt Cuenca, Ecuador. 1997. XVIII, 259 S., 58 Tab. und 55 Abb.
ISBN 3-923887-36-1. 13,20 €

### Band 95
Pez, Peter: Verkehrsmittelwahl im Stadtbereich und ihre Beeinflußbarkeit. Eine verkehrsgeographische Analyse am Beispiel von Kiel und Lüneburg. 1998. XVIII, 396 S., 52 Tab. und 86 Abb. ISBN 3-923887-37-X. 17,30 €

### Band 96
Stewig, Reinhard: Entstehung der Industriegesellschaft in der Türkei. Teil 1: Entwicklung bis 1950. 1998. XV, 349 S., 35 Abb., 4 Graph., 5 Tab. und 4 Listen.
ISBN 3-923887-38-8. 15,40 €

### Band 97
Higelke, Bodo (Hrsg.): Beiträge zur Küsten - und Meeresgeographie. Heinz Klug zum 65. Geburtstag gewidmet von Schülern, Freunden und Kollegen. 1998. XXII, 338 S., 29 Tab., 3 Fotos und 3 Klappkarten. ISBN 3-923887-39-6. 18,40 €

### Band 98
Jürgens, Ulrich: Einzelhandel in den Neuen Bundesländern - die Konkurrenzsituation zwischen Innenstadt und "Grüner Wiese", dargestellt anhand der Entwicklungen in Leipzig, Rostock und Cottbus. 1998. XVI, 395 S., 83 Tab. und 52 Abb.
ISBN 3-923887-40-X. 16,30 €

### Band 99
Stewig, Reinhard: Entstehung der Industriegesellschaft in der Türkei. Teil 2: Entwicklung 1950 - 1980.1999. XI, 289 S., 36 Abb., 8 Graph., 12 Tab. und 2 Listen.
ISBN 3-923887-41-8. 13,80 €

### Band 100
Eglitis, Andri: Grundversorgung mit Gütern und Dienstleistungen in ländlichen Räumen der neuen Bundesländer. Persistenz und Wandel der dezentralen Versorgungsstrukturen seit der deutschen Einheit. 1999. XXI, 422 S., 90 Tab. und 35 Abb.
ISBN 3-923887-42-6. 20,60 €

### Band 101
Dünckmann, Florian: Naturschutz und kleinbäuerliche Landnutzung im Rahmen Nachhaltiger Entwicklung. Untersuchungen zu regionalen und lokalen Auswirkungen von umweltpolitischen Maßnahmen im Vale do Ribeira, Brasilien. 1999. XII, 294 S., 10 Tab. und 16 Abb., 9 Karten und 1 Klappkarte.
ISBN 3-923887-43-4. 23,40 €

### Band 102
Stewig, Reinhard: Entstehung der Industriegesellschaft in der Türkei. Teil 3. Entwicklung seit 1980. 2000. XX, 360 S., 65 Tab., 12 Abb. und 5 Graphiken.
ISBN 3-923887-44-2. 17,10 €

### Band 103
Bähr, Jürgen, Widderich, Sönke (Hrsg.): Vom Notstand zum Normalzustand – eine Bilanz des kubanischen Transformationsprozesses. La larga marcha desde el período especial hacia la normalidad – un balance de la transformación cubana. 2000. XI, 222 S., 51 Tab. und 15 Abb. ISBN 3-923887-45-0. 11,40 €

**Band 104**
Bähr, Jürgen, Jürgens, Ulrich (Hrsg.): Transformationsprozesse im Südlichen Afrika – Konsequenzen für Gesellschaft und Natur. Symposium in Kiel vom 29.10.-30.10.1999. 2000. 222 S., 40 Tab., 42 Abb. und 2 Fig. ISBN 3-923887-46-9.                13,30 €

**Band 105**
Gnad, Martin: Desegregation und neue Segregation in Johannesburg nach dem Ende der Apartheid. 2002. 281 S., 28 Tab.und 55 Abb. ISBN 3-923887-47-7.               14,80 €

**Band 106**
Widderich, Sönke: Die sozialen Auswirkungen des kubanischen Transformationsprozesses. 2002. 210 S., 44 Tab.und 17 Abb. ISBN 3-923887-48-5.              12,55 €